CARROT HOUSE
中国北京市通州区大运河开发区运河明珠2号楼2单元2172

八先生 중국어 – Vol.7 스피킹심화
ⓒ Carrot House

All rights reserved. No part of this publication may be reproduced, stored in a retrieval system, or transmitted, in any form or by any means, without the prior permission in writing of CARROT HOUSE.

First published June 2012
Reprinted November 2015

Author : 金貞愛
Editing Director : 沈陽師範大學董翠敎授
Acquisitions Editor : 金佳姸

ISBN 978-89-6732-030-0

Printed and distributed in Korea
9F, 488, Gangnam St., Gangnam-gu, Seoul 135-827, Korea

중국에 대한 이해

중국(中國)은 고대 중원 지방을 나타냈으나, 현재는 나라의 이름을 뜻하는 고유명사이다. 중국의 정확한 국명은 '중화인민공화국(中華人民共和國)'이며 1949년 10월 1일에 건립되었다.

중문 국명 | 中華人民共和國(중화인민공화국)
영문 국명 | The People's Republic of China(P.R.C.)
국명 약칭 | 中國(China)
수도 | 북경(北京)
국경일 | 10월 1일

표준어 | 한어보통화(漢語普通話)
화폐 | 인민폐(RMB)
시차 | 한국보다 1시간 느림
정치 제도 | 인민대표대회제도
인구 | 약 13억 7천 만명

민족 구성 | 한족(漢族), 장족(壯族), 만주족(滿族) 등 56개 민족
주요 종교 | 불교, 도교, 유교
국토 면적 | 960만 제곱킬로미터

팔선생 이야기

중국에서 先生(선생)은 영어 'Mr.'를 의미하며, 八(8)은 번영과 발전을
의미하는 发(發)과 발음이 비슷하여 중국에서는 누구나 좋아하는 숫자입니다.
八先生은 누구에게나 친숙하고 누구나 좋아하는 사람을 지칭하기도 하죠.
〈팔선생〉은 누구나 쉽고 재미있게 접근할 수 있는 교재입니다.
〈팔선생〉을 통해 즐겁게 중국어와 중국문화를 공부하시고 경험하시길 바랍니다.

팔선생의 특징

1. 꼭 필요한 어휘와 상황 학습으로 내공 탄탄

팔선생 Vol.7은 중국어 고급단계로 진입하는 학습자를 위한 교재로써 고급단계의 학습자가 꼭 학습해야 하는 필수 어휘 5,000여 개를 토대로 지문을 구성했으며, 중국인과 일상생활 회화를 자유롭게 진행할 수 있도록 다양한 상황의 회화와 지문을 제시하였습니다.

2. 말하기, 쓰기 중심 학습으로 당신도 중국어 "通"

매 본문 하단에 본문과 관련된 질문을 제시하여, 본문 점검은 물론 말하기 중심의 수업이 진행될 수 있도록 구성하였습니다. 또한 각 과 연습문제에 작문 문제를 제공하여 학습자가 배운 내용을 한 단락의 문장으로 작문하고 발표해 볼 수 있도록 했습니다.

3. 다양한 연습과 활용으로 강무장

본문 단어와 표현 학습뿐만 아니라 부록에 新HSK 6급 테마 별 단어를 수록하여, 학습자가 다양한 어휘와 표현 학습을 통해 중국어에 능숙해질 수 있도록 구성했습니다.
이와 더불어 연습문제는 新HSK 6급 유형으로 제시하여 新HSK 6급을 대비하는 학습자 분들이 시험 유형에 익숙해질 수 있도록 구성했습니다.

팔선생 시리즈는 학습자 여러분이 중국어에 대해 흥미와 자신감을 갖고 기초부터 중고급까지 차근차근 닦아나갈 수 있도록 다방면으로 고려하여 제작된 교재입니다. 팔선생 시리즈가 학습자 여러분이 글로벌 역량을 강화시키는 데 큰 힘이 되길 바랍니다.

목차

제1과 — 7p
瞧你一大早就哈欠连天的。
이른 아침부터 연달아 하품하는 모습 좀 봐.

- 学习目标
  1. 能够熟练运用与网络相关的词汇。
  2. 能够说明某种社会现象产生的原因。
- 主要学习内容
  1. 废寝忘食
  2. 泡
  3. 光顾着
  4. 而

제2과 — 17p
你可不能小看交通事故。
너 교통사고를 얕보면 절대 안 된다.

- 学习目标
  1. 能够激励对方或给予对方忠告。
  2. 能说明去探病时应该注意哪些事项。
- 主要学习内容
  1. 这不
  2. 不说, 不是
  3. 人之常情
  4. 不宜

제3과 — 27p
你的皮肤很白，特别衬这个颜色!
당신이 하얀 피부를 가져서, 이 색과 특히 잘 어울려요.

- 学习目标
  1. 能够熟练运用购买衣服时使用的一些常用语。
  2. 能够说明对象的特点。
- 主要学习内容
  1. 眼光
  2. 衬
  3. 就算……也
  4. 可谓

제4과 — 37p
少不看水浒，老不看三国
어려서는 〈수호전〉을 안 보고, 늙어서는 〈삼국지〉를 안 본다.

- 学习目标
  1. 能够向别人介绍自己所读的书籍的内容梗概。
  2. 能够描写过去某一特定时代的情况。
- 主要学习内容
  1. 又不是
  2. 略知
  3. 由此看来
  4. 相比

제5과 — 47p
不参加辅导班就会输在起跑线上?
학원을 안 다니면 출발선에서 뒤쳐진다?

- 学习目标
  1. 能够对教育问题发表自己的见解。
  2. 能够说明每年进行的某项活动的由来、时间和氛围等主要情况。
- 主要学习内容
  1. 那又怎么样
  2. ……啦, ……啦
  3. 不说, ……也
  4. 话是这么说

제6과 — 57p
嗨，又让我帮你跑腿儿。
어, 또 나보고 당신 심부름을 하라고.

- 学习目标
  1. 能够向别人拜托简单的事情。
  2. 可对于某种社会现象能够表达自己的见解。
- 主要学习内容
  1. 跑腿儿
  2. 眼看就要
  3. 要不是……哪儿会
  4. 没辙

제7과 → 67p

过一个温馨的生日怎么样?
따뜻한 생일을 보내는 것이 어때?

- 学习目标
  1. 能够向对方寻求一些忠告。
  2. 会制作邀请函、请帖。
- 主要学习内容
  1. 忙得脚打后脑勺
  2. 戴高帽儿
  3. 好人做到底
  4. 想到一块

제8과 → 77p

我心里特别没底。
내 맘에서 특히나 확신이 서지 않아.

- 学习目标
  1. 对一些需要准备的事项能够与对方进行商议。
  2. 对就业等社会问题, 能够分析其原因、理由。
- 主要学习内容
  1. 没底
  2. 不怕一万, 就怕万一
  3. 不过是
  4. 由……构成

제9과 → 87p

今年会不会和去年一样, 发生沙尘暴呢?
올해도 작년과 같이 황사 현상이 발생할까?

- 学习目标
  1. 对环境问题的原因和解决方案等能够提出自己的见解。
  2. 能够说明环境污染有哪些现象。
- 主要学习内容
  1. 一回事儿
  2. 总体而言
  3. 归纳
  4. 一系列

제10과 → 97p

麻烦你给我查一下这个号码的余额。
번거롭겠지만 이 번호의 남은 금액 좀 알려주세요.

- 学习目标
  1. 能够向对方询问自己想要知道的内容。
  2. 能够对某种社会现象进行赞成和反对的意见讨论。
- 主要学习内容
  1. 没什么大不了的
  2. 试试手气
  3. ……控
  4. 大到……小到……

제11과 → 107p

我先去了苏州园林, 那儿可真是名不虚传。
난 먼저 쑤저우 정원에 갔었는데, 거기는 정말 명성이 헛되지 않았어.

- 学习目标
  1. 能够谈论自己的旅行经验。
  2. 能够对特定地区进行简单地介绍说明。
- 主要学习内容
  1. 名不虚传
  2. 一夫当关, 万夫莫开
  3. 小巫见大巫
  4. 被誉为

제12과 → 117p

你也试试把工作变成兴趣吧。
너도 일을 취미로 바꿔 봐.

- 学习目标
  1. 未来的自己是什么样子的, 假设并且说明。
  2. 能够看懂报纸或新闻报道, 并且能对其内容进行摘要说明。
- 主要学习内容
  1. 三天两头
  2. 话说回来
  3. 看……的脸色
  4. 腻

부록 → 127p

1. vol.7 스피킹심화 본문해석
2. 녹음대본 및 연습문제 답안
3. 팔선생의 新HSK 6급 단어

瞧你一大早就哈欠连天的。

❶ 能够熟练运用与网络相关的词汇。
❷ 能够说明某种社会现象产生的原因。

不知不觉中，电脑成为了我们生活的必需品。
各位每天也要使用电脑吧？
你们用电脑主要做什么？

본문1 | 关于上网

小李: 明辉, 瞧你一大早就哈欠连天的, 昨儿晚上干什么去了?

明辉: 我啊, 昨天上网"奋战"了一夜!

小李: 嗬, 你为了打游戏真是废寝忘食啊!

明辉: 那是! 没有因特网的生活简直无法想象。你上网主要干什么?

小李: 查找信息, 收发电子邮件, 还有和朋友聊天。
看你天天这么泡在网上, 那电脑被发明之前, 你都做什么了?

明辉: 我那时还没有出生呢! 你别光顾着批评我,
上网也可以成为一种职业哦。

小李: 这个说法还挺新鲜, 你说说看吧。

明辉: 你看看那些有名博客的博主!
通过在博客上发表自己试用产品的心得, 既可以满足自己的兴趣爱好,
又能创造经济价值, 那才真叫一举两得呢。

小李: 你也别光眼红。有名的博主不是光靠兴趣就能做的,
也得投资时间和精力。你赶紧朝着那个方向努力吧!

明辉: 哎呀, 你这真是一语惊醒梦中人啊! 我怎么就没想到自己当博主呢!

1 明辉昨天晚上为什么没有睡觉?
2 你觉得小李是在夸明辉吗?
3 小李用电脑主要做什么?
4 上网怎样能够成为一种职业?
5 你有没有自己的博客? 在博客上主要做什么呢?

단어학습

哈欠[hāqiàn]	不自觉的张嘴深吸气，然后呼出。 [명] 하품
连天[liántiān]	连续不断的样子。 [동] 연속하다, 끊이지 않다
奋战[fènzhàn]	奋不顾身地英勇作战。 [동] 분투하다
废寝忘食[fèiqǐnwàngshí]	顾不得睡觉，忘记了吃饭。常形容专心致志。 [성어] 분투하다, 식음을 잃다
简直[jiǎnzhí]	强调完全如此或差不多如此。 [부] 그야말로, 너무나, 전혀, 완전히
想象[xiǎngxiàng]	设想 [동] 상상하다
光[guāng]	单，只 [부] 단지, 다만
顾[gù]	照管，注意 [동] 돌보다, 주의하다
新鲜[xīnxiān]	希罕的，新奇的 [형] 신선하다, 싱싱하다
博客[bókè]	英语"blog"的中文发音，是一种通常由个人管理、不定期张贴新文章的网站。[명] 블로그
博主[bózhǔ]	指写博客的人 [명] 블로그 주인
试用[shìyòng]	在正式使用之前的应用，看是否合适。[동] 사용하다
心得[xīndé]	在实践中体验或领会到的知识、技能等。[명] 느낌, 터득
一举两得[yījǔliǎngdé]	做一件事得到两方面的好处。[성어] 일거양득
眼红[yǎnhóng]	看见别人条件好或有好的东西非常羡慕而忌妒。 [동] 샘이 나다, 질투심이 나다
投资[tóuzī]	投入企业或基本建设的资金。泛指为达一定目的而投入的钱财。 [명] 투자금 [동] 투자하다
一语惊醒梦中人 [yīyǔ jīngxǐng mèngzhōngrén]	一句话谜团一下被点开，让人豁然明朗。明白事情的来龙去脉。 [관용어] 한마디말로 미혹된 자에게 큰 깨달음을 주다

본문2 中国人对奢侈品的态度

随着网络使用的普及,越来越多的中国人改变了自己的消费习惯,愿意通过互联网来购物,这其中也包括购买奢侈品。

珠宝制造商卡地亚国际集团(Cartier)的总裁博尔纳·佛纳斯(Bernard·Fornas)说:"在地球的另一边,随着中国人财富的日益增长,到2020年,中国人的消费能力有可能超过美国。"这句话非常明显地将矛头直指中国人,说明中国人在奢侈品的消费上非常有潜力。而且因为网购奢侈品的价格比较便宜,所以更受欢迎。但是由于奢侈品消费金额较大,仍然需要在购买前进行更多的了解,慎重选择。

在中国,人们买奢侈品主要是注重奢侈品的品牌价值,而不太注重商品本身价值。从消费心理分析,大多中国消费者买奢侈品是为了让别人知道他的价值。互相以奢侈品来攀比和证明自己的财富能力及社会地位也是一个主要因素。70%的中国奢侈品消费者认为奢侈品是用来社交的重要标志、有攀比价值的必要性,而买奢侈品完全出于自我、侧重品牌文化和设计师理念的消费者仅占少数。

1 上文中说明大多数中国消费者为什么购买奢侈品?
2 你觉得网购奢侈品怎么样?有什么优点和缺点?
3 如果网购奢侈品有缺点,你觉得可以怎样改善?
4 你购买过哪些奢侈品或者名牌?
5 你购买奢侈品的原因是什么?

단어학습

珠宝[zhūbǎo] 珍珠宝石一类的贵重物品，多用做装饰。 [명] 진주와 보석, 보석류

总裁[zǒngcái] 某些机构或公司最高的管理人员或总经理。 [명] 총재, 사장

博尔纳·佛纳斯[bó ěr nà fó nà sī] 人名，Bernard·Fornas [사람] 베르나르 포르나스

日益[rìyì] 一天比一天 [부] 나날이

超过[chāoguò] 超出；高于 [동] 초과하다, 넘다

明显[míngxiǎn] 清楚地显露出来，容易让人看出或感觉到 [형] 뚜렷하다, 분명하다

矛头[máotóu] 矛的尖端。常用比喻攻击时所指的方向 [명] 창 끝, 예봉

奢侈品[shēchǐpǐn] 指不是生活所必需的高级消费品 [명] 사치품

心理[xīnlǐ] 感觉、知觉、记忆、思维、情绪等内心活动的总称。是客观事物在头脑中的反映 [명] 심리, 심적 상태

注重[zhùzhòng] 看重；重视 [동] 중시하다, 중점을 두다

品牌[pǐnpái] 商品牌号，商标 [명] 브랜드

分析[fēnxī] 将事物、现象、概念分门别类，离析出本质及其内在联系 [동] 분석하다

攀比[pānbǐ] 指不顾自己的具体情况和条件，盲目与高标准相比 [동] (자기보다 더 강한 사람과) 비교하다

证明[zhèngmíng] 根据确实的材料判断真实性 [동] 증명하다

财富[cáifù] 对人有价值的东西 [명] 재산, 자산

因素[yīnsù] 决定事物发展的原因、条件；构成事物的要素、成分 [명] 요소, 성분

社交[shèjiāo] 指社会上的交际往来 [명] 사교

标志[biāozhì] 表明特征，用以识别的记号 [명] 상징, 표지

侧重[cèzhòng] 重视、注意 [동] 치중하다, 편중되다

设计师[shèjìshī] 对设计事物之人的一种泛称。通常是在某个特定的专门领域创造或提供创意的工作，从事艺术与商业结合在一起的人 [명] 디자이너, 설계사

理念[lǐniàn] 看法、思想。思维活动的成果 [명] 이념, 신념, 관념

 팔선생 표현학습

1 瞧你一大早就哈欠连天的, 昨儿晚上干什么去了?
너 아침부터 연속 하품을 하는 것 봐, 어제 밤에 뭐했어?

……连天: 表示某种动作或者状态接连不断或程度强烈。
满天或者与天相连, 比喻非常多或者高的样子。

[예] 他还没有开始干活呢, 就叫苦连天的。
打起仗来烽火连天, 最受苦的就是老百姓了。

2 你为了打游戏真是废寝忘食啊!
너 게임을 하려고 잠도 안 자고 밥도 안 먹었구나!

废寝忘食: 成语, 一个人忘了吃饭忘了睡觉, 专心致志钻研一件事。
形容一个人精神集中, 努力刻苦。

[예] 妻子看到我废寝忘食勤奋工作, 比以往更体贴我了。
李济生废寝忘食, 把全部心思都用在解答这道难题上。

3 看你天天这么泡在网上 너 매일 인터넷에 빠져있는 것 좀 봐.

泡: 本来的意思是指用液体浸物品, 这里指做某件事来消磨时间。

[예] 你看他, 病好了也不出院, 一直在泡病号。
小明为了准备考试, 每天从早到晚都泡在图书馆。

4 你别光顾着批评我 내가 잘못했다고 열 올리지 마.

光顾着……: 光, 单、只的意思。顾, 考虑、注意的意思。
光顾着A, 意思为, 只对A这一件事集中, 而忽略了其他的。

[예] 你也别光顾着赚钱, 身体不好赚再多的钱也没用。
你别光顾着指责别人, 也应该多自我反省。

5 我怎么就没想到自己当博主呢!
나는 왜 내가 직접 블로그 주인장이 될 생각을 못했지!

怎么就……: 多用于反问或感叹句,表示否定、反问、后悔或加强语气。

[예] 这么多的问题,我以前怎么就没有注意呢?
我的东西昨天还在这儿呢,今天怎么就没了?

6 随着中国人财富的日益增长。
중국인들의 재산이 나날이 증가함에 따라서…

随着……: 用在句首或动词、动词句前面,表示动作、行为或事件的发生所需要的某种条件。

[예] 随着网络的普及,我们能够接触到更丰富的信息。
随着时间的流失,我对他的记忆越来越模糊了。

7 人们买奢侈品主要是注重奢侈品的品牌价值,而不太注重商品本身价值。
사람들이 사치품을 구매하는 것은 주로 사치품의 브랜드 가치를 중요시해서이며, 제품 본래의 가치는 그다지 중요하게 여기지 않는다.

而……: 连词,可以连接词、短语和分句,表示多种关系。本文中用来连接肯定和否定的两句话,表示前后两句互为转折关系。

[예] 你应该问问大家的意见,而不是一个人决定。
这种酒浓而不烈,真是不错!

제1과 **연습문제**

1. 听下面的一段话，选择正确的答案。

    ❶ 小李上网的原因是什么?（　　　　）
       A 小李上网只和朋友们聊天。
       B 小李上网是为了打游戏。
       C 小李上网既查找信息，也收发邮件。

    ❷ 关于这篇文章我们可以知道什么?（　　　　）
       A 明辉有自己的博客
       B 明辉在自己的博客上发表对产品的试用心得
       C 明辉准备自己做博主

2. 听录音，判断下面句子的内容是否正确。

    ❶ 珠宝制造商卡地亚国际集团的总裁认为现在中国人的消费能力已经超过了美国。（　　　　）
    ❷ 中国消费者喜欢通过网络购买奢侈品。（　　　　）
    ❸ 在中国，人们购买奢侈品主要是注重奢侈品本身的价值。（　　　　）
    ❹ 中国的消费者中，购买奢侈品完全出于自我、侧重品牌文化和设计师理念的占多数。（　　　　）

3. 用下面的词语造句。

    废寝忘食：_____

    一举两得：_____

    眼红：_____

    随着：_____

    日益：_____

攀比：_____

理念：_____

4. 将下面的单词填入正确的位置

| 보기 | A 财富 | B 随着 | C 明显 | D 潜力 | E 消费能力 |

　　珠宝制造商卡地亚国际集团(Cartier)的总裁博尔纳·佛纳斯(Bernard·Fornas)说："在地球的另一边，_____中国人的_____日益增长，到2020年，中国人的消费能力有可能超过美国。"这句话非常_____地将矛头直指中国人，说明中国人在奢侈品的消费上非常有_____。

5. 选出下列句子中有语病的一项。

❶ _____

A 故宫博物院展出了两千多年前新出土的文物。
B 中国消费者喜欢通过网络购买奢侈品。
C 随着电脑的应用，人们渐渐不喜欢用笔写字了。
D 这件产品的设计理念十分新颖。

❷ _____

A 在老师的帮助下，他有了明显的进步。
B 通过网络购买奢侈品，既有优点也有缺点。
C 你应该问问大家的意见，却不是一个人决定。
D 有人说忘记烦恼最好的方法就是废寝忘食地工作。

❸ _____

A 学习外语不能光看，还得多读多写。
B 中国人在奢侈品的消费上非常有能力。
C 这个问题简直太容易了。
D 人们购买奢侈品主要是注重奢侈品本身的价值。

6. 对下面的话题进行自由讨论。

토론　　中国人的"面子"文化与奢侈品消费之间的关系。

재미있는 중국 유머

女： 成功的男人背后一定有个女人。
男： 失败的男人背后呢?
女： 一定是有太多的女人。

你可不能小看交通事故。

❶ 能够激励对方或给予对方忠告。
❷ 能说明去探病时应该注意哪些事项。

遇到了交通事故，不管是大是小，最好都要去医院。
那么，你知道去医院看望病人的时候应该怎样行动才合适呢？
说说你自己的经验。

본문1 在医院看望病人

小刘：哎呦，张师傅，您怎么来啦？快请坐，您看我也不方便起来。

老张：你就别和我客气了，赶紧躺下吧！

小刘：那您随便坐，我就不招呼您了。

老张：今早刚到公司就听说你出了交通事故。这不，我急匆匆地就跑来了。

小刘：其实也不是什么特别大的事故，就是和前面的车追尾了。

老张：你可不能小看交通事故。就算现在觉得没事儿，那也绝对不能掉以轻心，要不然以后会留下后遗症的！

小刘：呵呵，您和大夫说的一样。所以大夫让我做的检查我都做了。

老张：哎，这就对了！现在怕花钱不好好儿检查，将来出了问题那就麻烦了！

小刘：可不是嘛，要是到那个时候，花大钱不说，人不是也受罪嘛。

老张：你呀，就安心地在医院养病。公司的事儿不用操心了。我交代别人先替你一阵儿。

小刘：害的大家都替我受累，真是不好意思。

老张：你别这么见外，大家都是同事，这个时候互相帮一把是应该的。你先躺着，我出去买点水果，刚才走得太急了。

小刘：您千万别去，您瞧我这床头柜，都成水果摊儿了。

1. 小刘见到老张后为什么没有起来招呼？
2. 发生交通事故后，为什么本人觉得没事也不能掉以轻心？
3. 小刘的最后一句话是什么意思？
4. 你发生过或者见过交通事故吗？
5. 说说发生交通事故时应该如何行动。

단어학습

赶紧[gǎnjǐn]   急忙；连忙，抓紧时间，不拖延。[부] 서둘러, 재빨리, 얼른

事故[shìgù]   原泛指事情、缘故、原因。现在指意外的损失或灾祸。
[명] 어떤 일의 까닭, 사고, 사건

急匆匆[jícōngcōng]   急急忙忙的样子。[형] 허둥대는·서두르는 모습

追尾[zhuīwěi]   同车道行驶的车辆尾随而行时，后车车头与前车车尾相撞的行为。
[동] (운전할 때 앞차를) 뒤 따르다

小看[xiǎokàn]   不重视、轻视。[동] 얕잡아 보다, 중요시 여기지 않는다

就算[jiùsuàn]   用在偏句开头，提出一种假设，表示姑且承认某种事实，
正句常用 "也" 字表示转折，说出结论，相当于 "即使"
[접] 설령(설사) ~하더라도(할지라도·일지라도). (가정 겸 양보 관계를 나타
내며 '即使(jíshǐ)' 에 상당함. 흔히 뒷구의 '也' 와 호응함)

掉以轻心[diào yǐ qīng xīn]   对事情采取轻率的漫不经心的态度。
[성어] 대수롭지 않게 여기다, 경솔한 태도를 취하다

要不然[yàoburán]   否则 [접] 그렇지 않으면

后遗症[hòuyízhèng]   某种疾病痊愈或主要症状消退之后所遗留下来的一些症状。
也比喻因办事或处理问题不周全而留下的问题
[명] 후유증, 여파

受罪[shòuzuì]   遭受折磨。[동] 고생하다, 벌을 받다

养病[yǎngbìng]   因患病而休息 [동] 요양하다, 휴양하다

操心[cāoxīn]   劳神，费心；担心。[동] 걱정하다, 마음을 쓰다

替[tì]   代理、取代、更换等。[동] 대신하다, 대체하다

一阵儿[yīzhènr]   一段时间。[명] 한 동안

害[hài]   使……受损伤。[동] ~에게 손해를 입히다, 해를 끼치다

受累[shòulèi]   受到劳累，消耗精力气力。常用做客气话。
[동] 고생을 하다, 노고를 끼치다, 수고하다

同事[tóngshì]   指在同一单位工作的人。[명] 직장 동료

甭[béng]   不用。[부] ~할 필요 없다

床头柜[chuángtóuguì]   家具中放在床头两边的小柜，可供放置灯具或存放杂物用。
[명] 침대 머릿장

본문2 | 探病礼节

　　人生在世，难免碰上生、老、病、死，这其中"病"是最为常见的现象。所以，当亲友、同事、同学患病时，前往探望、慰问是人之常情，也是一种礼节。如果人们在看望病人时如果不注意细节，就会影响到病人的身心健康。所以，到医院探望病人，也要注意一些相应的事项。

　　人们在看望病人时一般会带去一些鲜花，但是给病人送花也可能会使病人的病情加重。因为花粉有可能引起病人的呼吸道过敏。医生说，如果送颜色太浓艳的花，会刺激病人的神经，激发烦躁情绪。在病人住院期间，最好不要送花，可适当送些水果以及营养品。病人最需要的是休养与平静，所以探病时，衣着要颜色素雅、款式简单，并且注意走路时不要让鞋产生叩叩的吵杂声，影响病房的安宁。与病人谈话和在病房内逗留的时间也不宜过长，探望时间一般为十五分钟，最多不超过半个小时。要注意适时地、婉转地结束探望，一方面避免因为自己探视时间过长影响了病房里其他病人的休息，另一方面也可以让病人多休息，避免疲劳影响其身体恢复。告辞时，记得向家属打声招呼，并且表明愿意分忧的心情，让他们感受到人情的温暖。

1　为什么说探病是人之常情？
2　为什么探病时最好不要送颜色浓艳的鲜花？
3　女士去探病时应该注意哪些方面？
4　你有过探病的经历吗？说说你认为应该注意的事项。
5　你是怎样安慰病人及其家人的呢？

단어학습

难免[nánmiǎn]	形容事物的不可避免性。不容易避免；免不了 [동] 면하기 어렵다, ~하게 마련이다
患病[huànbìng]	得病, 生病, 有病 [동] 병을 앓다
探望[tànwàng]	看望 [동] 방문하다, 문안하다
慰问[wèiwèn]	安慰问候 [동] 위문하다, 위로하고 안부를 묻다
人之常情[rén zhī cháng qíng]	一般人通常有的感情 [성어] 사람이라면 누구나 가질 수 있는 마음이나 생각. 인지상정
细节[xìjié]	不容易起眼的小环节, 小事, 需要细心去做的事。 [명] 세목, 사소한 부문
相应[xiāngyìng]	相互呼应或照应；相适应。[동] 상응하다, 호응하다
呼吸道[hūxīdào]	是肺呼吸时气流所经过的通道 [명] 호흡 기관
过敏[guòmǐn]	有机体对某些药物或外界刺激的感受性不正常地增高的现象, 身体会产生过度的反应 [동] 알레르기 반응을 보이다
浓艳[nóngyàn]	(色彩)浓重艳丽 [형] 농염하다, 화려하다
刺激[cìjī]	使人激动或起反应。现实的物体和现象作用于感觉器官的过程；声、光、热等引起生物体活动或变化的作用 [동] 자극하다, 흥분시키다 [명] 자극, 충격
激发[jīfā]	刺激引发 [동] 격발하다, 분발시키다
烦躁[fánzào]	心中烦闷不安, 急躁易怒, 甚则手足动作及行为举止躁动不宁的表现 [형] 초조하다, 안달하다
素雅[sùyǎ]	素净雅致 [형] 소박하고 우아하다, 점잖다
适时[shìshí]	适合时宜；时间上正合适 [형] 시기가 적절하다, 제때에 하다
婉转[wǎnzhuǎn]	形容言辞委婉含蓄 [형] 완곡하다, 부드럽다
避免[bìmiǎn]	设法不使某种情形发生；防止 [동] 피하다, 면하다, 방지하다
告辞[gàocí]	原指向主人辞别, 现在通用指辞别 [동] 이별을 고하다, 작별 인사를 하다
家属[jiāshǔ]	家庭内户主本人以外的成员, 也指职工本人以外的家庭成员 [명] 가족, 딸린 식구
分忧[fēnyōu]	分担别人的忧虑；帮助别人解决困难 [동] 걱정을 함께 하다

 팔선생 표현학습

1 **我就不招呼您了**。저는 당신 대접하지 않겠네요.

招呼: 本来的意思是用言语、手势或其他方式招引、呼唤。但这里是接待、应接、关照的意思。

[예] 客人来了，你快去招呼一下。
您来到我家，也没有什么好菜招呼您，真是不好意思。

2 **这不，我急匆匆地就跑来了**。봐, 내가 이렇게 급히 달려 왔어.

这不: 本文中的意思是"瞧"或者"你看"。有时也带有反问的语气，或对前文提出的观点进行补充说明。

[예] 这不，你的书我给你带来了。
看你担心的，这不，他还是健健康康的。
他成绩非常好，这不，这次考试又考了全班第一。

3 **你可不能小看交通事故**。너 교통사고를 만만하게 보지 마라.

可: 表示强调、很、程度大。没有实在的含义。

[예] 你不用太担心了，他可好了。
他从小学开始就学习外语，可厉害了。

4 **花大钱不说，人不是也受罪嘛**。내가 잘못했다고 열 올리지 마.

……不说: 表示让步，不仅、不只的意思。通常后一句才是真正要强调的内容。
不是: 带有反问的意思，后文中常和"嘛"一起使用，表示强调。

[예] 现在去，来不及不说，他不是也不在家嘛。
你要是这么做，你妈妈生气不说，不是也无法解决问题嘛。

5 **我交代别人先替你一阵儿**。내가 다른 사람한테 시켜서 당분간 너 대신하게 할게.

交代: 原来的意思是向有关的人说明事情或意见，也指嘱咐和把事务移交给接替的人。
但是表示嘱咐或移交事务的时候，不能用于下级对上级，或晚辈对长辈。

[예] 你要是出了事,我怎么向你的父母交代?
　　　领导一再交代我们要注意工程质量。

6 当亲友、同事、同学患病时,前往探望、慰问是人之常情,也是一种礼节。
친척、친구、동료、동창이 아플 때 문병하러 가서 위로해 주는 것이 인지상정이며 예의다.

人之常情: 汉语成语。指的是一般人都应该具有的感情。可以作主语、宾语;用于人。

[예] 看到考试结果不好而伤心,这也是人之常情。
　　　爱美是人之常情,你不应该批评她。

7 因为花粉有可能引起病人的呼吸道过敏。
(이것은) 꽃가루가 환자의 호흡기 알레르기를 유발할 수 있기 때문이다.

引起……: 指某种事物使另一事物出现。
一般形式为: A引起B, 或, B是由A引起的。两者意思相同,表示A是B的原因。

[예] 长时间使用电脑工作引起了很多办公室疾病。
　　　感冒一般都是由病毒引起的。

8 与病人谈话和在病房内逗留的时间也不宜过长。
환자와 대화하거나 병실에서 머무는 시간이 지나치게 길지 않아야 한다.

不宜: 表示不合适,不应该的意思。一般用于劝阻某人最好不要做某事。

[예] 吃饭后不宜做剧烈运动。
　　　听说这部电影少儿不宜(观看)!

9 一方面避免因为自己探视时间过长影响了病房里其他病人的休息,另一方面也可以让病人多休息…
한 편으로는 문병시간이 너무 길어지고 병실 내의 다른 환자분의 휴식을 방해하는 것을 방지할 수 있고, 또 다른 한 편으로는 환자도 더 많이 쉴 수 있게 하고…

一方面……另一方面……: 一般用来表示同等地位的两种并列情况。
　　　　　　　　　　　　　也可以用来说明同一事物的两面性。这时,"另一方面"前大都使用表示转折的连接词"但/但是"。

[예] 我来这儿一方面是谈业务,另一方面是看望老朋友。
　　　化疗一方面可以杀死癌细胞,但另一方面也会影响正常细胞的生长。

제2과 연습문제

1. 听下面的录音，选择正确的答案。

① 老张和小刘的关系是？（　　　）
　A 老张是小刘的上司
　B 老张是小刘的亲戚
　C 老张是小刘的属下

② 关于小刘下面哪个说法是正确的？（　　　）
　A 小刘怕花大钱所以来了医院
　B 小刘来医院做一般的身体检查
　C 小刘因为怕将来身体出问题所以做了检查

2. 听录音，判断下面句子的内容是否正确。
① 张医生今天给大家讲的是关于过敏性疾病。（　　　）
② 张医生认为给病人送鲜花比较合适。（　　　）
③ 主持人最后认为给病人送水果和营养品更好。（　　　）
④ 去医院探病应该穿得很漂亮引起病人的注意。（　　　）
⑤ 去医院探病时间越长越好。（　　　）

3. 用下面的词语造句。

……不说，不是……：＿＿＿＿＿＿＿＿＿＿＿＿＿＿＿＿

交代：＿＿＿＿＿＿＿＿＿＿＿＿＿＿＿＿＿＿＿＿＿＿

人之常情：＿＿＿＿＿＿＿＿＿＿＿＿＿＿＿＿＿＿＿＿

不宜：＿＿＿＿＿＿＿＿＿＿＿＿＿＿＿＿＿＿＿＿＿＿

一方面……另一方面……：＿＿＿＿＿＿＿＿＿＿＿＿＿

难免：＿＿＿＿＿＿＿＿＿＿＿＿＿＿＿＿＿＿＿＿＿＿

避免：＿＿＿＿＿＿＿＿＿＿＿＿＿＿＿＿＿＿＿＿＿＿

4. 将下面的单词填入正确的位置

> 보기　　A 人之常情　　B 避免　　C 难免　　D 逗留　　E 最好　　F 患病

　　人生在世，_____碰上生、老、病、死，这其中"病"是最为常见的现象。所以，当亲友、同事、同学_____时，前往探望、慰问是_____，也是一种礼节。如果人们在看望病人时如果不注意细节，就会影响到病人的身心健康。所以，到医院探望病人，也要注意一些相应的事项。

　　人们在看望病人时一般会带去一些鲜花。但是，给病人送花有也可能会使病人的病情加重。医生说，_____。在病人住院期间，_____不要送花，可适当送些水果以及营养品。病人最需要的是休养与平静，所以探病时，衣着要颜色素雅、款式简单，并且注意走路时不要让鞋产生叩叩的吵杂声，影响病房的安宁。 与病人谈话和在病房内的时间也不宜过长，探望时间一般为十五分钟，最多不超过半个小时。要注意适时地、婉转地结束探望，一方面避免因为自己探视时间过长影响了病房里其他病人的休息，另一方面也可以让病人多休息，_____疲劳影响其身体恢复。告辞时，记得向家属打声招呼，并且表明愿意分忧的心情，让他们感受到人情的温暖。

5. 选出下列句子中有语病的一项。

❶ _____

A 她婉转地拒绝了他的邀请。
B 发生交通事故后一定要仔细检查，而且将来会留下后遗症。
C 我们应该吸取这次的教训，避免再次发生同样的错误。
D 这条裙子大方、素雅，你穿应该会很好看。

❷ _____

A 到医院探望病人，也要注意一些适应的事项。
B 你可别小看这个零件，没有它，这台机器就不能运转了。
C 你有没有对什么东西过敏？
D 他适时地打断了朋友的话。

❸ _____

A 时间不早了,我就先告辞了。

B 花粉有可能发生病人的呼吸道过敏。

C 这次的活动可以带家属一起参加。

D 父母天天为了孩子的学习操心。

토론

6. 对下面的话题进行自由讨论。

如果一个人生病时没有人来探病,他的心情会怎么样呢?如果这个病人患有传染性疾病,你会通过什么方法探病,或者表达你的关心呢?

재미있는 중국 유머

老师在黑板上写了8÷2=? 后问大家:8分为两半等于几?

小皮回答:　　等于0!

老　师　说:　　怎么会呢?

皮皮解释:　　上下分开!

小丁说道:　　不对,那应该等于耳朵!

老　师　说:　　哦,为什么啊?

小丁回答:　　左右分开呗!

你的皮肤很白，特别衬这个颜色！

❶ 能够熟练运用购买衣服时使用的一些常用语。
❷ 能够说明对象的特点。

 俗话说"衣食住行"，这其中衣服排在第一位。
大家都知道中国是个多民族的国家。
那么，你们了解中国少数民族的服装吗？

본문 1 | 文思和服装店老板的对话

老板：姑娘，进来看看吧。我们店昨天刚到的新货！

文思：是吗？这儿样式还真全，麻烦您把那件收腰大衣拿给我看看吧。

老板：姑娘你眼光真好，这件衣服昨天刚到就卖出去了3件，可紧俏了！

文思：就这一种颜色吗？

老板：这是今年的流行色，驼色，看起来特别高档，别家都没有这个颜色的。而且你的皮肤很白，特别衬这个颜色！

文思：嗯，样式、颜色什么的都挺好，就是腰这儿有点儿肥。您给我拿个小号儿的试试吧。

老板：这就是最小的了，您把腰带系紧点儿试试怎么样？

文思：嗯，马马虎虎吧。对了，这衣服是什么料子做的？

老板：这是羊绒的，既轻巧又保暖，穿着特别舒适，最适合做冬天的大衣了。你买回去肯定不会后悔的。

文思：嗯，漂亮是挺漂亮，不过这衣服只能送干洗店干洗吧？

老板：好衣服都这样。就算你能自己在家洗，也不能在家熨吧。还是送到洗衣店省心。

文思：那好，如果便宜点儿我就要了。

老板：那你就给500吧。

文思：行，你给我开张小票，发现什么毛病我可是要来退货的。

老板：没问题。我这儿童叟无欺！

1. 老板向文思介绍了这件衣服的哪些优点？
2. 这件衣服的颜色怎么样？老板说了什么？
3. 这件衣服正好合适吗？
4. 文思为什么让老板开小票？老板是怎么说的？
5. 你自己曾经在中国购物过吗？说说你在中国购物的经验或者见闻。

단어학습

收腰[shōuyāo]	服装的一种款式，指腰部比较瘦而下摆宽松，可以修饰体形 [명] 일종의 패션 스타일	
眼光[yǎnguāng]	视线。观察事物的能力；观点。指眼睛、视力 [명] 시선, 안목, 관점, 눈, 시력	
紧俏[jǐnqiào]	(商品)销路好，供不应求　[명] 잘 팔리는 (상품), 수요를 초과하다	
流行[liúxíng]	广泛传播；盛行，(也可指某种疾病) 或在一段时间内兴起的, 被人所追逐的模仿的新颖的东西 [동] 유행하다, 흥행하다　[명] 유행	
高档[gāodàng]	质量好，价格较高的 (商品等) [형] 고급의, 품질 좋은, 가격이 비싼	
衬[chèn]	衬托　[동] 부각시키다, 받쳐 주다	
腰带[yāodài]	束腰的带子　[명] 허리띠	
系[jì]	结，扣　[동] 매다, 묶다	
紧[jǐn]	密切合拢　[형] 팽팽하다, 단단하다, 빡빡하다	
马马虎虎[mǎmǎhūhū]	本文的意思是勉强过得去 [형] 적당히 하다, 대강 하다, 그런대로 … 할 만하다	
羊绒[yángróng]	生长在羊外表皮层，掩在粗毛根部的一层薄薄的细绒 [명] 캐시미어	
轻巧[qīngqiǎo]	轻便灵巧　[형] 가볍고 정교하다, 깜찍하다	
保暖[bǎonuǎn]	保持、提供温暖　[동] 보온하다	
后悔[hòuhuǐ]	为自己过去做错的事情感到遗憾和愧疚。 [동] 후회하다, 아쉬워하다	
熨[yùn]	用金属器具加热，按压衣服，使之平贴　[동] 다림질 하다	
省心[shěngxīn]	少费神；少操心　[동] 한 시름 놓다, 걱정을 덜다	
小票[xiǎopiào]	本文中指购物后的发票　[명] 영수증, 쿠폰	
毛病[máobìng]	指物品损坏或发生故障。[명] 고장, 장애, 단점	
童叟无欺[tóng sǒu wú qī]	既不欺骗小孩也不欺骗老人。指买卖公平 [성어] 노인이나 어린이조차도 속이지 않는다. 공평한 상거래.	

본문 2 | 苗族的服饰介绍

苗族是中国的少数民族之一。苗族的服装有上百种样式，堪称中国民族服装之最。苗族服饰也是一种原始的符号和象征、一本无字的历史书、一种无声的语言和标志。

苗族服饰根据性别、年龄、婚否等情况而不同，并且有地区差别。大致可以分为童装、男装和女装。苗族男装的色彩和装饰较单调，不及女装鲜艳与丰富。女装又有便装与盛装之分。便装是平时穿着的服装，其色彩花样及装饰不及节庆时结婚时穿的盛装鲜艳，但都保持苗族从古至今的传统款式。苗族女性的百褶裙，衣裙颜色以红、蓝、黄、白、黑为主。服饰用料以当地出产的原料为主，多以棉、麻、毛等经过家庭手工作坊精编细织而成。苗族服饰有着独特的民族文化背景。百褶裙上的彩色线条，代表着一条条河流和山路，背上的方形花纹，表示曾经拥有的城市，披肩上的云纹、水纹、菱形纹，代表天地和一丘丘肥沃的田土，花带上的"马"字纹和水波纹，是苗族祖先迁徙时万马奔腾过江河的壮观气势，苗族服饰的图案，可谓是穿在身上的一部民族史书。但是由于历史的久远，有些图案所代表的文字功能和传达的特定含义也蒙上了神秘的色彩，无法完全解读，这也是苗族服饰图案所具有的独特魅力。

★Question★

1 苗族的服饰不仅是一种服装，还可以看做是什么？
2 苗族服饰中男装的特点是什么？
3 苗族服饰中女装的特点是什么？
4 苗族服饰中的各种花纹有什么含义？
5 你能介绍一下韩国的传统服饰和它的含义吗？

단어학습

苗族[Miáozú]	中国少数民族之一。半数以上在贵州，其余分布于云南、四川、湖南、广西、广东等地 [명] 묘족 (중국 소수 민족의 하나)	
少数民族[shǎoshùmínzú]	多民族国家中人数最多的民族以外的民族，如中国指汉族以外的民族 [명] 소수 민족	
上百种[shàngbǎizhǒng]	超过一百种　몇 백 종류	
服饰[fúshì]	衣着和装饰 [명] 의복과 장신구, 패션	
原始[yuánshǐ]	最古老的; 未开发的 [형] 원시의, 미개의	
象征[xiàngzhēng]	不可见的某种物(如一种概念或一种风俗)的可以看见的标记 [명] 상징, 심벌	
大致[dàzhì]	大概; 大约 [부] 대개, 대략	
单调[dāndiào]	单一; 重复而缺少变化 [형] 단조롭다	
百褶裙[bǎizhěqún]	有许多褶子的裙子 [명] 주름치마	
原料[yuánliào]	没有经过加工制造的材料 [명] 원료, 감	
手工作坊[shǒugōng zuōfang]	从事手工制造加工的工场 [명] 수공업 공장	
精编细织[jīng biān xì zhī]	把细长的东西仔细地交叉组织起来 [동] 세세하게 짜다	
花纹[huāwén]	各种条纹或图形 [명] 꽃 무늬	
披肩[pījiān]	裘皮或布制的披在肩上的服饰 [명] 케이프, 망토	
菱形[língxíng]	由四条相等的直线构造两个锐角和两个钝角组成的四边形 [명] 마름모	
肥沃[féiwò]	指土地含有适合植物生长的养分和水分 [형] 비옥하다	
迁徙[qiānxǐ]	搬家; 从一处搬到另一处。或动物为了觅食或繁殖周期性地从一地区或气候区迁移到另一地区或气候区 [동] 옮겨 가다	
万马奔腾[wànmǎ bēnténg]	无数匹马飞奔跳跃, 形容声势浩大、前进的场面壮观 [성어] 천군만마가 내달리다, 기세 등등하다	
壮观[zhuàngguān]	雄奇伟观的事物或风景 [명] 장관, 웅장한 경치	
气势[qìshì]	表现出来的力量、威势 [명] 기세, 위세	
蒙[méng]	遮盖起来 [동] 덮다, 가리다	
神秘[shénmì]	难以捉摸、神秘 [형] 신비로운, 신비하다	
解读[jiědú]	阅读解释, 分析、研究, 理解体会 [동] 해독하다, 분석하다	
魅力[mèilì]	极能吸引人的力量 [명] 매력	

 **팔선생 표현학습**

1 姑娘你眼光真好。아가씨 안목이 참 좋네요.

眼光: 原指视线, 这里指观察事物的能力; 观点

[예] 你不能只是活在别人的眼光里, 应该有自己的想法!
相信我, 我看人的眼光很不错的。

2 而且你皮肤很白, 特别衬这个颜色!
그리고 피부가 하얘서 이 색과 아주 잘 어울려요.

衬: 指与别的东西互相搭配, 这里指衬托出某种优点。

[예] 这件衣服十分衬他的身材。
白雪衬着红梅, 十分美丽。

3 漂亮是挺漂亮, 不过这衣服只能送干洗店干洗吧?
예쁘긴 예쁜데, 이 옷을 세탁소에 보내서 드라이해야만 하죠?

……是……: A是A, 表示让步, 后面一般是表示转折的连词, 不过、可是、但是、就是等。

[예] 他这个人, 好是好, 就是太没有主见了。
听是听清楚了, 不过不太理解是什么意思。

4 就算你能自己在家洗, 也不能在家熨吧。
(이 옷을) 집에서 빨 수 있더라도 집에서 다림질할 수 없잖아요.

就算……: 用在前一句, 提出一种假设, 表示姑且承认某种事实, 后一句常用"也"字表示转折, 说出结论, 相当于"即使"。

[예] 就算他们都指责你, 我也不会离开你的。
就算你哭瞎了眼睛, 他也不会回来了。

5 苗族的服装有上百种样式，堪称中国民族服装之最。
묘족의 복장은 백여 가지 스타일이 있다. 중국 민족 복장의 제일이라고 할 수 있다.

　　堪称……: 堪: 可以。称: 称作。可以称作、称得上(一般表示赞叹)。
　　……之最: 指某个范围里的第一，但这个范围一般比较大。

[예]　她的业务能力在整个公司堪称第一。
　　　珠穆朗玛峰是世界山峰之最。

6 苗族服饰根据性别、年龄、婚否等情况而不同。
묘족의 복장은 성별, 나이, 결혼여부 등에 따라 다르다.

　　而: 词性复杂，可以做连词、代词、语气词、助词及动词。本文中是做表示因果关系的连词。

[예]　野花因生长在大自然中而美丽。
　　　他因为冷而不停地发抖。

7 苗族男装的色彩和装饰较单调，不及女装鲜艳与丰富。
묘족의 남자 복장은 색과 장식이 비교적 단순한데 여자 복장만큼 화려하고 다양하지 않다.

　　不及: 表示不如、比不上的意思。通常句型为: A+不及+B+(形容词/短语)

[예]　他的学习成绩不及哥哥。
　　　这个苹果不及那个苹果甜。

8 苗族服饰的图案，可谓是穿在身上的一部民族史书。
묘족 복장의 도안들은 몸에 입는 민족역사서라고 할 수 있다.

　　可谓……: 可以说是、可以称为……

[예]　泰山险峻而雄伟，可谓中国第一名山。
　　　这次的旅行可谓是一次难忘的经历。

제3과 연습문제

1. 听听下面的一段话，选择正确的答案。

   ❶ 关于这件大衣下面哪个说法是正确的？（　　　）
      A 别的服装店也有一样的大衣。
      B 这件大衣虽然不轻巧，但是非常暖和。
      C 文思觉得大衣虽然很漂亮，但是清洗有些不方便。

   ❷ 关于文思下面哪个说法是正确的？（　　　）
      A 文思觉得这件大衣腰部有点大，所以老板给她换了一件小的。
      B 因为文思很喜欢，所以买了这件大衣。
      C 文思让老板开了一张小票，因为她发现衣服有点毛病。

2. 听录音，判断下面句子的内容是否正确。
   ❶ 苗族女性的服装有上百种样式。（　　　）
   ❷ 苗族男装的色彩比女装的色彩更鲜艳。（　　　）
   ❸ 苗族女性的盛装比便装鲜艳多了。（　　　）
   ❹ 苗族女性的百褶裙主要有红色、绿色和黄色等。（　　　）

3. 用下面的词语造句。

   眼光：_____

   流行：_____

   省心：_____

   毛病：_____

   就算……也……：_____

   象征：_____

   独特：_____

神秘: _____

魅力: _____

堪称……之最: _____

4. 将下面的单词填入正确的位置

> 보기   A 之最   B 根据   C 大致   D 之一   E 不及

  苗族是中国的少数民族_____。苗族的服装有上百种样式，堪称中国民族服装_____。苗族服饰也是一种原始的符号和象征、一本无字的历史书、一种无声的语言和标志。苗族服饰_____性别、年龄、婚否等情况而不同，并且有地区差别。_____可以分为童装、男装和女装。苗族男装的色彩和装饰较单调，_____女装鲜艳与丰富。女装又有便装与盛装之分。便装是平时穿着的服装，其色彩花样及装饰不及节庆时结婚时穿的盛装鲜艳。

5. 选出下列句子中有语病的一项。

❶ (　　　　)
A 苗族的服装有上百种样式，堪称中国民族服装之最。
B 你的皮肤很白，特别配合这个颜色！
C 苗族男装的色彩和装饰较单调，不及女装鲜艳与丰富。
D 百褶裙上的彩色线条，代表着一条条河流和山路。

❷ (　　　　)
A 苗族的服饰用料大部分是由手工精编细织而成。
B 样式、颜色什么的都挺好，就是腰这儿有点儿肥。
C 苗族服饰由于性别、年龄、婚否等情况而不同。
D 发出什么毛病我可是要来退货的。

❸ (　　　　)
A 羊绒既轻巧又保暖，最适合做冬天的大衣。
B 苗族是中国的少数民族之一。
C 苗族服饰有着奇异的民族文化背景。
D 苗族的服饰大部分都保持着传统款式。

6. 对下面的话题进行自由讨论。

토론

谈谈你知道的或者你关心的民族服饰。

재미있는 중국 유머

一个来中国的美国大学生问:"在你们中国人心目里,是不是练武功比其他事情都重要?"

"没啊,怎么啦?"

"我每次约姑娘吃饭,她们都会回答:等我有功夫了再去。"

少不看水浒，老不看三国

❶ 能够向别人介绍自己所读的书籍的内容梗概。
❷ 能够描写过去某一特定时代的情况。

大家都看过小说《三国演义》吗？
是不是很喜欢里面精彩的战争故事呢？
今天我们就来一起回顾一下吧！

본문1 谈《三国演义》

乐乐：志勋，上周的文学鉴赏课上老师讲了什么内容啊？
　　　我那天病了，没去上课。

志勋：哦，上周讲的是罗贯中的《三国演义》。
　　　我以前小的时候就看过《三国演义》的连环画了！

乐乐：那你最喜欢里面的哪个人物？我猜是诸葛亮吧？

志勋：错啦，虽然诸葛亮料事如神，不过我个人还是更喜欢赵子龙，
　　　智勇双全，那才叫让人佩服！

乐乐：嚄，你还挺有研究的嘛。

志勋：可不是嘛，我不仅看过《三国演义》，
　　　中国的四大名著除了《红楼梦》我都看过了！

乐乐：那你知不知道中国有句俗话，叫做"少不看水浒，老不看三国"啊？

志勋：这还是头一次听说，你快告诉我，这句话是什么意思啊？

乐乐：其实，《水浒》里面的故事都是打打杀杀的故事，比较暴力，
　　　而年轻人血气方刚，容易受到暴力的影响，所以说"少不看水浒"。

志勋：那"老不看三国"又该怎么解释呢？

乐乐：《三国演义》里面的故事大多都使用权术计谋。
　　　老人本来就人生经验丰富，再读《三国》，容易变得老奸巨滑。

志勋：哈哈，这未免有点儿牵强了吧。又不是每个人都会受到这种
　　　负面的影响。

乐乐：虽然不是全对，这也算是多少反映了这两部作品的思想倾向吧。

1　志勋是来了中国以后才看的《三国演义》吗？
2　志勋最喜欢《三国演义》里的哪个人物，为什么？
3　什么叫做"少不看水浒，老不看三国"？
4　志勋觉得"少不看水浒，老不看三国"的看法对吗？为什么？
5　讲讲你看过的《三国演义》里的故事。

단어학습

鉴赏[jiànshǎng]	对文物、艺术作品等的鉴定和欣赏 [동] (문물, 예술품 등을) 감상하다	
罗贯中[Luó Guànzhōng]	中国元末明初小说家、戏曲家。 [명] 나관중. 중국 원말명초 시기의 소설가, 희곡가 《삼국연의》의 저자)	
连环画[liánhuánhuà]	根据故事所叙述的情节、顺次排列成一系列有字有画的小册子 [명] 그림 이야기 책, 코믹 북	
诸葛亮[Zhūgě Liàng]	三国时蜀汉政治家、军事家。字孔明 [명] 제갈량. 삼국 시대, 촉한의 정치가, 군사가. 자 공명	
料事如神[liàoshì rú shén]	形容预测事情非常准确。[성어] 매우 정확하게 예측·예언하다	
智勇双全[zhìyǒng shuāngquán]	又有智谋, 又勇敢 [성어] 지략과 용기를 겸비하다	
佩服[pèifu]	钦佩；信服 [동] 탄복하다, 심복하다, 감탄하다	
红楼梦[Hónglóumèng]	中国清代初期(约1790)问世的长篇小说, 又名《石头记》。被广泛认为是中国最伟大的一部著作 [명] 홍루몽. 중국 청대 초기의 장편소설.〈석두기〉라고도 함. 중국의 제일 위대한 작품으로 알려짐.	
俗话[súhuà]	俗语, 民间流传的通俗语句 [명] 속담, 옛말	
暴力[bàolì]	强制的力量；武力 [명] 폭력, 무력	
血气方刚[xuèqì fānggāng]	形容年青气盛, 感情易于冲动 [성어] 혈기가 넘치다, 정력이 왕성하다	
权术[quánshù]	运用权力的手段 [명] 권모술수	
计谋[jìmóu]	计策；谋划 [명] 책략, 계략	
老奸巨滑[lǎojiān jùhuá]	奸: 奸诈; 滑: 狡猾。形容世故深而手段极其奸诈狡猾的人 [성어] 매우 치밀하고 교활하다	
牵强[qiānqiǎng]	勉强 [동] 억지 쓰다	
负面[fùmiàn]	坏的、消极的一面；反面 [명] 부정적인 면, 소극적인 면, 반면	
反映[fǎnyìng]	比喻把客观事物的实质表现或显示出来 [동] 반영하다	
倾向[qīngxiàng]	指思想观点所体现的方向 [명] 경향, 성향, 추세	

본문2 | 中国的古老王朝——夏

　　夏朝距今大约有四千年的历史，由于年代久远，并且至今仍未发现任何原始的文献与文字记载，所以，今天我们只能从一些上古的典籍及一些传说中对夏朝略知一二。近年来，通过对夏朝都城一直的考古工作以及"夏商周断代工程"的研究，使我们对夏朝的政治、经济及文化等方面的发展又有了新的认识。在河南省偃师二里头村发现的二里头文化正是夏朝文化的代表。其中，发现了大量青铜器、陶器以及大面积的宫殿遗址群落。由此看来，夏朝已经由石器时代进入了青铜器时代，并且掌握了冶金与铸造技术。与石器时代相比，夏朝的生产力水平有了很大的提高，为农业生产提供了有利的条件。另外，从一些古典籍中，我们可以看到，夏朝已经采用了干支纪年，这表明了当时科学文化水平的发达程度。

　　夏朝一共经历十三世、十六位王。前后共约四百七十一年。夏王朝是一个古老的王朝，虽然距现在已经四千年，但关于夏的一些传说至今还广为流传。

1　现代的人们可以通过什么方法了解夏朝？
2　夏朝文化的代表是什么？
3　你对石器时代和青铜器时代有什么了解？
4　怎样判断夏朝已经进入了青铜器时代？
5　你了解干支纪年法吗？你知道有几个天干和几个地支吗？

단어학습

仍未[réngwèi]　仍然没有的意思　[부] 여전히, 아직도

文献[wénxiàn]　有历史意义或研究价值的书籍资料　[명] 문헌

记载[jìzǎi]　把事情记录下来, 也指记录事情的文字　[명] 기록, 기사

上古[shànggǔ]　较早的古代　[명] 상고 시대

典籍[diǎnjí]　指法典、图籍等重要文献;亦泛指古今图书　[명] 전적, 책, 고서

略知一二[lüè zhī yī èr]　稍微知道一点点　[성어] 조금 알다, 대략적으로 이해하다

考古[kǎogǔ]　根据古代的遗迹、遗物和文献研究古代事物　[명] 고고학

夏商周断代工程[Xià Shāng Zhōu duàndài gōngchéng]　中国的一项文化工程, 是一个以自然科学与人文社会科学相结合的方法来研究中国历史上夏、商、周三个历史时期的年代学的科学研究项目 [명] 하상주(고대 중국 왕조) 시대구분 공정

河南省偃师二里头村[Hénán Shěng Yǎnshī Èrlǐtóucūn]　(地名)位于今天的河南省偃师市二里头村　[명] 하남성 언사이리두 마을

青铜器[qīngtóngqì]　通常也简称铜器。在中国考古学上, 主要是指用铜锡合金制作的器物　[명] 청동기

陶器[táoqì]　用黏土烧制的器皿。质地比瓷器粗糙, 通常呈黄褐色。[명] 도기, 오지그릇

宫殿[gōngdiàn]　指帝王住所。亦泛指高大华丽的房屋。[명] 궁전

遗址[yízhǐ]　指年久被毁的建筑物所在的地方。[명] 유적

群落[qúnluò]　在一起的事物的总体　[명] 군집, 군락

掌握[zhǎngwò]　熟知并能运用　[동] 장악하다, 숙달하다

冶金[yějīn]　冶炼金属　[명] 야금하다, 금속을 제련하다

铸造[zhùzào]　把金属加热熔化倒入砂型或模子里, 使凝固成为器物 [동] 주조하다

采用[cǎiyòng]　采纳应用　[동] 채용하다, 채택되다

干支纪年[gānzhī jìnián]　中国古代的一种纪年法。即以甲、乙、丙、丁、戊、己、庚、辛、壬、癸十天干和子、丑、寅、卯、辰、巳、午、未、申、酉、戌、亥十二地支按照顺序组合起来纪年　[명] 간지 기년

广为流传[guǎng wéi liúchuán]　流传的范围很广大, 多用于好的方面。[동] 널리 전해지다

팔선생 표현학습

1 不过我个人还是更喜欢赵子龙, 智勇双全, 那才叫让人佩服!
하지만 난 개인적으로 조자룡을 더 좋아해, 지략과 용기를 겸비해서 그야말로 대단하지!

那才叫: 对所陈述的事实进行强调时使用。그것이야말로 ~, 그것이 비로소 ~

[예] 不仅能指出你的缺点, 而且还能帮你改正的人, 那才叫真正的朋友!
晚上回家的时候, 能有个人在家做好了热腾腾的饭菜等着你, 那才叫幸福呢!

2 这还是头一次听说。이(말은) 처음 듣는 것이다.

头一次: 第一次的意思, 主要用于口语。

[예] 像他这么胖的人, 我还是头一次看见。
今天, 我头一次在这么多人面前讲话, 心里特别紧张。

3 又不是每个人都会受到这种负面的影响。
누구나 다 그런 소극적인 영향을 받는 것도 아니다.

又不是: 强调后面出现的否定性内容。~도 아니다

[예] 我喜欢她, 你又不是不知道!
又不是让你去打架, 你那么激动干什么!

4 可不是嘛, 我不仅看过《三国演义》, 中国的四大名著除了《红楼梦》我都看过了!
물론이지. 나는 삼국지뿐만 아니라, 중국의 4대명작 중 홍루몽만 제외하고 다른 것은 다 봤어!

可不是嘛: 以稍带反问的语气表示对前面的内容表示同意、肯定及强调。只用于口语。
그렇지? 그렇고말고! 누가 아니래?

[예] A: 你说他怎么就不明白呢?
B: 可不是嘛! 连我都替他着急!

A: 他这个人，就是眼光太高了。
B: 可不是嘛。要不然早就结婚了。

5 今天我们只能从一些上古的典籍及一些传说中对夏朝略知一二。
오늘 우리는 상고 시대의 전적과 전설을 통해서 하 왕조에 대해서 조금 알 수 있다.

略知一二: 形容为数不多。略微知道一点。多用于说自己知道某事时比较谦虚的说法。

[예] 我对历史很感兴趣，对考古也略知一二。
　　对于这个问题我只是略知一二，还是请专家来回答吧。

6 由此看来，夏朝已经由石器时代进入了青铜器时代。
이것으로 판단해 보면 하 왕조는 이미 석기시대에서 청동시대로 들어갔다.

由此看来: 此，指前面所说的内容。由此看来，就是说由前面所说的情况可以得出某种结论。

[예] 大家都说学外语要注重听、说、读、写，由此看来，听力练习在外语学习中的地位有多么重要。
　　你看他一边打工一边挤时间读书，成绩还是全班第一，由此看来，学习真的是和自己的努力分不开的。

7 与石器时代相比，夏朝的生产力水平有了很大的提高。
석기시대와 비교하면 하 왕조의 생산력 수준이 매우 크게 향상되었다.

与……相比……: (A)与(B)相比……，表示A和B作比较的时候如何如何。也可以写成与(A)相比，(B)……，这里的"与"也可以换成"和"。

[예] 塑料与木头相比，防水性能更加良好。
　　和去年的考试题相比，今年的更加简单。

제4과 연습문제

1. 听下面的一段话，选择正确的答案。

    ① 下面关于志勋的说法中哪一项是正确的?（　　　　）
    A 上周乐乐上了文学鉴赏课
    B 志勋最喜欢料事如神的诸葛亮
    C 志勋觉得这种说法不太对

    ② 关于中国的四大名著下面哪一项是正确的?（　　　　）
    A 三国演义是一本连环画
    B 中国的四大名著有一本叫做《红楼梦》
    C 因为水浒传的故事比较暴力，所以老人不适合看水浒传

2. 听录音，判断下面句子的内容是否正确。
    ① 夏朝是中国历史上的第一个王朝。（　　　　）
    ② 夏朝留下了很多文献和文字记载。（　　　　）
    ③ 夏朝还属于石器时代。（　　　　）
    ④ 夏朝时的人们已经掌握了冶金与铸造技术，生产力水平有了很大提高。
    （　　　　）

3. 用下面的词语造句。

    名著：＿＿＿＿＿＿＿＿＿＿＿＿＿＿＿＿＿＿＿＿＿＿＿＿＿＿＿＿＿

    解释：＿＿＿＿＿＿＿＿＿＿＿＿＿＿＿＿＿＿＿＿＿＿＿＿＿＿＿＿＿

    牵强：＿＿＿＿＿＿＿＿＿＿＿＿＿＿＿＿＿＿＿＿＿＿＿＿＿＿＿＿＿

    负面：＿＿＿＿＿＿＿＿＿＿＿＿＿＿＿＿＿＿＿＿＿＿＿＿＿＿＿＿＿

    反映：＿＿＿＿＿＿＿＿＿＿＿＿＿＿＿＿＿＿＿＿＿＿＿＿＿＿＿＿＿

    面积：＿＿＿＿＿＿＿＿＿＿＿＿＿＿＿＿＿＿＿＿＿＿＿＿＿＿＿＿＿

    遗址：＿＿＿＿＿＿＿＿＿＿＿＿＿＿＿＿＿＿＿＿＿＿＿＿＿＿＿＿＿

    提高：＿＿＿＿＿＿＿＿＿＿＿＿＿＿＿＿＿＿＿＿＿＿＿＿＿＿＿＿＿

4. 将下面的单词填入正确的位置

> 보기   A 略知一二   B 代表   C 大约   D 进入   E 文献

夏朝距今_____有四千年的历史,由于年代久远,并且至今仍未发现任何原始的_____与文字记载,所以,今天我们只能从一些上古的典籍及一些传说中对夏朝_____。近年来,通过对夏朝都城一直的考古工作以及"夏商周断代工程"的研究,使我们对夏朝的政治、经济及文化等方面的发展又有了新的认识。在河南省偃师二里头村发现的二里头文化正是夏朝文化的_____。其中,发现了大量青铜器、陶器以及大面积的宫殿遗址群落。由此看来,夏朝已经由石器时代_____了青铜器时代,并且掌握了冶金与铸造技术。与石器时代相比,夏朝的生产力水平有了很大的提高,为农业生产提供了有利的条件。另外,从一些古典籍中,我们可以看到,夏朝已经采用了干支纪年,这表明了当时科学文化水平的发达程度。

5. 选出下列句子中有语病的一项。

① _____
A 至今我仍未发现任何的文字记载
B 中国的四大名著,除了《红楼梦》我都看过了
C 二里头文化正是夏朝文化的代表
D 夏朝时,人们已经控制了冶金与铸造技术

② _____
A 生产力水平的提高,为农业生产提出了有利的条件
B 夏朝一共经历十三世、十六位王
C 《三国演义》里面的故事大多都使用权术计谋
D 夏朝距今大约有四千年的历史

③ _____
A 年轻人血气方刚,容易受到暴力的影响
B 赵子龙智勇双全,那才叫让人佩服!
C 夏朝已经由石器时代走入了青铜器时代
D 但关于夏的一些传说至今还广为流传

6. 对下面的话题进行自由讨论。

토론   对比中国的夏文化介绍一下你知道的韩国古代文化。

재미있는 중국 유머

老婆对着镜子哭诉:"我越来越肥!越来越老!越来越丑了!"
随后,老婆对老公撒娇:"老公,你夸夸我,哄哄我呀!"
老公想了想,说道:"嗯,老婆,你的视力还是很好的!

不参加辅导班就会输在起跑线上？

❶ 能够对教育问题发表自己的见解。
❷ 能够说明每年进行的某项活动的由来、时间和氛围等主要情况。

子女的教育问题，不管在哪个国家都是父母关心的焦点。
中国的爸爸妈妈们也不例外。
请看后面一段关于子女教育问题的对话，谈谈你的看法。

본문1 | 关于中国的子女教育问题

妻子：老张，你听说了吗? 三楼小王的孩子参加了钢琴辅导班。

老张：那又怎么样! 你是不是看见别人家的孩子参加这个班那个班的，你也心里痒痒，想让东东参加啊。

妻子：那当然啦。做父母的，谁不想自己的孩子优秀啊。
再说了，我们可不能让孩子输在起跑线上!

老张：太夸张了吧! 不参加辅导班就会输在起跑线上?

妻子：怎么不会! 你看看现在外面这些辅导班。从幼儿园就开始学英语，小学学美术、学音乐，上了初中就开始各种科目的补习。什么奥数啦、竞赛啦……

老张：唉，那么小的孩子，就开始学这么多东西。哪有时间玩儿啊。
连童年都没了，太可怜了吧。

妻子：其实，刚开始我也想别给孩子太大的压力。可是你看看周围这些家长，有哪个不是拼命的给孩子投资啊。人家学了，你没学，那不就等于落后了嘛。

老张：胡说! 兴趣这个东西要孩子自己选择。他喜欢什么就让他学点什么。
哪儿能是家长规定的! 天天学自己不喜欢的东西，孩子痛苦不说，
家长也跟着操心。

妻子：话是这么说，可真是做起来难啊。

老张：这不只是学生家长的问题，教育体制也很重要。体制不改革，
这种现象还是没法改善。

妻子：哎呀，你就别想着改革教育体制了，先想想咱们东东报个什么班儿吧!

老张：我小时候，可是天天在外面和小伙伴玩儿着长大的。那才叫童年呢……

妻子：行了行了，别回忆童年了，赶紧想想正事儿吧。

1. 妻子在外面听说了什么?
2. 妻子为什么说不参加辅导班就会输在起跑线上?
3. 老张的态度怎么样?
4. 老张觉得这个问题应该怎样改善?
5. 你觉得最后他们会听谁的?

단어학습

钢琴[gāngqín]	一种打击弦乐器，具有金属弦的音板，由键盘控制的毡质弦槌的敲击而发音，并有改变或修饰音量和音质的踏板 [명] 피아노	
辅导班[fǔdǎobān]	是以提高成绩(不一定学习成绩)为目的一个课外辅导机构。 [명] 특별 지도반, 특별 활동반	
痒痒[yǎngyang]	有痒感 [형] 간지럽다	
输[shū]	在较量时失败；败(跟赢相对) [동] 패하다, 지다	
起跑线[qǐpǎoxiàn]	赛跑时起跑的标志线 [명] 출발선	
夸张[kuāzhāng]	夸大；言过其实。[동] 과장하다	
幼儿园[yòu'éryuán]	为一种学前教育机构，用于对幼儿集中进行保育和教育，通常接纳三周岁以下幼儿的为托儿所，而接纳三至六周岁幼儿的为幼儿园。[명] 유치원	
美术[měishù]	创作占有一定平面或空间，具有可视性的艺术叫作美术。 [명] 미술	
音乐[yīnyuè]	用有组织的乐音来表达人们思想情感、反映现实生活的一种艺术。它最基本的要素是节奏和旋律，分为声乐和器乐两大门类。 [명] 음악	
补习[bǔxí]	为补足或提高某种知识，在业余或课外学习 [명] 보충학습	
奥数[àoshù]	是奥林匹克数学竞赛的简称 [명] 올림픽수학	
竞赛[jìngsài]	比赛，争取优胜 [명] 시합, 경기, 경쟁	
可怜[kělián]	值得怜悯 [형] 불쌍하다, 가엾다	
拼命[pīnmìng]	竭尽全力 [동] 온 힘을 다하다, 죽을힘을 다하다	
人家[rénjiā]	代词，指说话人或听话人以外的人 [대명사] 남, 타인	
落后[luòhòu]	赶不上，落在后头 [동] 뒤쳐지다, 낙오하다	
胡说[húshuō]	随便乱说 [동] 헛소리하다, 함부로 말하다	
规定[guīdìng]	权威性地确定为一种指导、指示或行动规则 [명] 규정, 규칙	
体制[tǐzhì]	组织方式、组织结构 [명] 체제	
改革[gǎigé]	改掉旧的、不合理的部分，使更合理完善 [동] 개혁하다	
改善[gǎishàn]	使原来的状况变得好些 [동] 개선하다	

본문2 | 高考：在酷暑高温中彰显关怀

中国的普通高等学校招生全国统一考试简称高考，是中国的重要的全国性考试之一。1966年文化大革命一开始，高考就都取消了，直到1971年才逐步恢复招生。现在高考以省为单位，虽然名义上为全国统一考试，但部分试题并不是全国统一的。以前高考在7月7、8、9三天举行，但从2003年开始改为每年6月7、8、9日举行。

每年的高考时段都是中国的盛夏时节，为紧张的高考又增添了一份焦灼感。为减少高温天气的干扰，确保考生沉着冷静地参加考试，各地方政府和学校都会启动高考应急服务机制，采取多种防暑降温措施，营造宽松舒适的考试环境，确保高考的平稳、顺利进行。比如说为考生和相关人员提供饮水服务；在各考场的考生服务站，医务人员还会准备足够的清凉油、藿香正气水、风油精等防暑降温药品；甚至怕有考生中暑，急救医生和救护车辆也都会做好充分的准备。各地的考点还会结合实际情况，及时开启空调、电风扇等降温设备，为考生创造适宜的考试环境。

并且各地交警部门也会在考场的周围进行交通管制，设置禁鸣、禁停、限行或禁行标志，以维护考场的绝对安静和考场周边道路的交通秩序。如果考生忘记携带自己的准考证等考试必需物品，也可以找到交警求助，交警会协助考生尽快赶到考场。

1 中国的高考是一门怎样的考试？
2 高考的时间是什么时候？
3 中国的地方政府和学校会通过什么方法确保高考的平稳、顺利进行？
4 中国各地的交警部门会怎样为高考服务？
5 谈谈你所经历的"高考"。

단어학습

酷暑[kùshǔ]	极热的夏天	[명] 혹서, 한더위
彰显[zhāngxiǎn]	鲜明地显示 [동] 충분히 나타내다, 잘 드러내다	
逐步[zhúbù]	一步步 [부] 한 걸음 한 걸음, 점차	
盛夏[shèngxià]	夏天最热的日子 [명] 한 여름	
时节[shíjié]	季节；时令，时候 [명] 계절, 시절, 시기	
焦灼[jiāozhuó]	非常着急；焦躁忧虑 [형] 애타다, 몹시 초조하다	
干扰[gānrǎo]	扰乱；打扰 [동] 지장을 주다, 교란 시키다, 방해하다	
沉着[chénzhuó]	从容镇静；不慌不忙 [형] 침착하다	
冷静[lěngjìng]	平心静气、毫无偏见地分析道理而不感情用事 [형] 냉정하다, 침착하다	
启动[qǐdòng]	发动；开动 [동] 작동을 시키다, 발동하다	
应急[yìngjí]	满足紧急需要 [동] 응급 조치하다, 긴급 상황에 대처하다	
机制[jīzhì]	原指机器的构造和工作原理，现已广泛应用于自然现象和社会现象，指其内部组织和运行变化的规律。[명] 메커니즘, 체제	
措施[cuòshī]	针对情况采取的处理办法 [명] 조치, 대책	
营造[yíngzào]	建造，构造；编造，制作；做 [동] 경영하다, 조성하다, 건립하다	
宽松[kuānsōng]	少控制、较自由的 [형] 넓다, 여유가 있다	
确保[quèbǎo]	切实保持或保证 [동] 확보하다	
清凉油[qīngliángyóu]	[명] (두통, 화상, 벌레 물린 데 바르는) 연고	
藿香正气水 [huòxiāng zhèngqìshuǐ]	[명] 곽향정기수 (중국인들이 자주 사용하는 더위 치료 약물)	
风油精[fēngyóujīng]	[명] 평유징 (벌레 물린 데나 정신을 맑게 하는 일종의 외용 상비약)	
中暑[zhòngshǔ]	[명] 중서, 더위 먹다	
急救[jíjiù]	紧急救治 [동] 응급 처치	
救护车[jiùhùchē]	医院或医疗单位专门用来运送伤、病员的车辆 [명] 앰뷸런스, 구급차	
开启[kāiqǐ]	启开；打开 [동] 열다, 개방하다	
管制[guǎnzhì]	监督管理 [동] 관제하다, 통제하다	
维护[wéihù]	以说话或行动保护 [동] 유지하고 보호하다, 옹호하다	

 **팔선생 표현학습**

1. **那又怎么样！你是不是看见别人家的孩子参加这个班那个班的，你也心里痒痒，想让东东参加啊。**
   그렇다면 뭐 어때? 당신 남의 아이가 이 학원 저 학원 다니는 것 보고 마음이 근질근질해서 우리 동동한테도 참가시키려고 하는 거야?

   那又怎么样: 表示对某事或者某种观点并不在乎。有时也表示话者不赞成的态度。
   心里痒痒: 是一种比喻的说法。比喻心中按捺不住某种情绪，或者蠢蠢欲动想要试做某事的感觉。

   [예] 别人发财了？那又怎么样！你的生活也不会因此发生任何变化。
   看见大家都一个个跃入水中，他也心里痒痒的，想下去游个痛快。

2. **上了初中就开始各种科目的补习。什么奥数啦、竞赛啦……**
   중학교 들어갈 때부터 각종 과목의 과외를 시작해요. 뭐 올림픽수학이다, 대회다…

   什么……啦……啦: 列举某些事物时使用，并且同时表示省略。

   [예] 她最喜欢吃水果了，什么桃子啦、西瓜啦……
   小黄特别关心新的电子产品，什么手机啦、电脑啦……

3. **胡说！兴趣这个东西要孩子自己选择。**
   무슨 헛소리야, 취미라는 것은 아이가 스스로 택해야 돼.

   胡说: 比喻说话的人：对事物发展的状态不加以分析其真确与否，做出一种不负责任的语言表达方式。同义词还有"瞎说""乱说"等。并且把乱闹、没有原则的闹事也叫做"胡闹"。

   [예] 你别胡说，小唐不是这种人！
   这种事情可不能胡说，你最好小心点儿。

4 天天学自己不喜欢的东西，孩子痛苦不说，家长也跟着操心。
날마다 자기 좋아하지 않는 것을 배우면, 아이가 괴로울 뿐만 아니라 학부모 또한 같이 애가 타지.

不说……, 也……: 指不光有前句的内容, 还有后一句中的内容。和"不仅……也……"意思相似, 但是"不说"通常用在前句的句末。"也"可以换成"还"。

[예] 你这么做, 对你自己没有好处不说, 也会给周围的人带来不便。
他这个人啊, 不能吃苦不说, 还特别胆小。

5 话是这么说，可真是做起来难啊。 말만 그렇지, 하지만 실제로 하면 어렵다.

话是这么说: 表示只用嘴说的时候是这样, 但实际情况没有这么容易或者与此不同。后面通常接"可是"、"但是"、"不过"等表示转折的连词。

[예] 他话是这么说, 不过心里肯定还是很难受的。
分手了还可以做朋友, 话是这么说, 但是可能吗?

6 1966年文化大革命一开始，高考就都取消了。
1966년 문화대혁명이 시작하자마자, 까오카오가 취소되었다.

一……就……: 在两个动作前后连续发生的时候使用。表示第一个动作结束后马上开始第二个动作。

[예] 他一下了课就赶紧跑了出去。
我一看到他, 就马上给你打电话了。

7 以维护考场的绝对安静和考场周边道路的交通秩序。
시험 장소의 절대적 조용함과 주변 도로의 교통질서를 유지하기 위한 것이다.

以……: 这里的"以"是比较文言文的说法, 意思是, "目的在于"。

[예] 你先不要急, 我们慢慢准备, 以待时机。
我们平时应该养成节俭的好习惯, 以备不时之需。

연습문제

1. 听下面的一段话，选择正确的答案。

   ① 关于参加辅导班这件事下面哪一项说法是正确的？（　　　）
      A 老王的孩子参加了钢琴辅导班
      B 老王觉得孩子应该参加辅导班
      C 别人家的孩子参加各种辅导班

   ② 关于妻子和老张的看法下面哪一项是正确的？（　　　）
      A 妻子觉得不让自己的孩子参加辅导班的话孩子会落后
      B 老张觉得小孩子的兴趣应该由家长来选择
      C 妻子觉得教育体制改革才能解决这个问题

2. 听录音，判断下面句子的内容是否正确。

   ① 中国的特殊高等学校招生全国统一考试简称高考。（　　　）
   ② 中国的高考是从1971年开始的。（　　　）
   ③ 中国的高考试题是全国统一的。（　　　）
   ④ 因为天气实在太热了，所以高考的时间由每年的7月改为6月。（　　　）

3. 用下面的词语造句。

   夸张：_____

   可怜：_____

   拼命：_____

   规定：_____

   逐步：_____

   恢复：_____

   焦灼：_____

   干扰：_____

冷静 : _____

措施 : _____

确保 : _____

携带 : _____

协助 : _____

4. 将下面的单词填入正确的位置

| 보기 | A 名义 | B 焦灼 | C 简称 | D 取消 | E 时节 | F 营造 |

  中国的普通高等学校招生全国统一考试_____高考,是中国的重要的全国性考试之一。1966年文化大革命一开始,高考就都_____了,直到1971年才逐步恢复招生。现在高考以省为单位,虽然_____上为全国统一考试,但部分试题并不是全国统一的。以前高考在7月7、8、9三天举行,但从2003年开始改为每年6月7、8、9日举行。

  每年的高考时候都是中国的盛夏_____,为紧张的高考又增添了一份_____感。为减少高温天气的干扰,确保考生沉着冷静地参加考试,各地方政府和学校都会启动高考应急服务机制,采取多种防暑降温措施,_____宽松舒适的考试环境,确保高考的平稳、顺利进行。比如说为考生和相关人员提供饮水服务;在各考场的考生服务站,医务人员还会准备足够的清凉油、藿香正气水、风油精等防暑降温药品;甚至怕有考生中暑,急救医生和救护车辆也都会做好充分的准备。各地的考点还会结合实际情况,及时开启空调、电风扇等降温设备,为考生创造适宜的考试环境。

5. 选出下列句子中有语病的一项。

① _____

A 看见别人家的孩子参加了辅导班,老张的妻子也心里痒痒。
B 各地方政府和学校都会采取多种防暑降温措施,确保高考的安稳、顺利进行。
C 中国的普通高等学校招生全国统一考试简称高考。
D 兴趣这个东西要孩子自己选择 。

❷ _____

A 1966年文化大革命一开始,高考就都取消了。

B 这些不只是学生和家长的问题,教育体制也很重要。体制不改革,这种现象还是没法改善。

C 现在的孩子从幼儿园就开始学英语,小学学美术。

D 甚至怕有考生中暑,急救医生和救护车辆也都会做好充足的准备。

❸ _____

A 各地交警部门也会在考场的周围进行交通管制,以维护考场的绝对安静和考场周边道路的交通顺序。

B 父母都希望自己的孩子优秀,不希望自己的孩子输在起跑线上。

C 如果考生忘记携带自己的准考证等考试必需物品,也可以找到交警求助。

D 各地的考点还会结合实际情况,及时开启降温设备,为考生创造适宜的考试环境。

6. 对下面的话题进行自由讨论。

토론

谈谈中韩两国的高考制度,以及你对这种制度的看法。

재미있는 중국 유머

电话铃响了,赵科长的儿子拿起了话筒,问:"喂,你找谁?"

"请赵科长接电话。"

"爸爸不在家。"

"这个小赵,星期天也不在家。"对方说了一句。

儿子问:"喂,你找赵科长还是找小赵?"

"小赵、赵科长不都是你爸爸,还不一样?"

"不一样! 我爸爸说了,找赵科长的,就说他不在家;找小赵的,就叫醒他。"

嗨，又让我帮你跑腿儿。

❶ 能够向他人拜托简单的事情。
❷ 对于某种社会现象能够表达自己的见解。

人人都有爱美之心。
但是，如果美丽的代价是变成"另一个人"的话，你愿意吗？
后面就让我们一起来谈谈对整容的看法吧！

본문1 | 关于化妆品和护肤的男女对话

妻子：哎，你今天是不是要去市里开会啊？

丈夫：嗯，怎么了？

妻子：那你开完会回家路过百盛的时候能不能给我带一支粉底液啊？我把牌子和色号记下来给你。

丈夫：嗨，又让我帮你跑腿儿。你那些东西瓶瓶罐罐的，我真弄不明白都是干什么用的。

妻子：哎呀，现在这一支眼看就要用完了，我又抽不出时间去百货店。要不是这一周都这么忙，我哪儿会让你帮我买啊。

丈夫：真拿你没辙。好吧，你可得写仔细一点儿，买错了我可不负责。

妻子：嗯，知道啦。你只要记住粉底液看起来颜色像粉饼，只不过是液态的就可以了，不会买错的。

丈夫：其实我挺好奇的，女人的化妆品到底有多少种啊？

妻子：化妆品基本分为保护皮肤的基础护肤品和以强调色彩为主的彩妆。再往下细分的话那可就太多啦。

丈夫：行了行了，你再说下去我头都要晕了。女人怎么这么麻烦！你看看我，护肤品一共就两瓶，全都解决啦。

妻子：那你可错了，现在的男性对自己的皮肤护理也越来越关注了。一点儿不比女的差！

丈夫：哎呀，时间差不多了，我先走了，回头再聊吧。（丈夫出门）

妻子：哎呀，坏了！忘了告诉他买带有防晒功能的了！

1. 丈夫今天要去干什么？
2. 妻子让丈夫干什么？她为什么不自己做呢？
3. 妻子说化妆品主要分成哪几类？
4. 丈夫觉得女性化妆品怎么样？
5. 你觉得丈夫今天会买到妻子想要的化妆品吗？

단어학습

路过[lùguò]	途中经过 [동] 거치다, 경유하다
百盛[Bǎishèng]	是金狮集团于1987年创立的品牌 "PARKSON" 的中文名称。 [명] 브랜드 이름. Parkson
粉底液[fěndǐyè]	粉底液是液体的粉底，粉底液合适用于中性及混合性、油性皮肤。[명] 액체 파운데이션
记[jì]	把事物写下来 [동] 기록하다, 적다
跑腿儿[pǎotuǐr]	为人奔走做杂事 [동] 심부름 하다
支[zhī]	模样细长的物体的量词 [양] 자루, 개피
抽(时间)[chōu (shíjiān)]	腾出(时间) [동] 시간을 내다
没辙[méizhé]	一点办法也没有 [동] 방법이 없다, 어찌할 수 없다
负责[fùzé]	担负责任 [동] 책임지다, 담당하다
粉饼[fěnbǐng]	由多种粉体原料(包括颜料)及黏合剂(油脂成分)经混合、压制而成的饼状固体美容制品，具有遮盖、附着、涂展、赋色、修饰的功能 [명] 파우더
液态[yètài]	物质的液体状态 [명] 액태, 액상
到底[dàodǐ]	用于疑问句，表示进一步追究；究竟 [부] 도대체
彩妆[cǎizhuāng]	是利用带有色彩的化妆材料在面部进行修饰，达到美化的效果 [명] 메이크업
细[xì]	微小的 [형] 얇다, 가늘다, 미세하다
分[fēn]	区划开 [동] 나누다, 가르다
晕[yūn]	头脑不清 [형] 어지럽다
护理[hùlǐ]	养护管理 [동] 보살피다, 간호하다 [명] 캐어
关注[guānzhù]	关心重视 [동] 주시하다, 관심을 가지다
差不多[chàbuduō]	相差不多；几乎等于 [형] 비슷하다, 거의 같다
防晒[fángshài]	防止被紫外线晒伤 [동] 햇볕을 가리다

본문 2 | 关于对整容的讨论

整容的流行，在今天，已经是一种趋势，很多人都为之倾心。所以，很多人都会去整容，都会去为了美丽而付出自己的代价。认为为了美丽而付出的代价，一切都是值得的。能接受的人，自然可以接受，不能接受的人，怎么也不能够走入其中。关于整容到底好不好？各有理由，各有利弊，看的是个人的心态、个人的理解。

支持整容好的人认为我们在工作中，会因为容貌的变化而拥有更多的发展空间，在爱情的道路上面，也会有更好的选择。不支持整容的人认为"身体发肤，受之父母"，自己本身最重要。父母给了我们生命，给了我们容貌，关于美与丑，我们是没有权利去改变，也不应该去改变的，我们应该珍惜父母的给与。而且，整容有风险。希望得到的是美丽，但是如果不能实现，还是要看自己能否承受得起。并且，如果当失去了自己的时候，这样的自己还是自己吗？自己或者周围的人是否能够接受。

但是我觉得如果是对因为生活中的意外，如烧伤、车祸所引起的后遗症等，或是因为容貌影响了正常生活的人来说，整容是必要的。如果是本来很自然，也很美，但要刻意地去追求完美，结果把握不好，反而弄巧成拙，或造成整容伤害，那就终身遗憾了。由内而外的美丽，才是真的美丽。

1. 为什么今天很多人会去整容？
2. 整容到底好不好？文章中给出了几种意见？
3. 支持整容的人理由是什么？
4. 反对整容的人理由是什么？
5. 作者的立场是什么？

단어학습

趋势[qūshì]	事物或局势发展的动向　[명] 추세
倾心[qīngxīn]	向往；仰慕　[동] 마음을 다하다, 사모하다
值得[zhídé]	有必要, 有价值　[동] …할 만하다, …할 만한 가치가 있다
利弊[lìbì]	指正、反两个方面, 也指好的方面与坏的方面 [명] 이로움과 폐단
支持[zhīchí]	支援；赞同鼓励　[동] 지지하다, 지원하다
身体发肤, 受之父母 [shēntǐ fàfū, shòu zhī fùmǔ]	这是出自《孝经·开宗明义章》里的句子, 意思是：人的身体四肢、毛发皮肤, 都是父母赋与的, 不敢予以损毁伤残, 这是孝顺的开始。 [성어] 신체의 모발과 피부는 부모님으로부터 받은 것이다
容貌[róngmào]	人的长相；容颜相貌　[명] 용모, 생김새
给予[jǐyǔ]	使别人得到；给　[동] 주다, 부여하다
风险[fēngxiǎn]	危险；遭受损失、伤害、不利或毁灭的可能性　[명] 위험성, 모험
承受[chéngshòu]	接受, 承担　[동] 감당하다, 받아 들이다
烧伤[shāoshāng]	因火灼、电、腐蚀剂或放射线的作用而造成的身体损伤 [명] 화상
车祸[chēhuò]	车辆行驶中发生的交通事故　[명] 교통사고
刻意[kèyì]	用上全部心思　[부] 고심하여, 마음을 다해서
把握[bǎwò]	掌握；理解　[동] 장악하다, 파악하다
反而[fǎn'ér]	表示跟上文意思相反或出乎意料 [부] 반대로, 도리어
弄巧成拙 [nòng qiǎo chéng zhuō]	本想要弄聪明, 做得好些, 结果做了蠢事或把事情弄得不可收拾 [성어] 재주를 피우려다 일을 망치다
终身[zhōngshēn]	今生今世；此生；毕生相关 [명] 일생, 평생
遗憾[yíhàn]	遗恨；由无法控制的或无力补救的情况所引起的后悔 [명] 유감, 유한, 여한

 **팔선생 표현학습**

1 **嗨, 又让我帮你跑腿儿。你那些东西瓶瓶罐罐的, 我真弄不明白都是干什么用的**。 아이구, 또 나를 심부름 시키는 거야. 당신 그 많은 병과 통(화장품)들, 도대체 어디다 쓰는 건지 진짜 모르겠어.

> **跑腿儿:** 指跑来跑去为别人做杂事。只在口语中使用。
> **瓶瓶罐罐:** 瓶和罐都是指容器的形状。这里使用化妆品的容器来代称化妆品。汉语中有的时候使用物品的某一种性质来代称这个物品。类似的还有 "红红绿绿"、"大大小小" 等。

[예] 妈妈让我替她跑腿儿, 去楼下买瓶酱油。
看你这一衣柜红红绿绿的, 穿得了吗? (这里代称衣服)
奶奶大大小小的提了一大堆。(这里代称行李)

2 **现在这一支眼看就要用完了, 我又抽不出时间去百货店**。
지금 쓰고 있는 파운데이션 곧 다 써 가는데 백화점에 갈 시간이 없어요.

> **眼看就要:** 现在看着的这一瞬间。表示马上, 时间很短的意思。

[예] 眼看就要下雨了, 可是爸爸还没回来。
眼看车就要开了, 他还是没有来。

3 **要不是这一周都这么忙, 我哪儿会让你帮我买啊**。
이번 주에 이렇게 바쁘지만 않으면 내가 당신한테 사달라고 부탁하겠어요?

> **要不是……哪儿会……:** "要不是" 引导假设条件句, 后面和 "哪儿会" 同时使用时, 表示由于前面的某种假设情况没有实现, 才不得不导致后文中的结果发生。

[예] 要不是他求我, 我哪儿会管你啊。
要不是父母的培养, 他现在哪儿会这么成功!

4 **真拿你没辙**。 정말 당신을 어떻게 할 수가 없네.

> **没辙:** 大多用于主观处境, 没有办法的意思。仅用于口语。

[예] 不管你说什么, 我是真的没辙!
我是实在没辙了, 如果你有办法的话你去做吧。

5 哎呀，坏了！忘记告诉他买带有防晒功能的了！
  아이구, 큰일났다. 자외선 차단 기능이 있는 것 사라고 하는 걸 깜빡했어.

  坏了: 本来的意思是"出现故障"，但这里是指事情不对的时候使用的感叹词。

  [예] 坏了！我忘了告诉他今天不用上班。
      坏了！他早上喝的那瓶牛奶已经过期了！

6 认为为了美丽而付出的代价，一切都是值得的。
  미를 위해서 지불하는 대가는 모두 가치가 있다고 생각한다.

  为……而……: 表示为了说明某种行为的目的。"为+目的+而+行为"

  [예] 我为了考试得到好成绩而努力。
      人应该为了活着而吃饭，不是为了吃饭而活着。

7 我觉得如果是对因为生活中的意外，如烧伤、车祸所引起的后遗症等，或是因为容貌，影响了正常生活的人来说……
  내가 생각하기에 만약에 생활 중의 사고, 예를 들면 화상, 교통사고 등으로 인해 생긴 후유증이거나, 외모 때문에 일상생활에 영향을 주는 사람한테는……

  对……来说: 表示后文中所说的情况不是针对所有的人，而是有特定的对象。

  [예] 对天天迟到的职员来说，拿奖金当然是不可能的事儿。
      对一个身体残疾的人来说，能够做到这样，已经是非常了不起的了。

8 如果是本来很自然，也很美，但要刻意地去追求完美，结果把握不好，反而弄巧成拙……
  하지만 원래는 자연스럽고 예쁜데 굳이 완벽함을 추구하려고 하다가 성형의 한도를 파악하지 못해서 오히려 결과가 좋지 않았다.

  弄巧成拙: 表示想要显示自己的聪明，后来却发现自己做了蠢事。常和"结果"一起使用。和它意思相近的词语还有：画蛇添足、多此一举等。

  [예] 他想在网上找作业的答案，结果被老师发现了，真是弄巧成拙。
      我想抄小路快点回家，结果半路下雪了，反而弄巧成拙，多花了一个小时才到家。

연습문제

1. 听下面的一段话，选择正确的答案。

   ① 关于丈夫下面哪一种说法是正确的？（　　　　）
   A 妻子要去开会
   B 丈夫很忙，抽不出时间去百货店
   C 丈夫觉得女人很麻烦

   ② 下面的内容哪一项是正确的？（　　　　）
   A 丈夫了解女孩子的化妆品有多少种
   B 妻子告诉丈夫关于化妆品的基本分类
   C 丈夫买了带有防晒功能的粉底液

2. 听录音，判断下面句子的内容是否正确。

   ① 不管大家喜不喜欢整容，都觉得为了美丽付出的代价，一切都是值得的。
   （　　　）
   ② 不喜欢整容的人是因为只是害怕整容有风险。（　　　　）
   ③ 大家觉得虽然身体是父母给的，但是容貌可以由我们自己改变。
   （　　　）
   ④ 由于生活中的意外而受到伤害的人，因为影响了正常生活可以去整容。
   （　　　　）

3. 用下面的词语造句。

   路过：_____

   记：_____

   跑腿儿：_____

   好奇：_____

   到底：_____

趋势：_____

值得：_____

承受：_____

刻意：_____

把握：_____

反而：_____

遗憾：_____

4. 将下面的单词填入正确的位置

> 보기　　A 利弊　　　B 权利　　　C 趋势　　　D 风险　　　E 倾心

　　整容的流行，在今天，已经是一种_____，很多人都为之_____。所以，很多人都会去整容，都会去为了美丽而付出自己的代价。认为为了美丽而付出的代价，一切都是值得的。能接受的人，自然可以接受，不能接受的人，怎么也不能够走入其中。关于整容到底好不好？各有理由，各有_____，看的是个人的心态、个人的理解。

　　支持整容好的人认为我们在工作中，会因为容貌的变化而拥有更多的发展空间，在爱情的道路上面，也会有更好的选择。不支持整容的人认为"身体发肤，受之父母"，自己本身最重要。父母给了我们生命，给了我们容貌，关于美与丑，我们是没有_____去改变，也不应该去改变的，我们应该支持父母的给予。而且，整容有_____。希望得到的是美丽，但是如果不能实现，还是要看自己能否承受的起。并且，如果当失去了自己的时候，这样的自己还是自己吗？自己或者周围的人是否能够接受。

5. 选出下列句子中有语病的一项。

❶ _____

A 在今天，整容已经是一种流行趋势了
B "身体发肤，受之父母"是中国的一句古语
C 为了美而付出的价值，一切都是值得的
D 并不是每个人都能够接受整容

❷ _____

A 对整容的观点,每个人的理解都不同

B 我们在工作中,应为容貌的变化而拥有更多的伸展空间

C 父母给了我们生命,给了我们容貌

D 化妆品基本分为保护皮肤的基础护肤品和以强调色彩为主的彩妆

❸ _____

A 现在的男性对自己的皮肤护理也越来越注视了

B 妻子忘了告诉丈夫一件重要的事

C 由内而外的美丽,才是真的美丽

D 刻意的去追求完美,结果把握不好,反而会弄巧成拙

토론

6. 对下面的话题进行自由讨论。

谈谈你自己对于整容的看法。

재미있는 중국 유머

妈妈: 宝贝,香蕉用英语怎么说呀?

孩子: banana!

妈妈: 橘子呢?

孩子: orange!

妈妈: 苹果呢?

孩子: iphone!

妈妈: 那大苹果呢?

孩子: ipad!

过一个温馨的生日怎么样?

❶ 能够向对方寻求一些忠告。
❷ 会制作邀请函、请帖。

每个人都有各种不同的办法给朋友庆祝生日,
但是,这果然是最好的办法吗?
看看后面两个朋友关于生日的对话吧。

본문1 | 生日聚会

乐乐：东东，下个星期就是你的生日了，准备怎么过啊?

东东：生日？嗨，最近我事儿特别多，忙得脚打后脑勺，你不说我差点儿忘了。

乐乐：今年是你的本命年。为了庆祝你的生日，
　　　咱们得多找几个朋友一起热闹热闹啊。

东东：年年过生日，年年都是一个样。和朋友们吃饭聚会，
　　　热闹是热闹，可是总觉得没什么特点，缺了点儿什么。

乐乐：是吗。那今年换个新花样儿吧！

东东：怎么个新花样儿，说来听听？

乐乐：不然今年就和家人在一起，过一个温馨的生日怎么样？

东东：哎，这个主意不错！过生日最应该感谢的人就是我母亲了。
　　　正好借这次机会好好谢谢她！
　　　乐乐，你不愧是我的智囊团啊，好点子真多！

乐乐：嗨。你就别给我戴高帽儿了。赶紧想想那天怎么给她一个惊喜吧！

东东：我想送她礼物，但问题是我觉得送什么都表达不了我对母亲的心意。
　　　真头疼啊。

乐乐：真拿你没办法，我还是好人做到底，帮你一起准备吧。

东东：哈哈，你和我想到一块儿去了，那就辛苦你啦！

1　东东为什么差点儿忘了自己的生日？
2　朋友想怎么给东东庆祝生日？
3　东东觉得以前的生日过得怎么样？
4　今年的生日，东东决定怎么过？
5　说说你最难忘的生日。

단어학습

后脑勺[hòunǎosháo]　　脑袋后面突出的部分　[명] 뒤통수

本命年[běnmìngnián]　人生干支十二年循环一次，与出生年所属生肖相同之年为本命年
　　　　　　　　　　　　[명] 출생한 해의 띠

庆祝[qìngzhù]　　为共同的喜事而进行某些活动表示高兴或纪念
　　　　　　　　　　[동] 경축하다

聚会[jùhuì]　　聚集会合　[명] 모임, 집회

花样儿[huāyàngr]　　手段，方法　[명] 수작, 수단

温馨[wēnxīn]　　温柔甜美；温暖馨香　[명] 온화하고 향기롭다, 아늑하다

借[jiè]　　依靠　[동] 의지하다, 이용하다

不愧[bùkuì]　　无愧于；名副其实　[동] 손색이 없다, 명실상부하다

智囊团[zhìnángtuán]　指与制定计划和策略有关，并且时常没有官方的或被承认的地位的
　　　　　　　　　　　　专家教授们　[명] 브레인 (트러스트), 고문단

惊喜[jīngxǐ]　　又惊又喜　[동] 놀랍고 기쁘다

表达[biǎodá]　　用口说或用文字把思想感情表示出来
　　　　　　　　　　[동] (사상이나 감정을) 표현하다, 드러내다

心意[xīnyì]　　对人的情意　[명] 성의, 정

一块儿[yīkuàir]　　一起，一同　[부] 함께, 같이

본문 2 | 请柬的制作方法

请柬的篇幅有限，书写时应根据具体场合、内容、对象，认真措辞，行文应意思准确并且文字优美。在遣词造句方面，有的使用文言语句，显得古朴典雅；有的选用较通俗易懂的语句，显得亲切热情。不管使用哪种风格的语言，都要使人一看就懂。

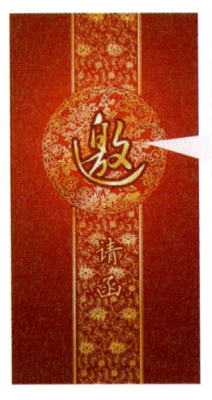

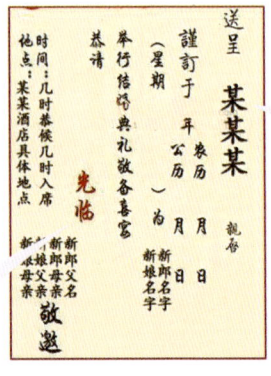

1. 标题：

在封面上写的"请柬"(请帖)二字就是标题，一般在其上方居中。

2. 称呼：

顶格写被邀请者(单位或个人)的姓名(名称)，如"某某先生""某某单位"等，称呼后加上冒号。如何称谓要看对象，要充分考虑对方的性别、年龄、职业、身份等。

4. 结尾：

要写礼节性问候语或恭候语，如"敬请光临"

3. 正文：

另起一行空两格写。正文要写清活动内容，如座谈会、生日派对、婚礼等，写明时间、地点、方式。
语言要庄重得体，称呼被邀请者要用尊称，称呼自己的亲属要用谦称。

5. 落款：

另起一行靠右署上邀请者(单位或个人)的名称。

1. 我们邀请朋友时可以怎么做？
2. 请柬是什么？
3. 请柬文字的排列有什么含义？
4. 请柬一般有哪几个部分组成？
5. 除了结婚请柬以外，你还收到过或发送过哪种请柬呢？

단어학습

请柬[qǐngjiǎn]　　　以书面形式表示的请人出席或参加的卡或帖
　　　　　　　　　[명] 청첩장, 초대장

篇幅[piānfú]　　　　文章的长短　[명] 문장의 길이

遣词造句[qiǎncí zàojù]　遣: 派, 送; 谴词: 排列词语; 造句: 组织语句。故指运用词语组织
　　　　　　　　　　　句子　[성어] 적당한 단어를 골라 문장을 만들다

古朴[gǔpǔ]　　　　　古老而质朴, 有古代的风格
　　　　　　　　　　[형] 고풍스럽다, 소박하고 예스럽다

典雅[diǎnyǎ]　　　　谓文章、言辞有典据, 高雅而不浅俗
　　　　　　　　　　[형] 우아하다

通俗易懂[tōngsú yìdǒng]　广大人民群众都能懂得
　　　　　　　　　　　　[성어] 통속적이어서 알기 쉽다

风格[fēnggé]　　　　指作家、艺术家在自己的创作实践中所表现出来的艺术特色
　　　　　　　　　　[명] 스타일, 작풍

居中[jūzhōng]　　　 置于中间, 指位置处于正中; 在当中
　　　　　　　　　　[동] 중간에 놓다, 가운데 맞춤

顶格[dǐnggé]　　　　书稿排版时, 排完一行接排下一行时, 齐版口起排, 不留空格,
　　　　　　　　　　称 "顶格"　[동] 정격으로 정렬하다

庄重[zhuāngzhòng]　(言语、举止)不随便; 不轻浮
　　　　　　　　　　[형] 장중하다, 위엄이 있다

得体[détǐ]　　　　　言行恰到好处; 恰当, 恰如其分
　　　　　　　　　　[형] 제격이다, 적당하다, 신분에 걸맞다

谦称[qiānchēng]　　 是人们日常交际和书信往来中必不可少的表示谦虚的言辞,
　　　　　　　　　　多用于自称和称呼自己一方的亲属朋友等。[명] 겸칭

落款[luòkuǎn]　　　 在书画、书信、礼品等上面题写姓名、称呼、年月等字样
　　　　　　　　　　[동] 낙관하다, 낙관을 찍다

署[shǔ]　　　　　　 签名, 题字　[명] 서명

 팔선생 표현학습

1 最近我事儿特别多，忙得脚打后脑勺，你不说我差点儿忘了。
요즘 내가 일이 바빠서 눈코뜰새가 없어. 네가 말을 안 하면 깜박할 뻔했어.

忙得脚打后脑勺: 汉语俗语，每天忙得来回奔波，走路的时候脚都要踢到后脑勺了。意思为非常忙。

[예] 他又要考试，又要工作，天天忙得脚打后脑勺。
看你天天忙得脚打后脑勺，我想见你一面都难。

2 嗨。你就别给我戴高帽儿了。
아이구, 너 그만 나를 비행기 태워 줘.

戴高帽儿: 汉语俗语，通常把当面奉承、说让人高兴的话叫做"戴高帽"。

[예] 他呀，就喜欢别人给他戴高帽儿。
我知道你这话只是给我戴高帽儿。

3 真拿你没办法，我还是好人做到底，帮你一起准备吧。
너한테 참 방법이 없다. 내가 끝까지 좋은 사람이 되어, 너랑 같이 준비할게.

好人做到底: 是中国的一句俗语 "好人做到底，送佛送到西" 中的前半句，意思就是做好事不要半途而止，应该有始有终。

[예] 你既然帮我修了电脑，干脆好人做到底，把复印机也一起修了吧。
他帮你这么多次，也是想好人做到底，你自己也应该更努力啊！

4 你和我想到一块儿去了，那就辛苦你啦！
나랑 생각이 똑같다. 그럼 수고해 줘!

想到一块儿: 一块儿: 一个地方。这里指和某人的想法相同。

[예] 这个周末去西湖? 你真是和我想到一块儿去了!
我和妈妈总是能想到一块儿。

5 **请柬是用于邀请客人参加庆典、宴会、展览会等较正式的活动时常用的通知性礼仪书信。**
초대장은 손님이 축제, 연회, 전람회 등 비교적 정식적인 활동에 참가하기를 초대하는 데 사용되는 알림성이 강한 예의를 갖춘 서신이다.

> **用于**: 表示某物所使用、应用的场所或情况。前面可以添加 "广泛"、"小范围"、"大范围" 等表示范围程度的词说明使用的范围。

> [예] 这种新药已经被广泛用于治疗肠胃疾病。
> 今年我市新赠财力的30%将用于改善居民的医疗条件。

6 **不要发送过早, 发送过早客人容易忘记; 也不要发送太迟, 太迟了会造成客人措手不及。**
너무 일찍 발송하지 마라. 너무 일찍 발송하게 되면 사람들에게 쉽게 잊혀진다.
또한 너무 늦게 발송하지도 마라. 너무 늦게 발송하게 되면 손님이 대처하기 힘들 수 있다.

> **不要……, 也不要……**: 表示提出并列的两种否定情况, 且后文中都会提出否定的理由。两种情况有时可以是正好相反的, 表示应避免的两种极端。

> [예] 不要太谦虚, 那样会让人觉得不自信; 也不要太骄傲, 那样会让人觉得不可靠。
> 不要相信广告, 大部分广告都比较夸张; 也不要相信售货员, 他们只是为了让你购买他们的产品。

7 **不管使用哪种风格的语言, 都要使人一看就懂。**
어떤 풍격의 언어를 사용하는 것과 관계없이 사람들이 보면 바로 이해할 수 있도록 해야 한다.

> **不管……都……**: 表示在任何条件或情况下结果都不会改变, 后面的副词多使用 "都"、"总"、"也" 等。

> [예] 不管你是不是听我的劝告, 我都要说。
> 不管是刮风还是下雨, 他总是坚持晨练。

연습문제

1. 听下面的一段话，选择正确的答案。

   ❶ 关于乐乐，下面哪一个说法是正确的?（　　　）
      A 乐乐忙的脚打后脑勺，差点儿忘了东东的生日
      B 乐乐想找几个朋友一起热闹热闹
      C 东东觉得和朋友吃饭聚会并不是太有意思

   ❷ 关于东东，下面哪一个说法是错误的?（　　　）
      A 乐乐建议东东今年换个方式过生日
      B 乐乐建议东东送给妈妈礼物来表达感谢
      C 东东想要和家人一起过一个温馨的生日

2. 听录音，判断下面句子的内容是否正确。
   ❶ 请柬是在没办法打电话的时候使用的一种通知性书信。（　　　）
   ❷ 请柬只表示了对被邀请者的尊重。（　　　）
   ❸ 送请柬的时间不能太早也不能太晚。（　　　）
   ❹ 所有请柬的文字排列都是竖排的。（　　　）

3. 用下面的词语造句。

   特点：_____

   缺：_____

   惊喜：_____

   表达：_____

   邀请：_____

   郑重：_____

   措手不及：_____

得体: _____

讲究: _____

通俗易懂: _____

风格: _____

4. 将下面的单词填入正确的位置

| 보기 | A 称呼　　B 标题　　C 落款　　D 富有　　E 措辞 |

　　请柬的文字排列有横排和竖排两种, 根据邀请对象的情况而定, 竖排_____民族特色, 横排则是一种更为大众化的形式。从形式上看, 请柬一般由标题、称呼、正文、结尾、落款五部分构成:

　　1._____: 在封面上写的"请柬"(请帖)二字就是标题, 一般在其上方居中, 用大于正文的字号写"请柬"二字。2._____: 顶格写被邀请者(单位或个人)的姓名(名称), 如"某某先生""某某单位"等, 称呼后加上冒号。如何称谓要看对象, 要充分考虑对方的性别、年龄、职业、身份等, 对象不同, _____也应有所不同。3.正文: 另起一行空两格写。正文要写清活动内容, 如座谈会、生日派对、婚礼等, 写明时间、地点、方式。语言要庄重得体, 称呼被邀请者要用尊称, 称呼自己的亲属要用谦称。另外, 要注意礼貌用语, 切不可用命令式的口气, 也不可舞文弄墨, 故作高深。4.结尾: 要写礼节性问候语或恭候语, 如"敬请光临"等。5._____: 另起一行靠右署上邀请者(单位或个人)的名称, 另起一行在署名下方写上发柬日期。

5. 选出下列句子中有语病的一项

❶ (　　　　　)

A 使用请柬, 既可以表示对被邀请者的尊重, 又可以表示邀请者对此事的郑重态度
B 正文要写清活动内容, 如座谈会、生日派对、婚礼等
C 请柬是发送给客人的, 发送的时间、方式、场合都要认真考虑
D 请柬的篇幅有限, 书写时应根据具体场合、内容、对象, 认真措辞, 行文应达雅兼备

❷ (　　　　　)

A 和朋友们吃饭聚会, 热闹是热闹, 可是总觉得没什么特点

B 写请柬时, 要注意礼貌用语, 不能用命令式的口气

C 请柬的文字排列有横排和竖排两种, 竖排富有民族特色, 横排则是一种更为大众化的形式

D 过生日最应该感谢的人就是我妈妈了, 正好借这次机会好好谢谢她

❸ (　　　　　)

A 在遣词造句方面, 有的使用文言语句, 显得古朴典雅

B 我打算今年和家人在一起过一个温馨的生日

C 请柬不管使用哪种风格的语言, 都要使人一看就懂

D 语言要庄重得体, 称呼被邀请者要用尊敬, 称呼自己的亲属要用尊称

6. 对下面的话题进行自由讨论。

토론

你了解韩中两国现代人的生日文化吗? 你觉得这些生日文化怎么样?

재미있는 중국 유머

有个人到朋友家做客, 见墙上挂着一只脸盆。两人喝酒时, 客人忍不住问:
"你为什么把脸盆挂在墙上?"
"别小看它," 主人说, "这可是一只会说话、会报时的钟。"
"你别骗人了。" 客人说。
主人从地上拿起一根棍子, 在脸盆上敲起来。
"干什么呢?" 隔壁传来一个女人的声音, "都夜里1点半了。"

我心里特别没底。

❶ 对一些需要准备的事项能够与对方进行商议。
❷ 对就业等社会问题,能够分析其原因、理由。

你或者周围的人有留学的经历吗?
这个群体和国内大学毕业的学生有什么不同呢?
现在就让我们一起来看看"海归"的就业情况吧。

본문1 | 业务企划案报告

世云：乐乐，你今天一整天坐立不安的，有什么事儿吗？

乐乐：其实也没什么。我明天就要在公司同事面前进行业务企划案报告了，心里特别没底。

世云：哦，原来你是紧张了啊。要不要我这个"过来人"帮帮你啊？

乐乐：真的？那真是谢天谢地了。我正发愁去发表该穿什么衣服呢，你先帮我挑挑衣服吧。

世云：发表的时候，第一印象是很重要的，衣服一定要稳重大方。我看这件黑色的套装就不错。

乐乐：是吗？那就听你的。对了，你说大家会提些什么问题啊？

世云：让我想想……一般都会先问一些报告的基本情况，你照平时练习的那样回答就可以啦。

乐乐：嗯。你还能想起来哪些注意事项？我可就指望你了。

世云：其实，公司希望看到你对这个计划了解多少，你的能力如何，以及他们采用你的计划后可以为公司带来哪些效益。只要摸清了听众的意图，发表也就不那么难啦。

乐乐：太谢谢你了。不过，不怕一万，就怕万一啊。我还是再看看指导发表的书参考参考。

世云：对了，你一定要检查一下明天的必备品，别丢三落四的。

乐乐：哎呀！我想起来了，我还没有衬衫可以配那件套装呢！

世云：你这个马大哈！也不知道尺码合适不合适，先拿我妹妹的凑合一下吧。

1. 因为明天的发表，今天乐乐的心情怎么样？
2. 世云和乐乐谁更有经验？从哪儿可以看出来？
3. 乐乐先让世云帮她做什么了？世云告诉乐乐发表应该注意什么？
4. 乐乐差点儿忘记了什么？这个问题是怎样解决的？
5. 你还记得自己发表的经历吗？和大家分享一下吧。

단어학습

坐立不安[zuò lì bù ān]	坐着或立着都心神不定，总感到自己着急 [성어] 안절부절 못하다
没底[méidǐ]	心中无数；无把握　[동] 자신·확신이 없다
照[zhào]	按着, 依着　[개] ~에 근거해서
谢天谢地[xiètiān xièdì]	迷信说法，谓感谢天地神灵的佑护。后多用来表示满意或感激之意 [성어] 천만 다행이다, 천지신명께 감사하다
发愁[fāchóu]	因为没有主意或办法而愁闷 [동] 걱정하다, 우려하다
印象[yìnxiàng]	接触过的客观事物在人的头脑里留下的迹象　[명] 인상
稳重[wěnzhòng]	沉静庄重；沉着而有分寸　[형] 신중하다, 진중하다
套装[tàozhuāng]	指包括上下身的一套服装　[명] 정장, 세트 상품
指望[zhǐwàng]	盼望　[동] 기대하다, 바라다
摸[mō]	揣测, 试探　[동] 더듬어 찾다, 탐색하다
意图[yìtú]	希望达到某种目的打算　[명] 의도, 타산
必备品[bìbèipǐn]	必须具备的物品　[명] 필수품
丢三落四[diū sān là sì]	形容马虎或健忘，不是丢这样, 就是丢那样 [성어] 이것저것 빠뜨리다
配[pèi]	衬托, 陪衬　[동] 부각시키다, 돋보이게 하다
马大哈[mǎdàhā]	粗心大意的人　[명] 덜렁꾼, 부주의한 사람
尺码[chǐmǎ]	尺寸的长短大小　[명] 치수, 사이즈
凑合[còuhe]	将就, 过得去　[형] 그런대로, ~할 만하다

본문2 | 就业难，"海归"变"海待"

根据统计的结果显示，有35%以上"海归"存在未就业问题，四成"海归"感觉自己的职业方向出错。现在的国内企业都比较现实，不会只盯着你是不是海归，而更愿意招收有一定工作经验的应聘者，因此，无实践经验就成了让"海归"变成"海待"的一大原因；其次，在选择专业时，没有考虑到就业问题，结果导致所学专业在国内用不上，这也是很多"海归"变成"海待"的重要原因；而且大部分海归期望高工资、高职位，而对自己所具备的能力并不清楚，回国后，大都愿意选择一些大城市和大企业，本来那里的竞争就非常激烈，而"海归"的加入又加剧了竞争的激烈程度。因为这种好高骛远的情况，结果导致了"海归"就业高不成低不就的局面。

在一些更重视工作经验的用人单位眼里，有些"海归"不过是走了一条从国内学校到国外学校的道路，依旧缺乏工作经验。专家告诫，不要期望仅仅通过留学就能找到好工作。洋学历的确能够帮助很多学生提高竞争能力，但这并不是惟一的机会。好工作还需要工作经验、个人素养、个人经历等多种重要因素。其次，职业规划专家认为，就业最主要的是积累自己的核心竞争力。核心竞争力主要由知识、技能、经验和职业素养四个方面构成。最后，对"海待"来说，先谋取职位再要求薪金水平是最佳的选择。

1. 统计显示出什么结果？
2. 国内的企业现在在选择人才时大都怎么做？
3. 导致海归就业高不成低不就的原因有几个？
4. 对于如何避免这种尴尬的局面，文中提出了哪些解决办法？
5. 你对中国的海归就业难问题怎么看？

단어학습

盯[dīng]　　注视，集中视力看着，不放松
　　　　　　[동] 주시하다, 응시하다

招收[zhāoshōu]　　用考试或其他方式接收
　　　　　　　　　[동] 모집하다, 받아들이다

好高骛远[hào gāo wù yuǎn]　　好: 喜欢; 高: 过高; 骛: 追, 马快跑, 引申为追求; 远: 过远.。
比喻不切实际地追求过高过远的目标。贬义词。
[성어] 비현실적으로 이상만 높다, 주제넘게 높은 데만 바라보다

高不成低不就 [gāo bù chéng dī bù jiù]　　就: 迁就。高者无力得到, 低者又不屑迁就。
形容求职或婚姻上的两难处境。
[성어] 높은 것은 바라볼 수 없고, 낮은 것은 눈에 차지 않다

依旧[yījiù]　　依然像从前一样。[부] 여전히

的确[díquè]　　完全确实,毫无疑问。表示事情十分肯定。
　　　　　　　[부] 확실히, 분명히

构成[gòuchéng]　　形成; 造成　[동] 구성하다, 이루다

 **팔선생 표현학습**

1 我明天就要在公司同事面前进行业务企划案报告了，心里特别没底。
나 내일 회사 동료들 앞에서 업무기획보고를 해, 마음의 준비가 하나도 안 되어 있어.

没底: 表示心中对某人或某事没有把握。类似的还有 "没数"。

[예] 明天就要考试了，他心里很没底。
这件事究竟能不能成功，她也心里没底。

2 你还能想起来哪些注意事项？我可就指望你了。
또 무슨 주의사항이 생각나? 나는 너만 믿어.

可就: 可，表示应当。就，作副词。用在名词、动词或词组前面，表示某种确定的范围，排斥其他，相当于 "仅"、"只有"。这里的 "可就" 表示仅，只能的意思。
指望: 意思是盼望、希望。多在口语中使用。

[예] 我可就剩这几个了，你别都拿走了。
他学习成绩一直很优秀，是家里人唯一的指望。

3 不过，不怕一万，就怕万一啊。 하지만 만일이라는 게 있잖아.

不怕一万, 就怕万一: "一万" 字面意思就是说一件事有一万倍发生的几率，"万一" 字面意思是一件事有万分之一发生的几率。整句话的意思就是一件事情即使发生的几率不大，却又有发生的可能，必须做好防范。

[예] 你还是提前准备一下比较好，不怕一万, 就怕万一嘛。
不怕一万, 就怕万一，如果被他知道了就完了！

4 空有理论知识而无实践经验就成了让 "海归" 变成 "海待" 的一大原因；
이론만 있고 실제 경험이 없다는 것은 '海归'가 '海待'로 변한 하나의 큰 원인이다.

让: 在这里 "让" 是被动句式的代表，它把受事者置于主语的位置，而将主语放在被动的位置。
表示，"使、许" 的意思。

[예] 这件伤心的事儿让她哭红了眼睛。
慈善事业的目的是动员更多的力量，让需要帮助的人们获得帮助。

5 **在一些更重视工作经验的用人单位眼里，不过是走了一条从国内学校到国外学校的道路，** 경력을 중시하는 인사담당자가 보기에는 국내대학에게 국외대학으로 가는 길을 걸었을 뿐이다.

不过是: 在这里是表示指明范围或程度的局限性。与 "仅是" 的意思相同。

[예] 我不过是个学生，怎么能担任这么重要的职务呢。
你不能相信他的话，他不过是随口说说的。

6 **洋学历的确能够帮助很多学生提高竞争能力，但这并不是惟一的机会。** 외국 학력은 확실히 많은 학생들의 경쟁력을 높이는 데 도움이 된다. 하지만 이것이 (경쟁력을 높이기 위한) 유일한 기회는 아니다.

的确……但……: 前半句多在客观程度上表示对某事或某物完全没有疑问，而后一句则表明其限制性或提出与此不同的看法。

[예] 这房子的确是很贵，但各方面条件真的不错。
这个方法的确很常见，但确实非常有效。

7 **核心竞争力主要由知识、技能、经验和职业素养四个方面构成。** 핵심 경쟁력에는 주요하게 지식, 기능, 경험과 직업적인 소양 4가지 방면으로 구성되어 있다.

由……构成: 在说明某事或某物的组成部分(成份)时使用，多为 "A由B, C, ……构成(组成)" 的句型。

[예] 人体是由多种化学物质构成的。
密码需要由数字、英文字母和符号构成。

연습문제

1. 听下面的一段话，选择正确的答案。

   ① 关于乐乐的朋友下面哪一项是错误的？(   )
      A 和乐乐一样，她的朋友也没有参加过发表
      B 乐乐的朋友告诉乐乐发表的时候应该穿什么样的衣服
      C 朋友告诉乐乐不用紧张

   ② 下面哪一项与对话内容不一致？(   )
      A 发表的时候第一印象很重要
      B 朋友把自己妹妹的衬衫借给了乐乐
      C 乐乐的朋友帮助乐乐摸清了听众的意图

2. 听录音，判断下面句子的内容是否正确。
   ① 中国的大部分海归存在着就业问题。(   )
   ② 公司是为了节约成本，所以不喜欢招收海归。(   )
   ③ 有些海归在选择专业的时候，并没有很好的考虑到将来的就业问题。
      (   )
   ④ 海归希望的高工资、高职位、以及大企业和大城市都是造成海归变海待的原因。(   )

3. 用下面的词语造句。

   坐立不安：_____

   发愁：_____

   印象：_____

   意图：_____

   凑合：_____

   期望：_____

导致: _____

在意: _____

初衷: _____

构成: _____

4. 将下面的单词填入正确的位置

| 보기 | A 谋取 　　B 惟一 　　C 告诫 　　D 期望 　　E 积累 |

　　在一些更重视工作经验的用人单位眼里，有些"海归"不过是走了一条从国内学校到国外学校的道路，依旧缺乏工作经验。专家_____，不要_____仅仅通过留学就能找到好工作。洋学历的确能够帮助很多学生提高竞争能力，但这并不是_____的机会。好工作还需要工作经验、个人素养、个人经历等多种重要因素。其次，职业规划专家认为，就业最主要的是_____自己的核心竞争力。核心竞争力主要由知识、技能、经验和职业素养四个方面构成。最后，对"海待"来说，先_____职位再要求薪金水平是最佳的选择。

5. 选出下列句子中有语病的一项

❶ (　　　　　)

A 无实践经验成了让"海归"变成"海待"的一大原因
B 现在国内的企业都比较实在，在选择人才时也不会只盯着你是不是海归
C 对于如何避免这种尴尬的局面，专家们给出了中肯的意见
D 面试时如果询问个人的基本情况，可以按照平时练习的那样回答

❷ (　　　　　)

A 海归希望在大城市工作，无形中加剧了那里的竞争激烈
B 要找到一份理想的工作，最主要的是积累自己的核心竞争力
C 核心竞争力主要由知识、技能、经验和职业素养四个方面构成
D 很多留学归来的学生在选择工作上存在有好高骛远的情况

❸ (　　　)

A 在选择专业时，没有考虑到就业问题，结果促使所学专业在国内用不上

B 乐乐因为面试很紧张，丢三落四的

C 对"海待"来说，先谋取职位再要求薪金水平是最佳的选择

D 只要摸清了面试官的意图，面试也不是那么难

6. 对下面的话题进行自由讨论。

大家都有过面试的经历吧？说说你认为最难回答的一个面试问题。

재미있는 중국 유머

有个人到饭店吃饭，付完钱后，饭很久不见上来。他饿得实在不行，就站起来往外走。

服务员看到后，便问："先生，您怎么没吃就要走啊？"

这人道："等我去别的店吃饱了再过来等……"

今年会不会和去年一样,发生沙尘暴呢?

❶ 对环境问题的原因和解决方案等能够提出自己的见解。
❷ 能够说明环境污染有哪些现象。

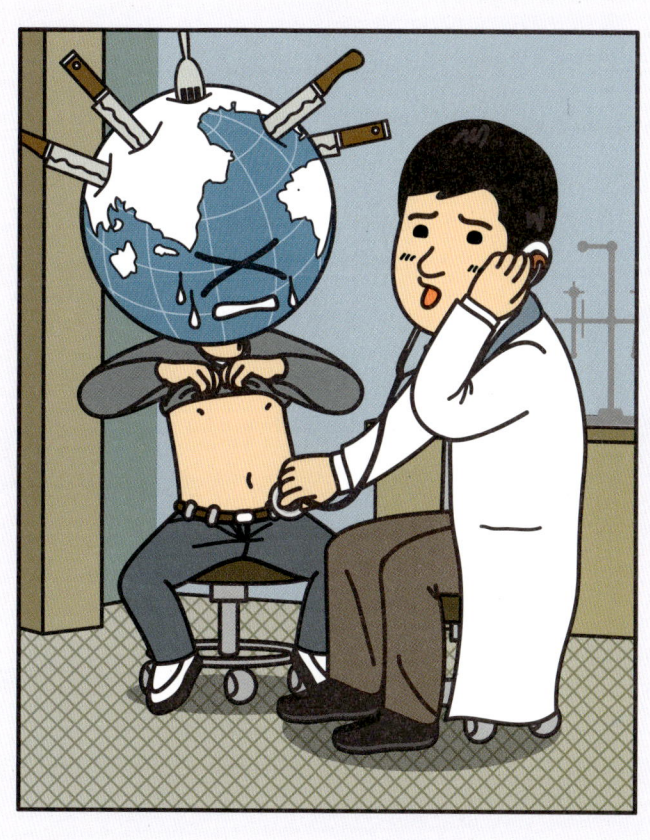

你是否觉得最近这几年天气变得有些不同了呢?
具体都有哪些变化,因为什么发生了这种变化?
现在就让我们来一探究竟吧!

본문 1 | 沙尘暴

志勋：乐乐，这几天天气越来越暖和啦。真的感觉到春天来了！

乐乐：是啊，不过不知道今年会不会和去年一样，发生沙尘暴呢？

志勋：沙尘暴？就是天上下沙子吗？

乐乐：准确地说，那不是沙子，而是沙尘，也就是说，除了沙子还有比沙子更加细小的尘土颗粒。

志勋：嗨，听起来都是一回事儿。不过，我倒是知道沙尘天气对人体是有很大危害性的。

乐乐：没错儿，除了对人体以外沙尘暴对于作物的生长也是有害的。不过你知道吗？沙尘天气也有某些益处呢！

志勋：沙尘暴还有益处？该不会是在城市里塑造沙漠景观吧？

乐乐：哈哈，你就别开玩笑了。其实，研究结果表明，碱性的沙尘在进入大气后可以中和空气中的酸性物质，达到抑制酸雨的效果。并且它把从沙漠地带带走的养分落入海洋，可以为鱼类提供部分养分呢。

志勋：嗬，真没想到，沙尘暴还有这样的作用啊。

乐乐：不过总体而言，还是弊大于利的。说到底，这仍然是一种自然灾害嘛。

志勋：那人们对于这种自然灾害就束手无策吗？

乐乐：也不是完全没有办法。我们虽然没有办法改变风向和风力，但是我们可以通过植树造林来保持水土，防止土地沙化的现象。这样也能减少沙尘暴的发生。

志勋：嗯，看来植树还真是个好办法。

乐乐：对了，再过几天就是植树节了，咱们一起去植树怎么样？

1. 通过以上的对话我们可以知道沙尘暴在什么季节比较多发？
2. 沙尘暴就是天上下沙子吗？
3. 沙尘暴都有哪些危害？
4. 沙尘暴有益处吗？
5. 我们可以通过什么办法来减少沙尘暴的危害？

단어학습

沙尘暴[shāchénbào]	是指强风把地面大量沙尘物质吹起并卷入空中, 使空气特别混浊, 水平能见度小于 一千米的严重风沙天气现象。[명] 모래 폭풍, 황사
沙子[shāzi]	细小的石粒 [명] 모래
尘[chén]	飞扬的灰土 [명] 먼지
颗粒[kēlì]	小而圆的东西 [명] 알갱이, 과립
作物[zuòwù]	农作物的简称 [명] 농작물
某些[mǒuxiē]	表示不只一个或一种的不定数量 [대] 몇몇의, 일부의
塑造[sùzào]	用石膏或泥土等可塑材料塑成人、物形象 [명] 조소하다, 빚어서 만들다
沙漠[shāmò]	地面完全为沙所覆盖、植物非常稀少、雨水稀少的荒芜地区 [명] 사막
景观[jǐngguān]	指某地区或某种类型的自然景色, 也指人工创造的景色 [명] 경관, 경치
碱性[jiǎnxìng]	碱具有的程度 [명] 알칼리성, 염기성
中和[zhōnghé]	相对的事物互相抵消, 失去各自的性质 [동] 중화하다
抑制[yìzhì]	约束; 压制 [동] 억제하다, 억누르다
酸雨[suānyǔ]	指含有一定数量酸性物质(如硫酸、硝酸、盐酸)的自然降水, 包括雨、雪、雹、雾等 [명] 산성비
养分[yǎngfèn]	有营养的物质或化合物 [명] 양분, 자양분
弊[bì]	害处, 与 "利" 相对 [명] 폐해, 문제점
灾害[zāihài]	天灾人祸造成的损害 [명] 재해, 재난
束手无策[shù shǒu wú cè]	困难时无可以渡过难关的办法, 无计可施 [성어] 속수무책이다, 어쩔 도리가 없다
风向[fēngxiàng]	风吹来的方向, 尤指与航向有关的 [명] 풍향, 바람 방향, 동향
植树造林[zhíshù zàolín]	栽植苗木以造成幼林的方法 나무를 심어 숲을 조성하다
沙化[shāhuà]	由于气候的自然变化, 或对半干旱地区的错误管理和使用而产生的干燥的、裸露的、沙漠般的状态 [명] 사막화

본문2 | 各种各样的环境问题

环境问题多种多样,归纳起来有两大类:一类是自然演变和自然灾害引起的原生环境问题,也叫第一环境问题。如地震、洪涝、干旱、台风、崩塌、滑坡、泥石流等。一类是人类活动引起的次生环境问题,也叫第二环境问题和"公害"。

(1) 全球变暖:全球变暖是指全球气温升高。进入八十年代后,全球气温明显上升。1981~1990年全球平均气温比100年前上升了0.48℃。导致全球变暖的主要原因是人类在近一个世纪以来大量使用矿物燃料(如煤、石油等),排放出大量的CO_2等多种温室气体。全球变暖的后果,会使全球降水量重新分配,冰川和冻土消融,海平面上升等,既危害自然生态系统的平衡,更威胁人类的食物供应和居住环境。

(2) 臭氧层破坏:在地球大气层近地面约20~30公里的平流层里存在着一个臭氧层,其中的臭氧具有强烈的吸收紫外线的功能。因此,它能挡住太阳紫外辐射对地球生物的伤害,保护地球上的一切生命。然而人类生产和生活所排放出的一些污染物,会使臭氧层遭到破坏。

(3) 酸雨:酸雨是由于空气中二氧化硫(SO_2)和氮氧化物(NO_x)等酸性污染物引起的pH值小于5.6的酸性降水。受酸雨危害的地区,出现了土壤和湖泊酸化、植被和生态系统遭受破坏、建筑材料、金属和文物被腐蚀等等一系列严重的环境问题。

1 环境问题大概可以分为哪几种?
2 有哪些人为的行为会产生环境问题?
3 说说你所了解的全球变暖问题。
4 说说你所了解的臭氧层破坏问题。
5 说说你所了解的酸雨问题。

단어학습

归纳[guīnà]	归并; 收拢 [동] 귀납하다, 종합하다
演变[yǎnbiàn]	变化发展 [동] 변화하다, 변천하다
原生[yuánshēng]	最初的, 最早的 [형] 원생의, 가장 원시의
洪涝[hónglào]	指因大雨、暴雨或持续降雨使低洼地区淹没、渍水的现象 [명] 침수 재해
干旱[gānhàn]	没有降水或降水太少, 使土壤天气干燥 [명] 가뭄
崩塌[bēngtā]	崩裂倒塌 [동] 붕괴하다, 무너지다
滑坡[huápō]	指地表斜坡上大量的土石整体地向下滑动的自然现象 [동] 사태가 나다
泥石流[níshíliú]	山坡上大量泥沙、石块等碎屑物质经山洪冲击挟带而形成的短暂急流 [명] 토석류, 산태
冰川[bīngchuān]	在高山和两极地区, 沿斜坡滑移的大冰块称为冰川 [명] 빙하
冻土[dòngtǔ]	低于冻结温度的土壤, 表层冻结成硬块 [명] 언 땅, 동토
消融[xiāoróng]	融化; 消失 [동] 용해되다, 녹다, 사라지다
威胁[wēixié]	用武力、权势胁迫 [동] 위협하다, 협박하다
臭氧[chòuyǎng]	无色气体, 有特殊臭味 [명] 오존
平流层[píngliúcéng]	高层大气的一部分, 其高度随纬度、季节和天气条件而异, 约在七英里以上 [명] 성층권
紫外线[zǐwàixiàn]	波长比可见光线短的射线, 波长范围为 4~400纳米, 在光谱上位于紫色光的外侧 [명] 자외선
辐射[fúshè]	以波或粒子的形式发射辐射能的过程——亦称"放射" [동] 방사하다
二氧化硫[èryǎnghuàliú]	SO_2 [명] 이산화 유황
氮氧化物[dànyǎnghuàwù]	NO_x [명] 질소 산화물
湖泊[húpō]	湖的总称 [명] 호수
腐蚀[fǔshí]	由化学或由化学作用使物体消耗或破坏 [동] 부식하다, 부패하다

 **팔선생 표현학습**

1 嗨, 听起来都是一回事儿。
허, 듣고 보니 모두 같은 것이네.

一回事儿: 这里的 "回" 是量词, 用来指明事件的次数。"一回事儿" 就是 "一件事" 的意思。表示相同。

[예] 小票和发票是一回事儿么?
我真不明白, 爱情到底是怎么一回事?

2 沙尘暴还有益处? 该不会是在城市里塑造沙漠景观吧?
'沙尘暴'가 좋은 점도 있다고? 도시의 사막 경관을 만들어 내는 것을 말하는 것은 아니겠지?

该不会……吧: 表示话者的推测, 应该不会发生某种情况, 后面常和表示估量、推测的疑问语气助词 "吧" 一起使用。

[예] 放在地上的购物袋怎么不见了? 该不会是你扔了吧?
我刚才说话的时候已经很小声了, 他该不会听见了吧?

3 不过总体而言, 还是弊大于利的。说到底, 这仍然是一种自然灾害嘛。
하지만 결론적으로 말해서, 이익보다 폐해가 크지. 결과적으로 이것은 일종의 자연재해잖아.

总体而言: 整体综合起来、概括来说的意思。表示对前面所说的话进行一下总结。
说到底: "不管怎么说" 的意思, 对所说的对象的本质, 或者根本的现象进行说明的时候在句首使用。

[예] 他又说太远了, 又说没有时间。其实说到底, 他就是不想去。
不管是哪种外语, 说到底你能听能说才行。

4 **环境问题多种多样,归纳起来有两大类。**
환경문제는 각양각색이지만, 크게 2가지로 귀납할 수 있지.

　　归纳: 归拢并使有条理,多用于抽象事物。并且,归纳也是一种推理的方法,由一系列具体的
　　　　　事实概括出一般原理,跟"演绎"相对。

　　[예]　今天上课的时候老师对学过的内容进行了总结归纳。
　　　　　乐乐,你能不能帮我归纳一下这些资料。

5 **1981~1990年全球平均气温比100年前上升了0.48℃。**
1981~1990년 전세계 평균 기온은 100년 전에 비해 0.48도가 상승했다.

　　比……上升……: "A比B……上升……"表示和A相比B变化(增多、增大)的程度。
　　　　　　　　　此时,因为A和B都是指的同一主体,所以B也可以省略和A重复的部分。

　　[예]　今年的物价指数比去年同期上升了0.5%。
　　　　　今天的气温比昨天上升了2度。

6 **受酸雨危害的地区,出现了土壤和湖泊酸化、植被和生态系统遭受破坏、建筑材料、金属结构和文物被腐蚀等等一系列严重的环境问题。**
산성비의 해를 입은 지역은 토양과 호수의 산성화, 식생과 생태계 파괴, 건축 재료와 금속 구조물 및 문화재의 부식 등 일련의 심각한 환경 문제가 발생했다.

　　等等一系列: 等等和一系列连用,表示说明的内容是互相关联的同类事物。

　　[예]　感冒会引起头疼、发热、咳嗽等等一系列的问题。
　　　　　我们公司现在销售手机外壳、充电器等等一系列的产品。

연습문제

1. 听下面的一段话，选择正确的答案。

   ❶ 对于沙尘暴的描述下面哪一项是错误的?（　　　）
      A 沙尘暴只在春季发生
      B 沙尘暴不只有沙子还有更加细小的尘土颗粒
      C 总体来说，沙尘暴是弊大于利的

   ❷ 下面哪一项与听力内容不一致?（　　　）
      A 沙尘暴有抑制酸雨的效果
      B 通过植树造林可以减少沙尘暴的发生
      C 沙尘暴能够把沙漠地带的养分带到陆地和海洋，为人类和鱼类提供营养

2. 听录音，判断下面句子的内容是否正确。
   ❶ 地震、洪涝、干旱、台风、崩塌、滑坡、泥石流等叫做原生环境问题，也叫第二环境问题。(　　　)
   ❷ 第二环境问题是人类活动引起的次生环境问题。(　　　)
   ❸ 全球变暖问题的主要是由于人类活动所引起的。(　　　)
   ❹ 地球的大气层中除了臭氧层以外还有其他的物质可以吸收太阳紫外辐射。(　　　)

3. 用下面的词语造句。

   危害: _____

   益处: _____

   效果: _____

   束手无策: _____

   归纳: _____

威胁: _____

腐蚀: _____

盆地: _____

4. 将下面的单词填入正确的位置

> 보기　　A 引起　　　B 排放　　　C 归纳　　　D 威胁　　　E 明显

　　环境问题多种多样，_____起来有两大类：一类是自然演变和自然灾害引起的原生环境问题，也叫第一环境问题。如地震、洪涝、干旱、台风、崩塌、滑坡、泥石流等。一类是人类活动_____的次生环境问题，也叫第二环境问题和"公害"。

　　全球变暖：全球变暖是指全球气温升高。进入八十年代后，全球气温_____上升。1981~1990年全球平均气温比100年前上升了0.48℃。导致全球变暖的主要原因是人类在近一个世纪以来大量使用矿物燃料(如煤、石油等)，_____出大量的CO_2等多种温室气体。全球变暖的后果，会使全球降水量重新分配，冰川和冻土消融，海平面上升等，既危害自然生态系统的平衡，更_____人类的食物供应和居住环境。

5. 选出下列句子中有语病的一项

❶ (　　　　　)

A 春季发生沙尘暴的可能性比较大。
B 环境问题多种多样，归纳起来有两大类。
C 碱性的沙尘在进入大气候可以中和空气中的酸性物质，达到控制酸雨的效果。
D 这种沙尘天气除了对人体有害以外，对于作物的生长也是有害的。

❷ (　　　　　)

A 虽然人力没有办法改变风向和风力，但是可以通过植树造林来保持水土，防止土地沙化的现象。
B 第二环境问题是自然演变和自然灾害引起的原生环境问题，也叫"公害"。
C 受酸雨危害的地区，出现了土壤和湖泊酸化、植被和生态系统遭受破坏等等一系列严重的环境问题。
D 沙尘暴其实不是只有沙子，而是沙尘。

❸ (　　　　)

A 在地球大气层近地面约20~30公里的平流层里存在着一个臭氧层。
B 虽然沙尘暴是弊大于利的。说到底，它仍然有一些益处。
C 臭氧层能挡住太阳紫外辐射对地球生物的伤害，保护地球上的一切生命。
D 全球变暖既危害自然生态系统的平衡，更威胁人类的食物供应和居住环境。

토론

6. 对下面的话题进行自由讨论。

说说你亲身感受到的环境问题，并谈谈你认为有效的解决方案。

재미있는 중국 유머

小明在厨房洗盘子，电话铃响了，他拿起电话，回答说："妈妈大概在洗澡，请你等一下我去看看。"

他伸手开大热水龙头，马上传来一声尖叫，小明关上水龙头说："她还在洗澡。"

麻烦你给我查一下这个号码的余额。

❶ 能够向对方询问自己想要知道的内容。
❷ 能够对某种社会现象进行赞成和反对的意见讨论。

我们每个人的生活都离不开电子产品。
你了解现在的中国年轻人对电子产品的态度吗?
让我们一起来看看围绕着电子产品进行的一些对话吧。

본문1 | 在通信公司

妻子：你好，麻烦你给我查一下这个号码的余额。

职员：好的，请稍等。您的话费还剩29元。请问您要充值吗？

妻子：不会吧？我上个星期刚交了100元，这才没几天，
也没有过漫游，怎么就剩29了呢？

职员：您要是觉得有什么问题，我可以把通话记录打出来给您看看。
请您出示一下身份证。

妻子：哦，这个号码不是我的，是我老公的。
今天他抽不出时间，所以才让我替他来一趟。

职员：哦，那这样的话需要提供本人身份证才行。
否则不能给您打印通话记录的。

妻子：这也没什么大不了的，非要本人身份证才行吗？

职员：十分抱歉，这是我们的规定，怕以后机主提出异议。
还是麻烦您配合一下我们的工作，下次把身份证拿来再查吧。

妻子：好吧。那通话记录就下次再查吧。你先给我再交100块吧。
对了，通话套餐现在可以换一下吗？

职员：对不起，更换通话套餐也得需要身份证。我先帮您充值吧。
这是您的缴费单，请您拿好。今天我们做活动，您凭这张缴费单，
可以在门口抽取奖品。

妻子：是嘛？那我今天可得试试手气。
今天早上看报纸，说是属马的人今天有财运呢！

职员：真的吗？那我今天也得去买张彩票试试运气了。

妻子：哦，原来你也是属马的啊！

1　妻子为什么觉得电话费有问题？
2　需要打印通话记录需要哪些条件？
3　为什么职员不给妻子打印通话记录呢？
4　职员告诉了妻子什么？
5　你知道通信公司职员是属什么的吗？

단어학습

余额[yú'é]　　账目上剩余的款额　[명] 잔고

剩[shèng]　　多余, 余留下来的　[동] 남다, 남기다

充值[chōngzhí]　　预先缴纳金钱或是购买虚拟货币
[동] (선납카드 등을) 채워 넣다, 충전하다

漫游[mànyóu]　　这里指的是移动电话的用户在离开本地区或本国时, 在其他一些地区或国家使用他们的移动电话手机
[명] (휴대폰을) 로밍(roaming)하다

出示[chūshì]　　把证件等拿出来给人看　[동] 내보이다, 제시하다

提供[tígōng]　　供给　[동] 제공하다, 공급하다

打印[dǎyìn]　　油印, 或用打印机印刷　[동] 프린트 하다, 인쇄하다

机主[jīzhǔ]　　指手机的主人　[명] 핸드폰 주인

异议[yìyì]　　不同的意见　[명] 이의, 반대 의견

配合[pèihé]　　为一共同任务分工合作, 协调一致地行动
[동] 협동하다, 호응하다

套餐[tàocān]　　卖方根据预期的目标来打包销售不同规格的产品组合, 买方可按个人的消费标准来选择适合自己的组合套餐品种
[명] 세트 메뉴, 패키지 상품

缴费[jiǎofèi]　　交纳费用　[동] 비용을 납부하다

单[dān]　　记载事物用的纸片　[명] 메뉴, 기록용 종이

抽取[chōuqǔ]　　从中收取或取出　[동] 뽑다, (일부를) 취하다, 받다

奖品[jiǎngpǐn]　　为了奖励胜者而给予的物品　[동] 상품

手气[shǒuqì]　　指赌博或抓彩时的运气, 特指赢钱或得彩的运气
[명] 운, 재수

본문2 | # 中国年轻人和电子产品

现在在中国,热衷电子产品的年轻人不在少数,他们有一个时髦的名字:"数码电子控"。许多穿着时尚的年轻人满身武装着各式各样的电子产品,头上有耳麦,耳朵上有蓝牙,脖子上有时尚吊坠U盘,手里拿着手机。不难看出,电子时尚产品已经取代名牌服装,成了年轻人前卫的象征。年轻人的兴趣已经更多的转向了那些高科技的电子产品上,有些年轻人购买电子产品,大到世界名牌的手机、电脑、音响、MP3,小到音质好的耳机,只要一发现就情不自禁、不顾一切地想要购买,可玩不了多长时间就没什么兴趣了,更换的频率十分快。

如今,作为现代信息迅速传播的工具,电视、手机、网络在现代人的生活中起着重要作用。这其中,最为普及的应该就是手机了。近两年来,手机成为年轻人彰显时尚、个性的饰品已经是不争的事实。除了手机,掌上电脑也成为时尚的代名词,逐渐成为年轻人必备的玩意儿。拍了数码相片,再用简单的图片处理软件对照片进行个性化处理,再将成品上传在自己的博客、空间里,或者通过电子邮件和互联网进行传阅,彰显自己的个性。

数码时代让人感觉"数码在手,一切拥有"。衣、食、住、行、用,生活的各个领域几乎都和电子产品有关,网上购物也让很多人通过网络实现足不出户,轻松购物。无形中,人们对电子产品产生了一种强烈的依赖感。但是,这些现代工具应该使用有度,试着结交更多的朋友,避免沉迷网络、电视等,偶尔尝试脱离现代技术的生活,也许可以体会到不同的快乐。

1. 猜猜"数码电子控"是什么意思?
2. 年轻人为什么喜欢电子产品?
3. 年轻人都喜欢购买哪些电子产品?
4. 人们为什么会对电子产品产生依赖感?
5. 说说你现在持有的电子产品都有哪些。

단어학습

热衷[rèzhōng]　犹醉心, 沉迷　[동] 열중하다, 몰두하다

武装[wǔzhuāng]　用物质的、精神的东西来装备　[동] 무장하다

蓝牙[lányá]　是一种支持设备短距离通信(一般10m内)的无线电技术。能在包括移动电话、PDA、无线耳机、笔记本电脑、相关外设等众多设备之间进行无线信息交换　[명] 블루투스

吊坠[diàozhuì]　一种首饰, 配戴在脖子上的饰品　[명] 목걸이

U盘[pán]　全称"USB闪存盘", 英文名"USB flash disk"　[명] USB

前卫[qiánwèi]　是领先于当时的意思　[형] 전위적이다

情不自禁[qíng bù zì jīn]　感情激动, 控制不住自己
[성어] 감정을 스스로 억제하기 힘들다

频率[pínlǜ]　单位时间内某种事情发生的次数　[명] 빈도, 주파수

传播[chuánbō]　广泛散布　[동] 전파하다

彰显[zhāngxiǎn]　指昭著的事实　[동] 충분히 나타내다, 잘 드러내다

玩意儿[wányìr]　指事物; 东西　[명] 물건, 사물

传阅[chuányuè]　轮流阅读　[동] 회람하다

足不出户[zú bù chū hù]　脚不跨出家门, 形容不与外界接触
[성어] 집에서 떠나지 않다, 두문불출이다

无形[wúxíng]　指某事物的存在不能被人的眼、耳等感觉器官感知
[형] 무형의, 보이지 않는

依赖[yīlài]　① 依靠别人或事物而不能自立或自给; ② 指各个事物或现象互为条件而不可分离　[동] 의지하다, 기대다, 불가분의 관계이다

结交[jiéjiāo]　与人交际往来, 联络友谊　[동] 교제하다, 사귀다

沉迷[chénmí]　深深地迷惑或迷恋[某事物]　[동] 깊이 빠지다, 미혹되다

팔선생 표현학습

1 不会吧? 我上个星期刚交了100元, 这才3天, 怎么就剩29元了呢?

그럴 리가? 나는 지난 주에 막 100위안을 지불했는데 겨우 3일 동안 29위안밖에 안 남을 수가 있어요?

> **不会吧?**: 语调稍微上扬, 表示话者强烈的不信感。

> [예] 不会吧? 连你都没有通过这次考试!
> A: 你听说了吗? 他要辞职了!
> B: 不会吧! 他马上就可以升职了, 为什么在这个时候辞职啊!

2 这也没什么大不了的。非要本人身份证才行吗?

이것은 큰 일도 아닌데, 꼭 본인의 신분증이 있어야 되는 거에요?

> **没什么大不了的**: 表示并不是什么大问题, 用来显示话者的不在乎或者不重视。注意, "有什么大不了的" 和 "没什么大不了的" 虽然看起来相反但其实意思相同。

> [예] 不就是200块钱嘛, 丢了就丢了, 有什么大不了的。
> 这次失败了下次再努力, 没什么大不了的。

3 是嘛? 那我今天可得试试手气。

그래요? 그럼 나는 오늘 제 운수가 좋은지 봐야겠는걸요.

> **试试手气**: 手气原来表示指赌博或抓彩时的运气, 试试手气也在表示要参加某种具有风险性的活动时使用。

> [예] 我的手气不好, 还是让她来抽奖吧。
> 今天是你的生日, 你买张彩票试试手气怎么样?

4 他们有一个时髦的名字:"数码电子控"。
   그들은 유행하는 이름이 있는데 그것은 "数码电子控"이다..

   控: 中国现在的新兴词语。"控"源于英文单词complex(情结)的前头音(con),后形成"某某控"
       的语言重构。"控"表示人们沉浸在某种事物,似乎被物(事物)所掌控,如"眼镜控"、
       "IPAD控"等。

   [예] 他这人是个手机控,只要有新的手机上市,他都要去看看。
        弟弟是个博客控,天天都坐在电脑前面写自己的博客。

5 有些年轻人购买电子产品,大到世界名牌的手机、电脑、
   音响、MP3,小到音质好的耳机。
   몇몇 젊은이들의 전자제품 구입은 크게는 세계 유명 브랜드의 핸드폰, 컴퓨터, 음향기기, mp3이며,
   작게는 음질이 좋은 이어폰이다.

   大到……小到……: 表示所讲内容的范围的上限和下限,通常是表示范围的广大。与此类似还
                 可以替换成为"上到……下到……"。

   [예] 他特别喜欢表,大到挂钟,小到手表,他都爱不释手。
        他是家里唯一的男人,上到老,下到小,都靠他一个人工作养活。

6 近两年来,手机成为年轻人彰显时尚、个性的饰品已经是不
   争的事实。
   근 2년 들어, 핸드폰이 젊은이들의 유행을 드러내며, 개성적인 장식품이 된 것은 이미 논의할 바 없는
   사실이다.

   不争的: 评论叙述类的文章中常用的中性词,没有争论的必要,属于大家都认可的事实。表示对
          某事肯定的态度,以及对事实的强调。后面多与"事实"搭配使用。

   [예] 大学生不仅应该提高自己的文化水平,还应该丰富自身的社会经验,这已经是不争的事实。
        最近这些年楼市有泡沫已经是不争的事实了。

연습문제

1. 听下面的一段话，选择正确的答案。

   ① 下面哪一项与听力内容不一致?（　　　　）
      A 小张今天因为工作很忙所以不能自己去通信公司
      B 小张的妻子去通信公司只是为了交电话费
      C 通讯公司今天做活动，可以凭缴费单进行抽奖

   ② 关于小张的妻子下面的哪一项内容不正确?（　　　　）
      A 小张的妻子只带了自己的身份证，没有带小张的身份证
      B 小张的妻子最终没能查询通话记录
      C 小张的妻子早上看了报纸，觉得自己今天有财运

2. 听录音，判断下面句子的内容是否正确。
   ① 所有的中国年轻人都很喜欢新鲜的电子产品。（　　　　）
   ② 年轻人拍照片上传在自己的博客里只是为了自己看。（　　　　）
   ③ 只有年轻人才喜欢电子产品，年龄大的人并不喜欢。（　　　　）
   ④ 电子产品好是好，不过要适当使用，不能产生依赖，偶尔不使用也没关系。
      （　　　　）

3. 用下面的词语造句。

   出示: _____

   异议: _____

   配合: _____

   反: _____

   热衷: _____

   时髦: _____

   普及: _____

依赖: _____

避免: _____

沉迷: _____

体会: _____

4. 将下面的单词填入正确的位置

| 보기 | A 不争 | B 避免 | C 脱离 | D 彰显 | E 必备 |

  如今, 作为现代信息迅速传播的工具, 电视、手机、网络在现代人的生活中起着重要作用。这其中, 最为普及的应该就是手机了。近两年来, 手机成为年轻人_____时尚、个性的饰品已经是_____的事实。除了手机, 掌上电脑也成为时尚的代名词, 逐渐成为年轻人_____的玩意儿。拍了数码相片, 再用简单的图片处理软件对照片进行个性化处理, 再将成品上传在自己的博客、空间里, 或者通过电子邮件和互联网进行传阅, 彰显自己的个性。

  数码时代让人感觉"数码在手, 一切拥有"。衣、食、住、行、用, 生活的各个领域几乎都和电子产品有关, 网上购物也让很多人通过网络实现足不出户, 轻松购物。无形中, 人们对电子产品产生了一种强烈的依赖感。但是, 这些现代工具应该使用有度, 试着结交更多的朋友, _____沉迷网络、电视等, 偶尔尝试_____现代技术的生活, 也许可以体会到不同的快乐。

5. 选出下列句子中有语病的一项

❶ (   )
A 在中国, 热衷电子产品的年轻人叫做"数码电子控"
B 年轻人的兴趣已经更多的转移了那些高科技的电子产品上
C 如果没有身份证的话, 不能更换通话套餐
D 今天凭这张缴费单, 您就可以在门口抽取奖品了

❷ (　　　　)

A 除了手机，掌上电脑也成为时尚的代名词

B 作为现代信息迅速传播的道具，电视、手机、网络在现代人的生活中起着重要作用

C 打印通话记录的话需要提供本人身份证才行

D 许多穿着时尚的年轻人满身武装着各式各样的电子产品

❸ (　　　　)

A 年轻人应该试着结交更多的朋友，避免沉迷网络、电视等

B 衣、食、住、行、用，生活的各个领域几乎都和电子产品有关

C 拍了数码相片，再用一些软件简单地处理照片，把照片变得更个性化

D 我可以把通话记录打出来给您看看。请您显示一下身份证)

6. 对下面的话题进行自由讨论。

说说你最离不开哪些电子产品，为什么？你觉得你的生活是不是过度依赖电子产品呢？

재미있는 중국 유머

一醉鬼喝多了，摇摇晃晃地走来，
他对正走过他身边的一位少女问道："我的头上有几个包？"
那位少女吓坏了，连忙说："有3个包。"
醉鬼说："哦，再走过2个电线杆就要到家了！"

제11과

我先去了苏州园林，那儿可真是名不虚传。

❶ 能够谈论自己的旅行经验。
❷ 能够对特定地区进行简单地介绍说明。

 要说中国的自然风光，那应该算是桂林山水甲天下。
那么，对于中国人工建筑的美，你又了解多少呢？
快让我们一起来领略一下中国古代建筑的魅力吧!

본문1 | 关于中国建筑

小崔：小李，你终于回来啦。快和我说说你的文化之旅怎么样？

小李：我这次去了好几个地方，一句话，简直太绝了！

小崔：怎么个绝法，你快讲讲！

小李：我先去了苏州园林，那儿可真是名不虚传。虽然不比颐和园的宏伟，但是玲珑古典，有着另一种美。它使用缩景等艺术手段，无论你走到哪儿，看到的都是一幅美景。人工建筑和自然简直是水乳交融啊。

小崔：嘀，瞧你陶醉的样子。

小李：这还没完呢。我还去了汉中古栈道和恒山的悬空寺。那才叫鬼斧神工呢。

小崔：快说来听听！我还不知道什么叫栈道呢。

小李：栈道分好几种，我这次看到的是架设在悬崖上的栈道。
古时候的人们在岩石上开凿一个洞口，里面插入木桩，然后在下面用斜木梁加固成稳定的三角形，上面再铺上木板就可以行走了。远远看去就好像是一条悬空的道路一样，十分惊险。

小崔：那这种栈道结实吗？

小李：你别小看它！在过去，栈道可是关中入蜀的必经之路呢。不仅如此，它的军事作用也是非常重要的。有了它，那真叫一夫当关，万夫莫开。

小崔：太棒了！我真想去亲眼看看。对了，恒山悬空寺怎么样啊？

小李：嗯，栈道和悬空寺比起来那真是小巫见大巫了！
其实悬空寺的原理和栈道有些相似。它利用木石支架和力学的原理，在悬崖绝壁上支撑建造起了四十多间房屋。

小崔：天哪，光听听就觉得神奇了！真羡慕你！唉，我什么时候才能休假啊。

Question

1. 小李都去了哪些地方旅行？
2. 苏州园林是什么样子的？
3. 通过小李的描述你能够想象出栈道的样子吗？
4. 悬空寺是使用了怎样的原理建造的？
5. 你去过中国旅行吗？说说你对中国建筑的印象。

단어학습

- **名不虚传**[míng bù xū chuán] 流传的名声和实际相符合 [성어] 명실상부하다
- **宏伟**[hóngwěi] 宏大雄伟 [형] 웅장하다, 장대하다
- **玲珑**[línglóng] 精巧细微 [형] 정교하다, 영리하다
- **古典**[gǔdiǎn] 古代流传下来被认为正宗或典范的事物 [명] 고전, 클래식
- **缩**[suō] 由大变小, 由长变短 [동] 줄어들다, 수축하다
- **幅**[fú] 量词, 用于布帛、图画等 [양] (옷감, 종이, 그림 등) 폭
- **水乳交融**[shuǐrǔ jiāoróng] 像水和乳汁那样融合在一起, 比喻关系非常融洽或结合得很紧密 [성어] 궁합이 잘 맞다, 서로 잘 통하다
- **陶醉**[táozuì] 忘我地沉浸于某种情境中 [동] 도취하다
- **栈道**[zhàndào] 在悬崖绝壁上凿孔架木而成的窄路 [명] 잔도, 벼랑길
- **悬空寺**[Xuánkōngsì] 寺庙名称, 位于山西省浑源县城南 [명] 현공사 (사찰 이름)
- **鬼斧神工**[guǐfǔ-shéngōng] 形容建筑、雕塑等技能的精巧, 非人工所能为。也说"神工鬼斧" [성어] (건축이나 조각 등이) 귀신이 만든 것처럼 뛰어나다
- **架设**[jiàshè] 设置支架使物体悬空放置 [동] (공중에 떠 있는 물체를) 가설하다
- **悬崖**[xuányá] 陡峭山崖 [명] 낭떠러지, 벼랑
- **岩石**[yánshí] 高大的石块; 大石块 [명] 암석
- **开凿**[kāizáo] 挖掘河道、隧道等 [명] (수로나 터널 등을) 뚫다, 파다
- **斜**[xié] 不正, 跟平面或直线既不平行也不垂直的 [형] 비뚤다, 기울다
- **梁**[liáng] 架在墙上或柱子上支撑房顶的横木, 泛指水平方向的长条形承重构件 [명] 들보
- **加固**[jiāgù] 增加牢固的程度 [동] 단단하게 하다, 견고히 하다
- **稳定**[wěndìng] 稳固安定 [형] 안정되다, 안정적이다
- **三角形**[sānjiǎoxíng] 有三边的平面多边形 [명] 삼각형
- **铺**[pū] 把东西散开放置, 平摆 [동] 깔다, 펴다
- **惊险**[jīngxiǎn] 危险, 使人惊讶紧张 [형] 아슬아슬하다, 스릴이 있다
- **结实**[jiēshí] 牢固, 健壮 [형] 굳다, 단단하다, 건장하다
- **小看**[xiǎokàn] 不重视 [동] 얕보다, 경시하다
- **关中**[Guānzhōng] 指陕西渭河流域一带 [명] 관중 (지금의 산시(陕西)성)
- **蜀**[Shǔ] 中国周代诸侯国名, 在今四川省成都市一带 [명] 촉 (주 나라 때의 나라 이름. 지금의 쓰촨성 청두 일대)
- **必经之路**[bì jīng zhī lù] 经: 经过。一定要经过的道路 [성어] 반드시 거쳐야 할 길 또는 과정
- **支架**[zhījià] 起支撑作用的构架 [명] 받침대, 스탠드
- **支撑**[zhīchēng] 顶住物体使不倒塌 [동] 버티다, 받치다, 지탱하다

본문 2 | 中国福建省的特色建筑——"土楼"

福建土楼是东方文明的一颗明珠，因其大多数为福建客家人所建，故又称"客家土楼"。它以历史悠久、规模宏大、结构奇巧、功能齐全著称，具有极高的历史、艺术和科学价值，被誉为"东方古城堡"。

福建土楼是世界上独一无二的山区大型夯土民居建筑，其形成是由于所在的闽西南山区，地势险峻，人烟稀少，一度野兽出没，盗匪四起。这就要求建筑物具有完善的防御功能。而土楼外墙厚一至二米，一二层不开窗，仅有的大门一关，土楼便成了坚不可摧的堡垒。

土楼一般都有两、三圈组成，环环相套，外圈一层是厨房和餐厅，二层是仓库，三、四层是卧室，二圈一般是客房，中间则是祠堂，是居住在楼内的几百人婚、丧、喜、庆的公共场所，楼内甚至还有水井、浴室、磨房等设施。例如永定的承启楼就有384个房间，最多时曾居住过800多人。住在土楼里，有事情大家会互相帮忙，邻里和睦。

福建土楼吸收了中国传统建筑规划的"风水"理念，适应聚族而居的生活和防御的要求，巧妙地利用了当地的生土、木材、鹅卵石等建筑材料，具有节约、坚固、防御性强特点，又极富美感的生土高层建筑类型。这些独一无二的山区民居建筑，将中国的民间建筑文化展现给世界。

1. 土楼为什么又被叫做"客家土楼"？
2. 请依据上文对土楼的防御价值进行说明。
3. 土楼怎样体现了中原儒家传统观念要求？
4. 土楼的格局是怎样的？
5. 你能够想想在土楼里的生活吗？你觉得这种聚居的生活怎么样？

단어학습

客家[Kèjiā]	指在西晋末年和北宋末年从黄河流域迁徙到南方，现在分布在广东、福建、广西、江西、湖南、台湾等省区的汉人 [명] 객가, 하카	
城堡[chéngbǎo]	像堡垒的小城；大型设防的建筑或建筑群 [명] 성보, 작은 성	
夯土[hāngtǔ]	是一种建筑材料。表示一块泥土中的空隙经过夯的动作之后变得更结实，古代是城墙、宫室常用的建材 [명] 옹벽	
险峻[xiǎnjùn]	陡峭险恶 [형] 험준하다, 높고 험하다	
人烟稀少[rényān xīshǎo]	形容地方无人居住，十分荒凉 [성어] 인가가 드물다	
野兽[yěshòu]	家畜以外的兽类，天性凶猛，尤指食肉的野生哺乳动物 [명] 야수	
盗匪[dàofěi]	用暴力劫夺财物，扰乱社会治安的人 [명] 강도, 도적, 무법자	
防御[fángyù]	防守抵御，多指被动型或做好准备的防守 [동] 방어하다	
坚不可摧[jiān bù kě cuī]	坚：坚固；摧：摧毁, 破坏。非常坚固，不可摧毁 [성어] 너무나 견고하여 부술 수가 없다	
堡垒[bǎolěi]	军队所修筑，战守两用的小城堡 [명] 보루, 요새	
漏[lòu]	物体由孔或缝透过 [동] 새나가다, 새다	
隔热[gérè]	用隔绝方式阻止热的传导 [동] 단열하다	
根深蒂固[gēnshēn dìgù]	根基牢固，不可动摇。已变成性格的中心，难于或不能改变、减少或消灭 [성어] 기초가 튼튼하여 쉽게 흔들리지 않다	
使然[shǐrán]	使它变得这样 [동] 그렇게 되게 하다, ~하게 시키다	
环[huán]	圈形的东西 [명] 고리	
祠堂[cítáng]	旧时祭祀祖宗或贤人的厅堂 [명] 사당	
丧[sāng]	跟死了人有关的事 [동] 죽다 [형] 죽음과 관련된	
磨房[mòfáng]	磨坊 [명] 방앗간	
鹅卵石[éluǎnshí]	小圆石，尤指被流水磨圆了的石头 [명] 조약돌	
源远流长[yuányuǎn liúcháng]	指传统或历史长久 [성어] 역사가 유구하다, 아득히 멀고 오래다	
极致[jízhì]	最高的造诣 [명] 극치, 최고의 경지	
展现[zhǎnxiàn]	展示；明显地表现出 [동] 드러내다, 나타나다	

 **팔선생 표현학습**

1. A: 一句话, 简直太绝了! 한 마디로 기막혀!
   B: 怎么个绝法, 你快讲讲! 어떻게 기막힌지 빨리 말해 봐.

   绝: 表示独一无二的, 没有人能赶上的。
   怎么个绝法: "绝" 可以替换成的动词或是形容词, 成为 "怎么个+形容词/动词+法" 的形式。大部分是话者听了对方的话后, 要求对方进行进一步说明时使用。如: "A: 他跑得特别快! B: 怎么个快法? "。

   [예] 这道菜的味道真是绝了!
   　　A: 这几天他真是辛苦极了。
   　　B: 怎么个辛苦法, 你说说?

2. 我先去了苏州园林, 那儿可真是名不虚传。
   내가 먼저 쑤저우 정원에 갔는데, 그 곳은 정말이지 달리 유명한 것이 아니더군.

   名不虚传: 虚: 不真实。名: 名声。指传出的名声与实际相符合, 不是虚假的。前面多与 "真是"、"果然" 搭配使用。

   [예] 都说泰山是中国第一名山, 今天来一看果然名不虚传。
   　　早就听说她是这方面的专家, 聊了几句就发现真是名不虚传。

3. 有了它, 那真叫一夫当关, 万夫莫开。
   그것만 있으면 만 명이 달려와서 공격해도 거뜬하겠어.

   一夫当关, 万夫莫开: 山势又高又险, 一个人把着关口, 一万个人也打不进来, 多用于形容地势十分险要或是气势强大。

   [예] 这个关口地形险要真的是一夫当关, 万夫莫开。
   　　他在球场上的气势可真是一夫当关, 万夫莫开!

4 **栈道和悬空寺比起来那真是小巫见大巫了!**
　　잔도를 쉬엔콩쓰와 비교하자면 정말 아무 것도 아니지.

　　小巫见大巫: 巫: 旧时靠装神弄鬼替人祈祷来骗取人钱财的人。原意是小巫法术小, 大巫法术大, 小巫见到大巫就不能施展他的法术。后比喻相形之下, 表示显得高低悬殊, 一个远远比不上另一个。

　　[예] 我这点儿实力和你相比那真是小巫见大巫了!
　　　　以前用的手机和现在的智能手机比起来真是小巫见大巫!

5 **它……被誉为"东方古城堡"。**
　　그것은 … "동방의 오래된 작은 성" 이라고 불린다.

　　被誉为: 誉, 称扬, 赞美。"被誉为" 表示 "将某事或某物赞美为"。

　　[예] 秦兵马俑被誉为世界第八大奇迹。
　　　　这颗钻石被誉为世界三大宝石之一。

6 **仅有的大门一关, 土楼便成了坚不可摧的堡垒。**
　　단 하나 밖에 없는 큰 문을 닫으면, 토루는 난공불락의 보루가 된다.

　　便: 副词, 表示即、就的意思。多在书面语中使用。

　　[예] 小偷还来不及逃跑, 我们便抓住了他。
　　　　会议刚结束, 他便离开了。

7 **福建土楼是东方文明的一颗明珠, 因其大多数为福建客家人所建, 故又称"客家土楼"。**
　　복건성 토루는 동방문명의 빛나는 진주이다. 그것의 대다수가 복건의 객가인에 의해 지어졌기 때문에 "객가토루" 라고 부르기도 한다.

　　其: 第三人物代词, 相当于 "他(她)"、"他们(她们)"、"它(它们)"; "他(她)的"、"他们(她们)的"、"它(们)的"。多在书面语中使用。

　　[예] 这种植物不仅可以作为蔬菜食用, 其根部也是很好的药材。
　　　　他不仅本人被誉为 "精神战士", 其著作也被翻译成多国语言出版。

제11과 연습문제

1. 听下面的一段话，选择正确的答案。

    ① 关于栈道苏州园林悬空寺的说明哪一项是不正确的？（　　　）
    A 栈道远远看去就好像是一条悬空的道路一样
    B 苏州园林不仅比颐和园的宏伟，而且玲珑古典、别有风韵
    C 悬空寺其实是利用木石支架和力学的原理，在悬崖绝壁上支撑建造的

    ② 下面哪一项与听力内容不一致？（　　　）
    A 栈道不仅有交通价值，也有非常重要的军事作用
    B 小李去参加了文化之旅，他觉得其中最惊险的是汉中古栈道
    C 栈道和悬空寺都使用了力学的原理

2. 听录音，判断下面句子的内容是否正确。
    ① 土楼仅因为历史悠久就被称为"东方古城堡"。（　　　）
    ② 它产生于明末，成熟于宋元、清代和民国时期。（　　　）
    ③ 由于土墙厚度大，所以土楼冬天比较冷，夏天比较热。（　　　）
    ④ 福建土楼能居住好几百人，并且设施齐全。（　　　）

3. 用下面的词语造句。

    名不虚传：＿＿＿＿＿＿＿＿＿＿＿＿＿＿＿＿＿＿＿＿＿＿＿＿＿＿

    陶醉：＿＿＿＿＿＿＿＿＿＿＿＿＿＿＿＿＿＿＿＿＿＿＿＿＿＿＿＿

    惊险：＿＿＿＿＿＿＿＿＿＿＿＿＿＿＿＿＿＿＿＿＿＿＿＿＿＿＿＿

    结实：＿＿＿＿＿＿＿＿＿＿＿＿＿＿＿＿＿＿＿＿＿＿＿＿＿＿＿＿

    小看：＿＿＿＿＿＿＿＿＿＿＿＿＿＿＿＿＿＿＿＿＿＿＿＿＿＿＿＿

    支撑：＿＿＿＿＿＿＿＿＿＿＿＿＿＿＿＿＿＿＿＿＿＿＿＿＿＿＿＿

    著称：＿＿＿＿＿＿＿＿＿＿＿＿＿＿＿＿＿＿＿＿＿＿＿＿＿＿＿＿

漏: _____

和睦: _____

独一无二: _____

4. 将下面的单词填入正确的位置

> 보기   A 奇巧   B 防御   C 装置   D 悠久   E 成熟

  福建土楼是东方文明的一颗明珠,因其大多数为福建客家人所建,故又称"客家土楼"。它以历史_____、规模宏大、结构_____、功能齐全著称,具有极高的历史、艺术和科学价值,被誉为"东方古城堡"。

  福建土楼是世界上独一无二的山区大型夯土民居建筑,它产生于宋元,_____于明末、清代和民国时期。其形成是由于所在的闽西南山区,地势险峻,人烟稀少,一度野兽出没,盗匪四起。这就要求建筑物具有完善的_____功能。而土楼外墙厚一至二米,一二层不开窗,仅有的大门一关,土楼便成了坚不可摧的堡垒。为了防火攻,门上设有漏水漏沙_____,紧急时楼内居民还可从地下暗道逃出,十分科学。土楼除具有防卫御敌的奇特作用外,还具有防震、防火、防盗以及通风采光好等特点。由于土墙厚度大,隔热保温,冬暖夏凉。

5. 选出下列句子中有语病的一项

❶ (　　　　　)
A 虽然颐和园很宏伟,但苏州园林更加玲珑古典
B 现在栈道也是关中入蜀的必经之路
C 比起悬空寺,栈道真是小巫见大巫
D 住在土楼里,有事情大家会互相帮忙,邻里和睦

❷ (　　　　　)
A 福建土楼因其大多数为福建客家人所建,故又称"客家土楼"
B 土楼具有防卫御敌的奇特作用,但无法防震、防火
C 汉中古栈道和悬空寺利用木石支架和力学的原理建造的
D 尽管永定的承启楼在最多时曾居住过800多人,但大家有事都会互相帮忙,邻里和睦

❸ (　　　　)

A 在过去栈道的军事作用也是非常重要的。有了它，就可以一夫当关，万夫莫开

B 汉中古栈道和衡山的悬空寺都是鬼斧神工的杰作

C 土楼的出现仅因为聚族而居是中原儒家传统观念的要求

D 过去的闽西南山区，地势险峻，人烟稀少，一度野兽出没，盗匪四起

토론

6. 对下面的话题进行自由讨论。

谈谈你知道的韩国传统建筑及其特点。

재미있는 중국 유머

夫妻吵架。

妻子说："你打着灯笼都找不着比我更好的老婆了。"

丈夫说："我就是打着灯笼找到你的。"

妻子听了之后心里有点高兴。

然后丈夫又说："只是我没睁眼。"

你也试试把工作变成兴趣吧。

❶ 未来的自己是什么样子的，假设并且说明。
❷ 能够看懂报纸或新闻报道，并且能对其内容进行摘要说明。

日复一日，年复一年的工作，你是不是觉得有些厌倦呢？
你是否也在心里设想过10年后自己的生活呢？
让我们一起来听听大家理想的生活吧。

본문 1 | 十年后的自己

小李：最近公司的事儿太多了，好不容易今天有时间和你出来喝一杯。

小徐：可不是嘛，约你好几次了。

小李：最近是非常时期嘛。我们公司最近要进行业务考核，
所以大家天天除了工作还要准备考核，忙得不得了。

小徐：怪不得呢。你们公司可真够严格的，三天两头地进行考核。
不过话说回来，正是因为这样，你们公司的业绩才能年年提高吧。

小李：业绩再高，我们这些职员还不是要看着老板的脸色过日子，
我真有点受够了。

小徐：那也没办法啊，总不能当场就去辞职吧。我觉得人年轻的时候还是要
勤奋一些的。我的规划就是十年后成为一名资深的人力资源管理师。
能够更好地从事人力资源管理的工作。

小李：嘀，你可真厉害啊！同样的事情做十年你都不会腻吗？

小徐：只要对它有兴趣，十年也不会腻的。
你也试试把工作变成兴趣吧，说不定会有帮助哦。

小李：算了吧，我可没你那么兢兢业业。

小徐：不说这些了，等一下吃完饭咱们去唱K吧！

小李：我估计去不了了，我还得回家去准备考核呢。

小徐：去吧去吧，别这么扫兴嘛！再说，也不差这一晚上啊。

1 小李和小徐最近经常见面吗？
2 小李最近因为什么很忙？
3 小李对自己现在的工作满意吗？为什么？
4 小徐的未来规划是什么？他为什么能这么喜欢自己的规划？
5 你觉得小徐和小李今天去唱歌了吗？

단어학습

业务[yèwù]	个人或某个机构的本行业本职工作 [명] 업무
考核[kǎohé]	考试，考定核查 [동] 심사하다
怪不得[guàibude]	表示醒悟(明白了原因，不再觉得奇怪)。前后常有表明原因的语句 [부] 과연, 어쩐지
够[gòu]	满足一定的限度，腻，厌烦 [동] 만족시키다 [개] 썩
严格[yángé]	遵守或执行规定、规则十分认真、不偏离原则、不容马虎 [형] 엄격하다, 엄하다
三天两头 [sān tiān liǎng tóu]	隔一天，或几乎每天。形容经常、频繁 [민족] 사흘이 멀다 하고
业绩[yèjì]	建立的功劳和完成的事业；重大的成就 [명] 업적
当场[dāngchǎng]	立即 [부] 당장
规划[guīhuà]	筹画，计划，尤指比较全面的长远的发展计划 [동] 기획하다, 계획하다
迟[chí]	晚 [형] 늦다, 지각하다
勤奋[qínfèn]	辛勤努力 [형] 꾸준하다, 부지런하다
资深[zīshēn]	资历深 [형] 베테랑의, 경력이 오랜
人力[rénlì]	可动用的劳动力；可动员的人员 [명] 인력
从事[cóngshì]	干某项事业 [동] 종사하다, 몸담다
腻[nì]	烦，因过多而厌烦 [형] 싫증나다, 질리다
说不定[shuōbudìng]	也许 [부] 아마, 짐작하건대
兢兢业业[jīngjīng yèyè]	形容做事谨慎，勤奋刻苦，认真负责 [성어] 신중하고 조심스럽게 맡은 일을 부지런하고 성실하게 하다
估计[gūjì]	对事物做大致的推断 [동] 추측하다, 예측하다
扫兴[sǎoxìng]	遇到不愉快的事情而兴致低落 [동] 흥을 깨다, 기분을 망치다

본문2 | 中国经济的围城与穿越(节选)

―中国证监会研究中心主任 祁斌 2012年02月17日

中国证监会研究中心主任祁斌：中国经济过去十年的发展还是非常不容易的。因为正好世界在错车，西方出了这么大的危机，中国保持了相对稳定的增长。我举一个例子，我们都知道原来的G7，就是"七国集团"。它经常开会，研究什么问题我们不知道，最后形成什么决议也不告诉我们，因为中国不在里面。后来扩展了，"G7+2"，还是没中国什么事。金融危机之后，出来一个G2，说世界上只有两个国家重要，一个是中国，一个是美国，甚至中国比美国还要重要，为什么？因为中国代表着增长。全世界现在只有一个国家不承认G2，谁？中国自己。说千万别叫我是G2，一叫G2还要给联合国捐钱，成本比较高。但是中国的实力已经非常清楚，所以我们讲要感到非常自豪。

未来10年是什么样子？我们现在人均GDP4000美元，如果保守地预测，就是7%的年增长能够保持10年，10年之后正好翻一番。翻一番就是8000美元，如果其间人民币升值20%，那就是10000美元。所以在2020年左右，中国人均GDP会达到美国的四分之一，人口正好是美国的4倍。所以说，中国经济总量有望在2020年前后赶上或者超过美国。这个对中国非常重要，为什么？第一，中国成为全球第一大经济体，尽管我们很清楚地知道我们人均GDP还是美国的四分之一。第二，中国达到了人均10000美元，我们有机会去推动一些更深层次的改革，在某种意义上就突破了中等发达国家陷阱。所以未来10年，保持平稳、稳健的增长，怎么看都是对中国最重要的。(余下省略)

1. 中国经济在过去的10年中怎么样？
2. 你觉得在过去的10年中国为什么能保持相对稳定的增长？
3. 你知道G7和G2中有哪些国家吗？中国为什么不承认自己是G2国家？
4. 中国经济在2020年左右可能会是怎样的？
5. 中国达到了人均10000美元意味着什么？

단어학습

- **围城**[wéichéng]　　被包围的城市　[명] 포위된 도시
- **穿越**[chuānyuè]　　跨过; 越过; 穿过　[동] 통과하다, 지나가다
- **节选**[jiéxuǎn]　　为一定目的从完整的文章或著作中节取部分段落、章节
  [동] 문장 일부를 고르다, 발췌하다
- **关键**[guānjiàn]　　比喻事物最关紧要的部分; 对情况起决定作用的因素
  [명] 관건, 키포인트
- **错车**[cuòchē]　　车辆相向行驶或超车时, 各自向两边让开, 以使双方顺利通行
  [명] 교행하다, (차가) 서로 비켜 가다
- **相对**[xiāngduì]　　比较来说　[부] 비교적, 상대적으로
- **集团**[jítuán]　　为了共同的利益或目的而组织起来的团体　[명] 집단, 단체
- **决议**[juéyì]　　经过会议讨论通过的决定　[명] 결의, 결정
- **扩展**[kuòzhǎn]　　向外伸展; 扩展对外贸易　[동] 확장하다, 신장하다
- **金融**[jīnróng]　　指货币的发行、流通和回笼, 贷款的发放和收回, 存款的存入和提取, 汇兑的往来等经济活动　[명] 금융
- **承认**[chéngrèn]　　对既成的事实表示认可　[동] 승인하다, 인정하다
- **捐**[juān]　　献助　[동] 헌납하다, 기부하다
- **自豪**[zìháo]　　自己感到光荣, 值得骄傲
  [형] 스스로 긍지를 느끼다, 스스로 자랑스럽게 생각하다
- **人均**[rénjūn]　　每人平均　[명] 1인당 평균
- **保守**[bǎoshǒu]　　原意为维持旧状态, 不求改变或改进。这里指估计范围中的下限。
  [형] 보수적이다, 절제된
- **翻番**[fānfān]　　数量成倍增长　[동] 갑절이 되다
- **推动**[tuīdòng]　　向前用力使物体前进或摇动, 这里指使工作展开
  [동] 추진하다, 나아가게 하다
- **层次**[céngcì]　　顺序, 阶段　[명] 단계, 차례
- **突破**[tūpò]　　打开缺口　[동] 돌파하다
- **陷阱**[xiànjǐng]　　比喻使人受骗上当的圈套　[명] 함정, 속임수
- **稳健**[wěnjiàn]　　稳当有力　[형] 굳건하다, 믿을 수 있다, 듬직하다
- **挑战**[tiǎozhàn]　　鼓动对方与自己竞赛　[명] 도전

 **팔선생 표현학습**

1 你们公司可真够严格的，三天两头地进行考核。
너희 회사는 정말 엄격하구나. 사흘이 멀다 하고 심사를 하다니.

三天两头: 民间约定俗成的成语。隔一天，或几乎每天。泛指隔三差五、经常、频繁的意思。

[예] 她的身体不好，三天两头地感冒。
这台破电脑，三天两头死机，真是用不下去了!

2 不过话说回来。하지만 말을 원점으로 돌려서 이야기하자면

话说回来: 是一种语言的自述现象，有多种含义，有时表示对前文的补充说明，表示不将话说得太绝对。在"话说回来"前面也尝尝使用表示转折的"不过""但是"等词，这时，前文是语义重点，是主要的观点和评价，而后项是次要补充性的看法，总体表示转折的关系。

[예] 现代建筑看起来都差不多，我觉得还是古代的建筑更有美感。话说回来，也可能是因为我见过的现代建筑还不够多吧。
那天因为保姆的粗心大意，让孩子饿了一天的肚子。不过话说回来，保姆也因为这一次失误就丢了工作，挺可惜的。

3 我们这些职员还不是要看着老板的脸色过日子。
우리 직원들은 사장 눈치만 보면서 하루 하루를 보내야 되는 것은 아니잖아.

看着……的脸色过日子: 指察言观色。看某人的脸色变化来调整自己的言行举止，使那个人感到满意，表示自己比较卑微。是一种略带夸张的说法。

[예] 她的婚姻生活十分不顺心，天天要看着丈夫的脸色过日子。
如果总要看着别人的脸色过日子，那生活还有什么意思?

4 我真有点受够了。난 정말 참을 만큼 참았어.

受够了: 受，动词，忍耐某种遭遇。够，腻，厌烦。表示对某人、某事或某物觉得十分厌烦。有时可以将厌烦的对象添加进来，形成"受够+某事/某人/某物+了"的形式。

[예] 他这个人，喜欢生气，还不听别人的劝，我受够他了。
这儿又吵又脏，还这么热，我真是受够了!

5 同样的事情做十年你都不会腻吗? 같은 일을 10년 하면 넌 지겹지 않겠어?

   腻: 原意指食物的油脂过多或者粘乎乎的状态。这里指因为过多地做某事或见某人而觉得厌烦。

   [예] 你天天吃这些没营养的垃圾食品, 也不嫌腻啊?
         我男朋友长得帅、对我特别好, 而且十分风趣, 哪怕天天和他呆在一起都不会腻。

6 说千万别叫我是G2, 一叫G2还要给联合国捐钱, 成本比较高。
   나를 제발 G2라고 부르지 말라고 한다. G2라고 부르는 것과 동시에 연합국에 기부금을 내야 하는데 이것은 자본금이 비교적 크다.

   千万别: 千万, 表示务必, 恳切的叮咛。和 "别"、"不要" 等否定词连用时, 表示后文是不能做的内容。

   [예] 这儿的小偷特别多, 你出去的时候要千万小心!
         这份文件是明天开会的时候用的, 你可千万别忘了带啊。

7 我们现在人均GDP4000美元……翻一番就是8000美元
   우리 현재 1인당 평균 GDP는 4000달러이다. …… 2배가 뛰면 8000달러가 된다.

   翻一番: 翻番, 意思是成几何倍数的增长。翻一番的意思是原来的2倍。而翻两番是指原来的4倍。翻三番指原来的8倍。

   [예] 今年的市场情况这么好, 我们的销量肯定能翻两番。
         就算你的工资再翻一番, 想要买房还是不够。

8 所以未来10年, 保持平稳、稳健地增长, 怎么看都是对中国最重要的。그러므로 미래의 10년은 안정을 유지하면서도 굳건하게 성장할 것이다. 어떻게 보던 간에 중국에는 중요하다.

   怎么看: 表示无论从哪一方面来看、来考虑的意思。后面多跟 "都" 连用。

   [예] 这幅画怎么看都不像是他的作品。
         这个孩子的个子怎么看都不到一米五。

제12과 **연습문제**

1. 听下面的一段话，选择正确的答案。

   ① 下面哪一项与内容不一致？（　　　　）
      A 小徐和小李并不是经常见面
      B 小徐的公司和小李的公司一样严格
      C 小徐觉得年轻人应该努力工作

   ② 下面哪一项与内容不一致？（　　　　）
      A 小李不喜欢在公司工作
      B 小李公司的老板很不喜欢小李
      C 小徐觉得只要有兴趣，工作一点也不会腻

2. 听录音，判断下面句子的内容是否正确。
   ① 中国承认自己是G2国家。（　　　　）
   ② 中国不希望给联合国捐钱。（　　　　）
   ③ 中国的人均GDP如果能保持7%的增长，那么10年后中国的人均GDP就能达到8000美元。（　　　　）
   ④ 中国的人民币在未来10年会升值20%。（　　　　）

3. 用下面的词语造句。

   业绩：_____

   规划：_____

   从事：_____

   腻：_____

   兢兢业业：_____

   扫兴：_____

关键: _____

相对: _____

承认: _____

自豪: _____

4. 将下面的单词填入正确的位置

| 보기 | A 扩展 | B 承认 | C 正好 | D 关键 | E 预测 |

  中国经济过去十年的发展还是非常不容易的。高增长了30年, 过去10年, 回头看, 非常_____。因为正好世界在错车, 西方出了这么大的危机, 中国保持了相对稳定的增长。我举一个例子, 我们都知道原来的G7, 就是"七国集团"。它经常开会, 研究什么问题我们不知道, 最后形成什么决议也不告诉我们, 因为中国不在里面。后来_____了, "G7+2", 还是没中国什么事。金融危机之后, 出来一个G2, 说世界上只有两个国家重要, 一个是中国, 一个是美国, 甚至中国比美国还要重要, 为什么? 因为中国代表着增长。全世界现在只有一个国家不_____G2, 谁? 中国自己。说千万别叫我是G2, 一叫G2还要给联合国捐钱, 成本比较高。但是中国的实力已经非常清楚, 所以我们讲要感到非常自豪。

  未来10年是什么样子? 我们现在人均GDP4000美元, 如果保守地_____, 就是7%的年增长能够保持10年, 10年之后正好翻一番。翻一番就是8000美元, 如果其间人民币升值20%, 那就是10000美元。所以在2020年左右, 中国人均GDP会达到美国的四分之一, 人口_____是美国的4倍。所以说, 中国经济总量有望在2020年前后赶上或者超过美国。这个对中国非常重要, 为什么? 第一, 中国成为全球第一大经济体, 尽管我们很清楚地知道我们人均GDP还是美国的四分之一。第二, 中国达到了人均10000美元, 我们有机会去推动一些更深层次的改革, 在某种意义上就突破了中等发达国家陷阱。所以未来10年, 保持平稳、稳健的增长, 怎么看都是对中国最重要的。

5. 选出下列句子中有语病的一项

❶ (　　　　)

A 公司要进行业务考核,所以大家所以大家天天除了工作还要准备考核,忙得不得了。

B 仅这一个数据,可以帮助我们清醒地认识今天中国经济的发展水平。

C 我们现在人均GDP4000美元,如果守旧地预测,十年后能达到80000美元。

D 中国人均GDP会达到美国的四分之一,人口正好是美国的4倍。

❷ (　　　　)

A 现在是2000美元,如果增长能够保持10年,10年之后正好翻两番,就是8000美元。

B 中国经济过去十年的发展还是非常不容易。

C 中国经济总量有望在2020年前后赶上或者超过美国。

D 我们有机会去推动一些更深层次的改革,在某种意义上就突破了中等发达国家陷阱。

❸ (　　　　)

A 我们这些职员还不是要看着老板的脸色过日子,我真有点足够了。

B 全世界现在只有一个国家不承认G2,就是中国自己。

C 我并不一定要挣很多的钱,但希望日子过得悠闲安逸。

D 如果中国达到了人均10000美元,我们就有机会去推动一些更深层次的改革。

6. 对下面的话题进行自由讨论。

토론

说说你对中国经济的了解,以及你对中国经济未来走势的看法。

재미있는 중국 유머

男子乘坐公共汽车结果晚了,追着公共汽车一直跑到家都没赶上。

回来后他对老婆说自己赶公公汽车没赶上,但是也挺好,既锻炼了身体,又赚了1元钱。

老婆听完就生气地说:"你傻啊,要追也追出租车啊,至少能赚个起步价!"

부록

八先生 중국어 Vol.7 스피킹심화

Vol.7 스피킹심화 본문해석

1과 본문 ❶

샤오리: 밍휘야, 너 이른 아침부터 계속 하품하는 것 좀 봐. 너 어제 뭐 하러 간 거니?

명 휘: 나는 어제 인터넷과 밤새 동안 '싸움'을 하지 않았겠어.

샤오리: 허, 넌 정말 게임을 위해서라면 전심전력하는 구나.

명 휘: 물론이지, 인터넷이 없는 생활은 정말 상상할 수도 없어. 넌 인터넷 하면 주로 뭐해?

샤오리: 정보 리서치, E-mail 주고 받기, 그리고 친구와 채팅을 해. 너 이렇게 매일 인터넷에 빠져 있는데, 그럼 컴퓨터가 발명 되기 전에는 뭘 했었니?

명 휘: 난 그때 태어나지도 않았는걸! 너는 왜 나만 뭐라고 하는 거야. 인터넷 하는 것도 직업이 될 수 있는데.

샤오리: 처음 듣는 얘기인데, 어디 한 번 얘기해 봐.

명 휘: 유명한 블로그의 블로거들을 좀 봐! 그들은 블로그에 자신이 사용한 제품에 대한 생각을 남김으로써 자신의 취미생활을 즐길 수 있을뿐더러, 경제적 가치도 창출할 수 있으니 일거양득이라 할 수 있지.

샤오리: 너무 부러워하지만 마. 유명한 블로거는 취미로만 하는 것이 아니라, 시간과 에너지를 쏟아야 한다고. 너도 얼른 그런 쪽으로 노력해 봐.

명 휘: 너의 한마디가 나에게 큰 깨달음을 줬어! 왜 나는 블로거가 될 생각을 못했지!

1과 본문 ❷

인터넷 사용이 보편화됨에 따라, 점점 더 많은 중국인들이 자신들의 소비 습관을 바꿨다. 그들은 인터넷을 통하여 쇼핑을 하기 원하는데 그 중 사치품도 포함되어 있다.

국제적인 주얼리 메이커 그룹인 까르띠에의 사장 Bernard Fornas는 '지구 반대편에서, 중국인의 부가 나날이 늘어남에 따라, 2020년이면 중국인의 소비 능력이 미국을 넘어설 수 있을 것이다.' 라고 말했다.

이는 매우 분명하게 중국인을 타깃으로 한 말이며, 중국인들이 사치품 소비(시장)에 굉장한 잠재력이 있다는 것을 말해준다. 또한 인터넷에서 사치품을 구입하면 비교적 저렴하여, 더욱더 인기가 있다. 하지만 사치품의 소비 금액이 비교적 높기 때문에 구매 전에는 여전히 더 많은 이해와 신중한 선택이 요구된다.

중국에서 사람들이 사치품을 사는 주요 원인은 그 사치품의 브랜드 가치를 중요시해서이지 상품 자체의 가치는 비교적 중요하게 생각하지 않는다. 소비심리 분석에서 알 수 있듯 대부분의 중국 소비자들의 구입 이유는 다른 사람들에게 그들의 가치를 알리기 위해서이다. 서로 사치품으로 자신의 재력과 사회적 지위를 비교하고 증명하는 것 또한 또 다른 중요 원인이다. 70%의 중국 사치품 소비자들은 사치품은 사교 활동의 중요한 상징이자 가치의 비교에 필수품이라고 생각한다. 사치품을 사는 사람 중에 자신을 위하거나 브랜드나 디자인을 자체를 선호해서 구매하는 사람은 극소수이다.

2과 본문 ❶

샤오리우: 아이구, 장사부님, 어떻게 오셨어요? 얼른 앉으세요. 보시면 아시겠지만 저도 불편해서 일어나지 못해요.

라오장: 예의 차릴 필요 없으니 얼른 누워!

샤오리우: 그러면 편하게 앉으세요. 저도 신경 쓰지 않겠습니다.

라오장: 오늘 아침에 회사 오자마자 자네 교통사고 소식을 들었네. 그래서 나도 급히 뛰어온 거 아니겠나.

샤오리우: 사실 그렇게 큰 사고도 아니었어. 그냥 앞차와 추돌했을 뿐이에요.

라오장: 자네 교통 사고를 얕잡아 보면 안 돼. 설령 지금은 아무렇지도 않더라도, 절대 안심해서는 안 되네. 그렇지 않으면 나중에 후유증이 올 수 있다고!

샤오리우: 하하, 의사와 똑같은 이야기를 하시네요. 그

Vol.7 스피킹심화 본문해석

래서 의사가 하라는 검사는 다 했습니다.

라오장: 아이구, 그게 맞는 거지. 지금 돈 쓰기 아까워서 검사를 제대로 하지 않으면, 나중에 문제 생기면 진짜 골치 아프지!

샤오리우: 그러게요, 만약 그러면, 목돈 나가는 건 둘째치고, 사람이 고생이죠.

라오장: 자네는 그냥 병원에서 안심하고 쉬고 있게. 회사 일은 걱정하지마. 내가 다른 사람에게 당분간 자네를 대신하도록 당부하겠네.

샤오리우: 저 때문에 다른 사람도 고생하고, 정말 송구스럽네요.

라오장: 너무 어렵게 생각하지마. 모두가 동료인데 서로 돕는 게 당연한 거지. 자네 잠시 누워있게. 내가 밖에서 과일 좀 사올게. 금방 내가 너무 급하게 오느라.

샤오리우: 절대 갈 필요 없어요. 제 침대 머리맡 서랍을 보세요. 이미 과일가게랑 따로 없는 걸요.

2과 본문 ❷

사람이 세상에 살면서 생, 노, 병, 사를 피하기는 어렵다. 그 중 '병'은 가장 흔한 현상 중 하나이다. 이러한 이유로 친한 친구가, 동료가, 학우가 병을 앓을 때 찾아가 방문하고, 위문하는 것은 인지상정이자 일종의 예절이다. 만약 사람들이 환자를 방문하였을 때 사소한 부분들을 신경 쓰지 않으면 환자의 심신 건강에 영향을 미칠 수 있다. 그러므로 병원에 가서 환자를 문안할 때 또한 몇몇 사항에 주의해야 한다.

사람들이 환자를 문안하러 갈 때 일반적으로 꽃을 들고 찾아간다. 하지만, 환자에게 꽃을 선물하면 환자의 병세가 가중될 수 있다. 꽃가루가 환자의 호흡기관에 알레르기 반응을 유발할 수 있기 때문이다. 의사의 말에 따르면, 만약 색상이 지나치게 화려한 꽃을 선물하면, 환자의 신경을 자극하고 불안정한 정서를 유발할 수 있다. 환자가 입원해 있을 때 꽃 선물은 최대한 하지 말고, 적당히 과일이나 영양보조 식품을 선물할 수 있다. 환자가 가장 필요한 것은 요양과 안정이다. 그리하여 병문안 할 시 복장 색상은 소박하고 스타일은 간단하며, 특히 걸을 때 신발 질질 끄는 잡음을 내서 병실의 평온을 깨지 않게 조심해야 한다. 환자와 대화를 나눌 때 병실에 머무는 시간이 길면 안 되고, 방문 시간은 일반적으로 십오 분으로, 가장 길어도 삼십 분을 넘지 않게 한다. 적절한 시기에 점잖게 방문을 마쳐 자신의 문안 시간이 길어짐에 따라 병실에 다른 환자들의 휴식을 방해하는 것을 피해야 함은 물론 환자에게 더 많은 휴식을 취할 수 있게 하여 피로가 건강회복에 영향을 미치는 것을 피해야 한다. 작별 인사를 할 때, 가족들에게 인사하는 것을 기억하고, 또한 함께 걱정을 나누는 마음을 전하고, 그들이 따뜻한 인심을 느낄 수 있게 한다.

3과 본문 ❶

주인: 아가씨 들어와서 봐. 우리 가게에 어제 새로 물건 들어왔어!

원스: 그래요? 여기 진짜 스타일 다양하네, 저기 허리 줄인 코트 좀 보여줘요.

주인: 아가씨 눈썰미 있네. 이 옷은 어제 들어오자마자 세 벌이나 나갔어. 거의 없어서 못 팔아!

원스: 이 색상 밖에 없나요?

주인: 이게 올해의 유행하는 색상이야. 카멜색인데, 매우 고급스러워 보이지, 다른 가게에는 이런 색상 없어. 그리고 피부색이 매우 희어 이 색상 잘 받을 거야.

원스: 음, 스타일, 색상 다 괜찮은데, 허리 부분 통이 좀 크네요. 작은 사이즈 한번 가져다 주세요.

주인: 이게 제일 작은 거야, 허리띠 좀 더 조여서 입어 보는 건 어때?

원스: 음, 적당히 괜찮네요. 맞다, 이 옷은 무슨 원단으로 만들었나요?

주인: 캐시미어야, 가볍고 정교하고 또 보온까지 되지. 입었을 때 매우 편해서, 겨울에 코트로 입기 딱이야. 사고 나면 절대로 후회하지 않을 거야.

원스: 음, 예쁘긴 꽤 예쁜데, 하지만 드라이 클리닝만 되는 거죠?

Vol.7 스피킹심화 본문해석

주안: 좋은 옷들은 다 그래. 집에서 빨래 할 수 있다고 해도 집에서 다림질할 수는 없잖아. 세탁소에 맡기는 게 안심할 수 있지.

윈스: 좋아요, 조금만 싸면 살게요.

주안: 그럼 500위안만 줘.

윈스: 좋아요. 영수증 주세요. 문제 생기면 와서 환불할 거예요.

주안: 문제 없지. 우리 가게는 노인이나 어린이조차 안 속인다고!

3과 본문 ❷

묘족은 중국의 소수민족 중의 하나이다. 묘족의 복장은 백여 종류가 넘는 스타일이 있어 중국 민족복장의 최고라고 할 만하다. 묘족의 복장은 또한 일종의 원시적 부호와 상징, 한 권의 글자 없는 역사책, 일종의 소리 없는 언어와 상징이다.

묘족의 복장은 성별, 연령, 기혼 여부 등 상황에 따라 다르고, 또한 지역적으로 차이가 있다. 대개 아동복, 남성복과 여성복으로 나눌 수 있다. 묘족 남성복의 색상과 장식은 비교적 단조로워 여성복의 화려함과 다양함과 비교할 수 없다.

여성복은 또 평상복과 화려한 옷차림으로 나눌 수 있다. 평상복은 평소에 입는 복장으로 그 색상, 무늬와 장식은 축제, 결혼 때 입는 화려한 옷차림에 비교할 수 없지만, 묘족의 예전부터 지금까지의 전통 스타일을 보존하고 있다.

묘족 여성의 주름치마, 원피스의 색상은 주로 빨강, 파랑, 노랑, 하얀색과 검정 위주이다. 복장의 안감은 현지에서 생산된 원료를 위주로 하고 대부분 솜, 마와 털로 가정에서 수작업으로 경편하고 세밀하게 짜서 만들어진다.

묘족의 복장에는 독특한 민족 문화 배경이 담겨 있다.

주름치마의 채색 라인은 한 줄기 한 줄기의 하천과 산길을 나타내고 등의 네모 무늬는 한 때 보유하던 도시를, 망토의 구름 무늬, 물결 무늬, 마름모 무늬는 천지와 비옥한 땅들을, 꽃 리본에 '마' 자 모양과 물결 무늬는 묘족 선조들이 이주할 때 천군만마가 강을 지날 때의 웅장한 기세를 나타낸다. 묘족 복장의 도안들은 소위 입을 수 있는 한 부의 민족사서라 할 수 있다.

하지만 역사가 오래됨에 따라 어떠한 도안들이 나타내고자 하는 문자 기능과 전달하려는 특정 의미는 신비로운 색채에 묻혀 그것들을 완벽하게 해독할 수 없게 되었다. 이 또한 묘족 복장의 도안이 가지고 있는 독특한 매력이다.

4과 본문 ❶

러러: 지훈, 저번 주 문학감상 시간에 선생님이 어떤 내용 강의하셨어? 나 그날 아파서 수업을 못 갔어.

지훈: 아, 저번 주에는 나관중의 〈삼국연의〉에 대해 얘기했어. 나는 어렸을 때 〈삼국연의〉 만화책을 봤어!

러러: 그럼 너는 그 중 어느 인물이 제일 좋아? 내가 보기에는 제갈량일 거 같은데?

지훈: 틀렸어. 제갈량이 비록 모든 걸 신처럼 알지만, 그래도 나는 개인적으로 조자룡을 더 좋아해, 지략과 용기를 겸비했으니 감탄하지 않을 수 없지!

러러: 너 꽤 잘 알고 있구나.

지훈: 물론이지. 〈삼국연의〉도 봤지만, 나는 중국의 〈홍루몽〉 이외의 중국 4대 명작은 다 읽었다고!

러러: 그러면 중국에 '어렸을 땐 수호(지)를 안 보고, 늙어선 삼국(연의)을 안 본다'라는 속담이 있는 걸 알고 있니?

지훈: 이건 또 처음 듣네. 이게 무슨 뜻인지 빨리 가르쳐주지 않겠니?

러러: 사실, 〈수호(지)〉 안에 이야기들은 다 싸우고 죽이는 이야기들 밖에 없어 비교적 폭력적인데다 젊은이들은 혈기가 넘쳐 폭력에 영향을 많이 받으니, '어린애는 수호(지) 안 본다'라는 말이 있는 거지.

지훈: 그럼 '늙어서 삼국(연의)을 안 본다.'는 어떻게 해석하는데?

러러: 〈삼국연의〉 안에 이야기들은 대부분 권술과 계략을 쓰지. 노인들은 원래 인생 경험이 풍부한데, 〈삼국(연의)〉을 읽으면 노회한 사람이 되기 쉽지.

Vol.7 스피킹심화 본문해석

지훈: 그건 좀 억지스럽다. 모두가 이런 나쁜 영향을 받는 것도 아니지.
러러: 비록 항상 맞는 건 아니지, 그래도 어느 정도 두 작품의 사상성의 경향을 반영하지.

4과 본문 ❷

하조는 지금으로부터 약 사천 년의 역사가 있다. 오래되었으며, 여태까지 여전히 어떠한 원시적 문헌과 문자 기록이 발견되지 않았기 때문에 오늘날 우리는 일부의 상고적 고서와 여러 전설을 통해 하조에 대해 대략적으로만 알 수 있다.

근래에 하조 성읍에 대한 꾸준한 고고학 조사와 '하상주 시대 구분 프로젝트'의 연구는 우리가 하조의 정치, 경제와 문화 등 방면의 발전에 대해 새로운 인식을 갖게 하였다.

허나성 옌스 얼리터우 마을에서 발견된 얼리터우 문화는 바로 하조 문화의 상징이다. 그 중 대량의 청동기, 도기와 큰 면적의 궁전 유적지를 발견하였다.

이러한 것을 보았을 때, 하조는 이미 석기시대에서 청동기 시대로 진입하였고, 또한 야금기술과 주조기술을 갖추고 있었다. 석기시대와 비교하여, 하조의 생산력 수준은 매우 크게 향상되었고, 농업 생산에 유리한 조건을 제공하였다.

이 외에도, 일부 고서적에서 알 수 있듯 우리는 하조가 이미 간지 기년법을 사용했음을 볼 수 있다. 이는 당시 과학과 문화 수준의 발달 정도를 보여준다.

하조는 총 십삼 세, 열여섯 명의 왕을 거쳤고 전후 역사는 약 471년이다. 하왕조는 하나의 오래된 왕조이다. 비록 이미 4000년 전의 역사이지만, 하조에 관한 전설은 여전히 널리 알려져 있다.

5과 본문 ❶

아내: 라오장, 당신 그 소식 들었어요? 삼층 샤오왕네 아이가 피아노 학원(지도 반)에 들어갔대요.
라오장: 그게 어때서! 다른 집 아이들이 이 학원 저 학원 다니는 거 보고 당신도 동동이를 참가 시키고 싶어서 못 참는 건가.
아내: 당연하죠. 부모가 되어 자기 아이가 훌륭하게 자라길 바라지 않는 사람이 어디 있어. 그리고 우리는 절대 우리 집 아이가 출발선에서 뒤쳐지게 할 수 없잖아요!
라오장: 너무 부풀려서 이야기하는군! 학원에 가지 않는 게 출발선에서 뒤쳐진 거라고?
아내: 그렇지 않나요! 밖에 학원들을 봐요. 유치원에서부터 영어 배우고, 초등학교에서는 미술, 음악 배우고, 중학교 가면 각종 과목 과외를 받아야 되요. 올림피크 수학이나, 경시대회 같은 것 말이에요.
라오장: 에이, 그렇게 어린 아이가 그렇게 많은 걸 배우면 놀 시간은 어디 있어. 어린 시절도 없으면, 너무 불쌍하지.
아내: 사실, 나도 처음에는 아이에게 너무 많은 스트레스를 주기 싫었어요. 하지만 주위에 학부모들을 봐요. 아이에게 목숨 걸고 투자하지 않는 부모가 어디 있어요. 다른 사람이 배웠는데 혼자 안 배워 봐. 그게 뒤쳐진 거죠.
라오장: 헛소리 매! 취미는 아이가 직접 골라야 돼. 아이가 뭘 좋아하면 그걸 좀 배우게 하는 거지. 어떻게 부모가 정해줄 수 있겠어! 매일 자기가 배우고 싶지 않은 걸 배워 봐, 아이의 고통은 말할 필요 없이, 부모도 같이 걱정하게 돼.
아내: 말은 그렇게 하지만, 실제로 하기는 어렵잖아요.
라오장: 이건 학생과 부모의 문제뿐 만이 아니지, 교육시스템도 중요해. 체제가 개혁되지 않으면 이러한 현상은 개선될 수 없어.
아내: 교육 시스템을 바꿀 생각도 하지 마세요. 먼저 우리 동동이가 무슨 학원에 등록할건지부터 생각해 봐요!
라오장: 내가 어렸을 때, 매일 밖에서 친구들과 놀면서 자랐는데. 그런 게 유년시절인데……
아내: 됐어요. 유년시절 회상은 그만하고, 빨리 현재 문제나 생각해 봐요.

Vol.7 스피킹심화 본문해석

5과 본문 ❷

중국의 일반 대학교 학생 모집의 전국 통일 시험을 간단히 '까오카오' 라 부른다. 이는 중국의 중요한 전국적인 시험 중 하나이다. 1966년 문화혁명이 시작하자마자 '까오카오' 는 모두 취소되었고 1971년이 되어서야 차차 학생들을 다시 모으기 시작했다. 현재 '까오카오' 는 성 단위로 진행된다. 비록 명분상으로는 전국적으로 통일된 시험이지만 부분적 시험 문제는 전국적으로 통일된 것이 아니다. 이전에 '까오카오' 는 7월 7, 8, 9일 3일에 걸쳐 진행되었지만 2003년부터는 매년 6월 7, 8, 9일에 실시되었다. 매년 '까오카오' 는 항상 중국의 한 여름이었다. 이는 '까오카오' 에 초조함을 더하였다. 고온 날씨의 지장을 줄이고, 수험생들이 침착하고 냉정하게 시험에 임할 수 있도록, 각 지방 정부와 학교는 모두 '까오카오' 응급서비스 시스템을 가동한다. 여러 더위를 막고 온도를 낮추는 방법을 사용하고 넓고 편안한 시험 환경을 만들어 '까오카오' 의 평온하고 순조로운 진행을 보장한다. 예를 들어, 수험생들과 관련 스태프에게 식수를 제공하고, 각 시험장에 수험생 서비스 센터, 의료 스태프들은 충분한 '청량유 (두통, 화상, 벌레 물린 곳에 바르는 연고)', '곽향정기수' 와 '평유징' 과 같은 더위 방지 약품을 준비하고, 심지어 수험생이 더위를 먹는 것을 대비해 응급의사와 구급차 또한 충분한 준비가 되어 있다. 각지의 시험장은 여러 상황을 결합해 고려하여, 제때에 에어컨, 선풍기 등 온도를 낮추는 시설들을 가동하여 수험생들에게 적합한 시험 환경을 만들어 준다.

또한 각지의 교통경찰부서는 시험장 주위의 교통을 관제하고, 경적금지, 주차금지, 통행제한 혹은 통행금지 표시 등을 설치하여 시험장의 절대적 안정과 시험 주변의 교통질서를 유지할 것이다. 만약 수험생이 자신의 수험증과 같은 필수품을 잊고 왔다 하여도 교통 경찰에게 도움을 청할 수 있다. 교통 경찰은 수험생들을 최대한 빨리 시험장에 도착할 수 있게 협조해 준다.

6과 본문 ❶

아내: 아이구, 당신 오늘 시내에 가서 회의하지?

남편: 응, 왜?

아내: 그럼 회의 끝나고 집으로 오는 길에 Parkson에 가서 액체 파운데이션 좀 사다 줄 수 있어요? 내가 브랜드하고 색상 번호 적어줄게요.

남편: 또 나한테 심부름 시키네. 당신의 그 병들을 보면 다 뭐 하는 것인지 모르겠어.

아내: 딱 봐도 이제 이 한병도 거의 다 써가는데, 내가 백화점 갈 시간을 내지도 못해요. 이번 주에 이렇게 바쁘지 않았으면 당신한테 부탁하지 않았어요.

남편: 참 어쩔 수 없다니까. 알았어. 그러면 자세히 써 줘. 잘못 사와도 내 책임 아니야.

아내: 알겠어요. 액체 파운데이션이 색은 파우더 같은 색인데 그저 액체인 것만 기억하면 되요. 틀릴 일 없을 거예요.

남편: 사실 매우 궁금했어. 여자들 화장품은 도대체 몇 종류나 되는 거야?

아내: 화장품은 기본적으로 피부를 보호하는 기초 피부 관리 제품하고 색조를 강조하는 메이크업 화장품으로 나뉘어져요. 더 세분하면 너무 많아요.

남편: 됐어. 더 얘기하면 내 머리만 어지러워. 여자들은 왜 이렇게 복잡해! 나를 봐. 피부 관리 제품 합쳐서 두 병이면 모든 것이 해결되는데.

아내: 그건 당신이 틀린 거죠. 요즘은 남성들도 자신의 피부 관리에 더욱더 신경 쓰고 있다고요. 여자들 못지 않아요!

남편: 시간이 거의 다 됐네. 나 먼저 나갈게요. 나중에 다시 얘기해요. (남편이 나간다)

아내: 이런! 자외선 차단 기능이 있는 제품을 사라고 하는 걸 잊어버렸어!

6과 본문 ❷

성형 유행은 오늘날 이미 일종의 추세이고 많은 사람들이 이것에 관심을 갖는다. 이러한 이유로 많은 사람들이 성형을 하러 가고, 아름다움을 위해서 자신의 대가를 치를 수 있다. 아름다움을 위해서 대가를 치르는 것이 전부 가치 있는 것이라고 여긴다. 받아들일 수 있

Vol.7 스피킹심화 본문해석

는 사람들은, 자연적으로 이것을 받아들이고, 받아들이지 못하는 사람은 어떻게 해도 이를 이해할 수 없다. 대체 성형이 좋은 것일까 나쁜 것일까? 각자 이유가 있고, 각자 이로움과 폐단이 있다. 이는 개인의 태도와 각자의 이해에 달려 있다. 성형을 지지하는 사람들은 우리가 일자리에서 용모의 변화를 통해 더욱더 많은 발전 기회가 있고, 연애에 관해서도 더 많고 좋은 선택이 있다고 생각한다.

성형을 지지 하지 않는 사람들은 머리끝부터 발끝까지 부모님에게서 받은 것이어서 자기 자신을 가장 중요시 생각하고 부모님이 우리에게 생명을 주었고 우리에게 용모를 주었으니 아름다움과 못생긴 것에 대하여 우리는 바꿀 권리가 없고 또한 바꿔서 안 된다고 생각한다. 우리는 부모님께서 주신것을 소중하게 여겨야 한다.

또한 성형은 위험이 따른다. 아름다움을 희망하면서 실현하지 못한다 하면 역시나 자기 자신이 감당할 수 있느냐가 중요하다. 또한 만약 자기 자신을 잃었을 때, 이러한 자기 자신을 본인이라 할 수 있을까? 본인 혹은 주위의 사람들이 받아들일 수 있을까?

하지만 나는 만약에 살면서 사고로, 예를 들어 화상, 교통사고 등이 일으킨 후유증과 같은 것에 대한, 또는 생김새가 정상적인 생활에 영향을 미치는 사람들에게는 성형이 필수적이라고 생각한다. 만약 원래 자연스럽고 아름다웠지만, 일부러 완벽함을 추구하여 좋지 않은 결과가 생기고 도리어 일을 망치어서, 혹은 성형 피해를 입는다면 평생 후회하며 살 것이다. 내적으로부터 비롯한 아름다움이 진정한 아름다움이다.

7과 본문 ❶

러러: 동동, 다음주면 네 생일인데, 어떻게 쇠려고 하니?

동동: 생일? 아이구, 요즘 나 일이 너무 많아서 죽을 지경이야. 네가 말해 주지 않았더라면 진짜 잊어 먹을 뻔 했어.

러러: 올해는 네 출생한 해의 띠인데. 생일 축하하기 위해서 친구들 좀 많이 불러서 떠들썩하게 한번 즐겨야 하는 거 아니야?

동동: 매년마다 있는 생일인데, 다 똑같지. 친구들하고 밥 먹고 모이는 거 떠들썩하긴 한데, 하지만 항상 특별한 것이 없이 뭔가 부족해.

러러: 그래. 그럼 올해에는 새로운 형태로 바꿔 봐.

동동: 어떤 형태? 한 번 말해봐 들어보게.

러러: 올해에는 그저 가족들하고 아늑한 생일을 보내는 건 어때?

동동: 아이디어 괜찮은데! 생일 지낼 때 제일 감사해야 할 사람은 당연히 어머니인데. 이번 기회를 통해서 제대로 감사해야겠다! 러러, 넌 역시나 나의 브레인이야. 좋은 아이디어가 정말 많아!

러러: 날 너무 치켜세우지마. 얼른 그날 어머니께 어떤 서프라이즈를 드릴지 생각해 봐.

동동: 어머니에게 선물을 주고 싶은데, 하지만 문제는 어떠한 선물을 준다 해도 어머니를 향한 나의 마음을 표현하지 못할 거 같아. 골치 아프네.

러러: 넌 정말 어쩔 수 없다니까. 한번 도와준 거 끝까지 도와줘야지, 같이 준비해줄게.

동동: 하하. 우리 같은 생각했네. 그럼 좀 고생해 줘!

7과 본문 ❷

초청장의 길이가 제한적이기 때문에 적을 때 구체적인 장소, 내용, 대상에 의거하여, 단어 선택에 노력하고, 문장의 뜻이 정확하고 문자가 아름다워야 한다.

적당한 단어를 골라 문장을 만드는 것에 관하여, 어떠한 사람들은 문장 글귀를 사용하여 고풍스럽고 우아해 보이게 하고 어떠한 사람들은 알기 쉬운 문장을 선택하여 친절함을 나타낸다. 어떠한 스타일의 언어를 사용하든 사람들이 한번에 알아볼 수 있게 해야 한다.

1. 표제: 겉 표지에 '청첩' 이라고 써있는 두 글자가 표제이며, 일반적으로 가운데에 배치한다.

2. 호칭: 정격으로 요청 받는 사람의 (직장 혹은 개인)의 성명(명칭)을 정렬한다. 예를 들어 '…선생님', '…직장' 등. 호칭 뒤에는 콜론을 붙여야 한다. 어떠한 호칭을 사용할 것인지는 상대방에 따라 다른데, 상대방의 성별, 연령, 직업, 신분 등을 고려해야 한다.

Vol.7 스피킹심화 본문해석

3. 본문: 새 줄을 시작하여 두 칸을 들여 쓴다. 본문에는 활동 내용, 예를 들어 좌담회, 생일 파티, 웨딩 등을 정확하게 적고 시간, 장소, 방식 등을 명확히 한다. 언어는 점잖고 격에 맞아야 한다. 초대 받는 손님을 호칭할 때에는 존칭을, 자신을 호칭할 때에는 겸칭을 사용하여야 한다.

4. 결말: 의례적 인사말 혹은 '오시는 것을 공경히 청합니다' 와 같은 겸손한 말을 써야 한다.

5. 낙관: 새 줄을 시작하여 우측 정렬로 초대자의(직장 혹은 개인)의 명칭을 서명한다.

8과 본문 ❶

스완: 러러, 너 오늘 하루 종일 안절부절 못하는데, 무슨 일 있어?

러러: 사실 아무 일도 없어. 난 내일 회사 동료 앞에서 업무계획안을 보고해야 하는데, 자신이 없어.

스완: 긴장한 거였구나. 어때 내가 베테랑으로서 좀 도와줄까?

러러: 진짜? 그럼 천만다행이지(정말 고맙지). 지금 내일 발표에 무슨 옷을 입고 갈지 걱정이야. 먼저 옷부터 골라줘.

스완: 발표할 때는 첫 인상이 가장 중요해. 의상은 무게 있고 세련 되야 해. 내가 보기엔 이 검정 수트가 나쁘지 않아.

러러: 그래? 그럼 네 말을 들을게. 사람들이 어떤 질문을 할까?

스완: 어디 생각해보자…. 보통 보고의 기본적인 상황에 대해서 물을 거야. 너는 평소 연습한 것처럼 대답하면 돼.

러러: 음. 또 다른 주의 사항 같은 거 있어? 너한테 기댈 수 밖에 없다.

스완: 사실 회사가 네가 계획을 얼마나 이해하고 있는지, 너의 능력은 어떻게 되는지, 그와 더불어 그들이 너의 계획을 채용하면 회사에 어떠한 이익이 있는지를 보고자 할 거야. 청중의 의도를 잘 파악한다면, 발표는 그다지 어렵지 않을 거야.

러러: 정말 고마워. 하지만 정말 만에 하나를 대비해서 프레젠테이션 가이드 책을 좀 보고 참고해야겠다.

스완: 맞다. 그리고 내일 필수품들 꼭 검사해 봐. 괜히 이것저것 빠뜨리지 말고.

러러: 생각났다. 아직 수트에 맞춰 입을 셔츠도 없어!

스완: 이런 덜렁꾼아! 사이즈가 맞을지 안 맞을지 모르지만, 먼저 내 동생 걸로 대충 맞춰 봐.

8과 본문 ❷

통계 결과에 따르면 35%이상의 '海龟(해외파)'는 미취업 문제가 존재하며, 40% 해외파는 자신의 직업 방향성이 잘못되었다고 느낀다고 한다.

현재 국내 기업 모두 비교적 현실적이다. 단지 네가 해외에서 돌아왔는지의 여부만 보는 것이 아니라 일정 이상의 경력이 있는 구직자를 선발하기 원한다. 그리하여 경험이 없는 '海龟(해외파)'는 '海待(해외파 미취업자)'가 되는 큰 원인이다.

또한 전공을 선택할 시 취업문제를 생각하지 않기 때문에 전공이 국내에서 필요 없게 되는 경우가 많은데 이것 또한 해외파가 해외파 미취업자로 변하는 중요한 원인이다. 게다가 대부분은 해외에서 돌아와서 높은 연봉, 높은 직위를 원하지만 자신이 갖추고 있는 능력에 대해서 명확하지 않아 귀국한 후 대부분은 대도시의 대기업을 선택하지만 본래 그쪽은 경쟁률이 높기 때문에 해외파는 경쟁률만 가중시키는 역할을 할 뿐이다. 이와 같이 이상만 높은 상황에서 해외파 취업은 어중간해서 이것 저것도 맞지 않는 국면에 봉착하게 된다.

경력을 더 중시하는 일부 인사 담당자 눈에는 해외파는 단지 국내 대학로에서 국외 대학로를 걸었을 뿐 여전히 경력이 부족하다고 보인다. 전문가는 유학을 통과했다고 좋은 직업을 얻을 것으로 기대하지 말라고 조언한다. 국외학력은 확실히 많은 학생들의 경쟁력을 높여주기는 하나, 이것이 경쟁력을 높이는 유일한 기회는 아니다. 좋은 직업은 경력, 개인 소양, 개인이력 등 많은 중요한 요인을 필요로 한다. 또한 직업기획전

Vol.7 스피킹심화 본문해석

문가는 취업에서 가장 중요한 것은 개인의 핵심 경쟁력을 쌓는 것으로 여긴다. 핵심 경쟁력에는 주요하게 지식, 기능, 경험 직업적 소양 등 4가지 방면으로 구성되어 있다. 마지막으로 해외 미취업자는 직업을 먼저 구하고 연봉을 구하는 것이 가장 좋은 선택이라고 한다.

9과 본문 ❶

지훈: 러러, 요즘 날씨가 나날이 따뜻해 지네. 정말로 봄이 온 느낌이야!

러러: 맞아, 하지만 올해에도 작년처럼 황사가 일어날지 모르겠네?

지훈: 황사? 하늘에서 모래가 떨어지는 건가?

러러: 정확히 말하면, 그건 모래가 아니라, 모래먼지야, 그러니까, 모래 말고도 모래보다 더 미세한 먼지 알갱이가 있지.

지훈: 듣기에는 다 똑 같은 거 같은데. 하지만, 황사 날씨가 인체에 매우 위해성이 크다는 건 알고 있어.

러러: 맞아, 인체뿐만이 아니라 황사는 농작물의 성장에도 매우 유해해. 하지만 그거 알아? 황사도 좋은 점이 있다는 게!

지훈: 황사가 좋은 점이 있다고? 도시에 사막 경관을 조성하는 건 아니겠지?

러러: 하하, 농담하지마. 사실, 연구결과에 따르면, 알칼리성의 모래먼지가 대기권에 들어가면 공기 중에 있는 산성물질을 중화시켜서, 산성비를 억제시키는 효과가 있어. 그리고 모래먼지가 사막에서 가져온 양분들이 바다에 떨어지면 어류들에게 일정의 영양분을 제공하지.

지훈: 황사가 이러한 작용이 있다니, 정말 생각도 못했네.

러러: 하지만 전체적으로 폐해가 이득보다 크지. 결론적으로 황사는 일종의 자연재해니 말이야.

지훈: 그러면 사람들은 이러한 자연재해에 속수무책이야?

러러: 그렇다고 완전히 방법이 없는 것이 아니야. 비록 우리는 풍향과 풍력을 바꿀 수 있는 방법이 없지만, 우리는 그래도 나무를 심고 숲을 조성하여 물과 토양을 보존함으로 토지가 사막화 하는 현상을 방지할 수 있어. 이러한 방법으로 황사의 발생을 줄일 수 있지.

지훈: 나무를 심는 것도 꽤 좋은 방법이구나.

러러: 맞다, 며칠 지나면 식목일인데, 같이 나무 심으러 가는 건 어때?

9과 본문 ❷

다양한 환경 문제를 2가지로 귀납할 수 있다.

첫째는 자연의 변화와 자연재해가 일으키는 원시적인 환경문제, 또는 제1의 환경문제이다.

예를 들어, 지진, 침수 재해, 가뭄, 태풍, 붕괴, 사태, 토석류 등이다.

둘째로는 인류 활동이 야기하는 파생된 환경문제, 또는 제2의 환경문제 혹은 '공해' 라고 불린다.

(1) 지구온난화: 지구 온난화는 전 세계의 기온상승을 가리킨다. 80년대 후반부터 전 세계의 기온은 눈에 띄게 상승하였다. 1981~1990년의 전 세계 평균기온은 100년 전보다 0.48 도 높아졌다.

지구 온난화의 주요 원인은 인류가 근래 들어 한 세기에 대량의 화석연료 (석탄, 석유 등)를 사용하고 CO_2와 같은 여러 온실가스를 배출해서이다.

지구 온난화의 결과로 인해 전 세계의 강수량 재조정, 빙하와 토양 소실, 해수면 상승 등을 야기되었다. 이것들은 자연 생태계 평행을 위협하며, 더욱이 인류 음식 제공과 거주환경을 위협할 것이다.

(2) 오존층파괴: 지구 지면과 약 20~30km떨어진 대기권인 성층권에는 오존층이 존재한다. 그 중 오존은 강력한 자외선 흡수하는 능력을 기능을 갖고 있다.

그리하여 태양의 자외선 방사가 지구 생물에게 피해를 주는 것을 막고, 지구상 모든 생명을 보호한다. 하지만 인류생산과 생활에 필요한 여러 오염물질들은 오존층을 파괴한다.

(3) 산성비: 산성비는 공기 중의 이산화 유황과 질소 산화물과 같은 산성 오염물질에 의해 ph치수가 5.60이

Vol.7 스피킹심화 본문해석

하인 산성 강수이다.

산성비의 피해를 입은 지역은 토양과 호수의 산성화, 식생과 생태환경의 파괴, 건축재료, 금속및 문화제 등이 부식되는 것과 같은 일련의 심각한 환경문제가 일어났다.

10과 본문 ①

아내: 안녕하세요, 죄송한데 이 번호의 잔액 좀 확인해 줄 수 있나요.

직원: 잠시만 기다리세요. 고객님의 통화비는 아직 29위안이 남았습니다. 충전하시겠습니까?

아내: 그럴 리가? 저번 주에 100위안 냈는데, 몇 일 지나지도 않고, 로밍한 적도 없는데, 왜 29위안 밖에 안 남았지?

직원: 고객님 만약 무슨 문제가 있으시면, 제가 통화기록을 프린트해서 보여드리겠습니다. 신분증을 제출해 주세요.

아내: 이 번호 제 것이 아니에요, 제 남편 건데. 그이가 오늘 시간을 못 내서 제가 대신 한번 온 건데요.

직원: 이럴 경우에는 항상 본인이 신분증을 제시해야 가능합니다. 그렇지 않으면 통화기록을 뽑아서 보여드릴 수 없습니다.

아내: 그렇게 중요한 거 같지도 않은데, 무조건 본인의 신분증이어야 되나요?

직원: 매우 죄송합니다. 나중에 핸드폰 주인이 이의를 제기할 수 있어서 저희 규정입니다. 죄송하지만 저희에게 협조를 부탁합니다, 다음에 신분증을 가지고 오셔서 다시 확인하시길 바랍니다.

아내: 좋아요. 그럼 통화기록은 다음 번에 확인하고, 그럼 먼저 100위안 내주세요(충전). 맞다, 통화 패키지 지금 바꿀 수 있나요?

직원: 죄송합니다, 통화 패키지 바꾸는 것도 신분증이 필요하네요. 먼저 충전하는 것부터 도와 드릴게요. 이것은 납부 영수증이니 잘 챙겨두세요. 오늘 저희가 행사를 해서, 이 납부 영수증으로 입구에서 상품추첨 할 수 있어요.

아내: 그래요? 그럼 오늘 한 번 운을 좀 봐야겠네요. 오늘 아침에 신문을 보니 말띠 사람은 오늘 재운이 있다고 하던데요.

직원: 정말요? 그럼 저는 오늘 복권을 한 장 사서 운이 좋은지 봐야겠는데요.

아내: 아, 원래 직원 분도 말띠였군요.

10과 본문 ②

현재 중국에서 전자제품에 열중한 젊은이들이 적지 않다. 그들에게는 数码电子控이라는 세련된 이름이 있다. 많은 유행 패션을 입은 젊은이들이 온몸에 각종 전자 제품들을 '무장' 하고 있다. 머리에는 헤드셋을, 귀에는 블루투스를, 목에는 최신 유행의 목걸이형 USB를, 손에는 핸드폰을 들고 있다. 이렇듯 전자제품이 이미 브랜드 패션을 대신한 것을 어렵지 않게 볼 수 있고, 이는 젊은 사람들의 전위적인 상징이다. 젊은이들의 흥미는 대부분 이미 High-Technology의 전자제품에 있다. 많은 젊은 사람들은 전자제품을 구입할 때 크게는 세계적인 유명 브랜드의 핸드폰, 노트북, 음향기기, MP3를, 작게는 음질 좋은 이어폰을 산다. 그저 그것들을 발견하면 감정을 스스로 억제하기 힘들어서, 아무것도 고려하지 않고 사고 싶어한다. 하지만 얼마 안 되어 바로 흥미를 잃고 교체하는 빈도는 매우 높다.

오늘날 현대 빠른 정보 전달의 도구로서 TV, 휴대폰, 인터넷은 현대인의 삶 속에서 매우 중요한 작용을 하고 있다. 그 중, 휴대폰이야 말로 가장 널리 보급되어 있다. 최근 2년 들어, 휴대폰은 젊은 사람들이 세련됨과 개성을 표현하는 액세서리라는 사실은 너무 당연하다. 휴대폰 이외에, 포켓PC 또한 유행의 대명사가 되었고, 젊은 사람들의 필수품이 되었다. 디지털 사진을 찍고, 간단한 이미지 처리 프로그램으로 사진을 개성 있게 편집하고, 그렇게 완성된 사진을 자신의 블로그, 홈페이지, 혹은 이메일을 통하여 온라인을 통해 회람하여 자신의 개성을 드러낼 수 있다.

디지털시대는 사람들에게 '디지털이 손에 있으면 모든 것을 갖고 있다' 라는 느낌을 준다. 의, 식, 주, 행, 용, 생활의 각각의 영역은 모두다 전자제품과 관련이

Vol.7 스피킹심화 본문해석

있고, 인터넷 쇼핑 또한 많은 사람들이 집을 나가지도 않고 가볍게 쇼핑할 수 있게 하였다.

보이지 않게 사람들은 전자제품에게 강력한 의존도가 생겼다. 하지만 이러한 현대 도구들을 사용함에 있어 적당선이 있어야 하고, 더욱더 많은 친구들을 사귀려 노력하여 인터넷, TV 등에 깊이 빠지지 않게 해야 한다. 가끔 현대기술을 벗어난 생활을 시도해 보면 색다른 즐거움을 느낄 수 있다.

11과 본문 ❶

샤오추에이: 샤오리, 드디어 돌아왔구나. 너의 문화여행이 어땠는지 빨리 얘기해 줘.

샤오리: 이번에 여러 곳을 다녀왔는데, 한마디로 하면, 정말 너무 대단했어!

샤오추에이: 어떻게 대단했는데, 얼른 얘기해 줘!

샤오리: 난 우선 쑤저우원림에 갔어, 정말 명불허전이었지. 비록 이화원(이허웬)의 웅장함과는 비교할 수 없어, 하지만 정교하고 고전적인 새로운 아름다움이 있어. 미니어처 등 예술 기법으로, 네가 어딜 가든, 한 폭의 아름다운 경관을 볼 수 있어. 인공건축과 자연이 서로 조화를 이루고 있어.

샤오추에이: 네 도취한 모습을 봐봐.

샤오리: 아직 끝나지 않았어. 나는 또 한중고잔도와 항산의 현공사에 갔어. 그것들이야 말로 귀신들의 신공이라(매우 뛰어난 건축) 할 수 있지.

샤오추에이: 빨리 얘기해 줘! 난 아직 잔도가 뭔지 몰라.

샤오리: 잔도는 여러 종류로 나뉘어져. 내가 이번에 본 것은 벼랑길 위에 설치되어 있던 잔도였어. 오래 전에 사람들이 암석에 작은 구멍을 파고, 그 안에 말뚝을 박고, 그 아래에 비스듬한 나무들보를 단단하게 삼각형 모양으로 안정 시킨 후 그 위에 나무판자를 깔아서 걸을 수 있게 만들었어.

샤오추에이: 그렇게 만든 잔도는 단단해?

샤오리: 얕보지 말라고! 이전에 잔도는 관중에서 촉나라로 가는 필수 코스였으니까. 그뿐만이 아니라 군사적으로도 매우 중요한 역할을 했어. 잔도가 있으므로 '일부당관 만부막개' (한 사람이 관문을 지키면 만 명이라도 공략할 수 없다) 라 할 수 있었지.

샤오추에이: 멋진데! 나도 직접 보고 싶네. 맞다, 항산 현공사는 어때?

샤오리: 음, 잔도와 현공사를 비교하는 건 정말 작은 무당이 큰 무당을 만나는 것과 같아(너무 벅찬 상대를 만나다). 사실 현공사의 원리는 잔도와 비슷해. 나무와 돌로 받침대 삼아 역학 원리를 이용하여 깎아지른 듯한 산 벼랑에 사십 개가 넘는 집채들을 지탱하고 있지.

샤오추에이: 어머나, 듣기만 해도 매우 신기하네! 너무 부럽다! 나는 언제쯤이나 휴가를 갈 수 있을까.

11과 본문 ❷

푸젠의 '투러우(흙으로 지어진 건물)'는 동양문명의 눈부신 보석이다. 이는 대부분 푸젠의 하카 사람들이 만들어 옛날에는 '하카투러우' 라고도 불렸다. 이는 긴 역사, 웅대한 규모, 독특하고 정교한 구조, 완전한 기능으로 저명하고, 아주 높은 역사, 예술, 과학적 가치가 있으며, '동방의 옛 성보' 라고 불린다.

푸젠투러우는 세계에서 유일한 산악 지역의 대형의 땅을 다져 만든 주민 건축이다. 이는 송원 시대에 출현하였고, 명 시대 말기, 청 시대와 민국 시기에 무르익었다.

이의 형성은 푸젠성 서남에 산간 지역이 지형이 험준하고 인가가 드물며, 야수가 한동안 출몰하고, 무법자들이 사방에서 나오기 때문이다. 이는 건축물의 완벽한 방어 기능을 요구한다. 투러우 외벽은 1~2m 정도 두껍고, 1~2층은 창문을 열지 않고, 유일하게 대문만 있어서, 투러우는 견고하여 부술 수 없는 요새가 된다. 민족에 의하여 같이 거주하는 것은 뿌리 깊은 중원 유가의 전통관념이 요구하는 것이며, 더 나아가 힘을 모아, 같이 외적으로부터 방어해야 하는 현실이 그렇게 만들었다. 민족에 의하여 거주하는 푸젠투러우는 풍부

Vol.7 스피킹심화 본문해석

하고 다채로운 작은 사회와 같다. 투러우는 일반적으로 두, 세 고리로 구성되어 있고 고리 하나하나가 겹쳐 있다. 바깥 고리의 일층은 주방과 식당이고, 이층은 창고, 삼, 사층은 거실이다. 두 번째 고리는 일반적으로 객실이고, 중간은 사당이므로 건물내의 몇 백 사람의 결혼, 죽음, 기쁜, 경축의 공공장소이다. 건물 안에 심지어 우물, 욕실, 방앗간과 같은 시설도 있다.

예를 들어, 용딩의 청치로우는 384개의 방이 있고, 사람이 제일 많을 적에는 800 몇 명 살았다. 투로우 안에서 무슨 일이 생기면 모두가 서로 도와주고 이웃간의 화목함을 지킨다. 푸젠투로우는 중국전통 건축 계획의 '풍수' 이념을 흡수하여, 민족이 모여서 사는 생활과 방어적 요구에 적합하면서, 교묘하게 현지의 미개지와 목재, 조약돌 등의 건축 재료를 이용하여, 절약, 견고함, 방어성의 특징을 갖추고 있다. 또한 생흙 고층 건축 유형의 아름다움을 아주 많이 갖고 있다. 이러한 유일한 산간구역의 주민 거주 건축은 중국의 민간 건축문화를 세계에 널리 알릴 것이다.

12과 본문 ①

샤오리: 최근 회사에 일이 너무 많아, 오늘 이렇게 너하고 한잔 하는 것도 참 쉽지 않아.

샤오쉬: 그러게 말이야, 몇 번이나 너를 초대했는데.

샤오리: 요즘은 비상 시기니까. 우리 회사가 최근 업무조사를 진행하려고 해, 그래서 다들 근무 이외에도 조사진행을 준비하느라 매우 바빠.

샤오쉬: 어쩐지. 너희 회사는 꽤 엄격하네, 사흘이 멀다 하고 조사하고. 하지만 달리 말하면, 그렇기 때문에 너희 회사의 실적이 매년 오를 수 있는 거겠지.

샤오리: 실적이 아무리 높아도, 우리 직원들도 매일 사장의 눈치를 살피면서 하루하루를 보내야 되니, 정말 참을 만큼 참았어.

샤오쉬: 그래도 어쩔 수 없지, 당장 사직할 수 없는 노릇이잖아. 넌 자신의 십 년 후가 어떻길 바래? 내 계획은 십 년 후 베테랑 인력자원관리사가 되는 거야. 조금 더 괜찮게 인력자원관리 일에 종사하고 싶어.

샤오리: 넌 정말 대단하네! 같은 일을 십 년이나 하는데 질리지도 않을까?

샤오쉬: 흥미를 가지고 한다면야 십 년도 질리지 않지. 너도 직업을 흥미로 바꿔 봐, 도움이 될 지도.

샤오리: 이런 얘기 그만하자, 밥 다 먹고 노래방이나 가자!

샤오쉬: 난 아마 못 갈 거 같아, 집에 돌아가서 업무조사 준비해야 되.

샤오리: 가자, 가자. 흥을 깨지 말라고! 게다가, 고작 하루 밤 밖에 차이 나지 않아.

12과 본문 ②

중국증권관리위원회 주임 치빈: 중국경제의 지난 십년간 발전은 여전히 쉽지 않았다. 고성장을 30년 하였고, 지난 10년을 되돌아 보면 매우 관건이었지. 왜냐하면 세계가 조류를 잘못 탔고. 서방국가들에게는 이렇게 큰 위기가 닥쳤지만, 중국은 상대적으로 안정적인 성장을 유지했어. 예를 하나 들어보자면, 우리는 원래의 G7에 대해서 알고 있지, "칠 국 그룹" 말이야. 그 그룹은 자주 회의를 하는데, 무엇을 연구하는지 우리는 모르고, 마지막에 어떠한 결의가 형성되었는지도 우리에게 알려주지 않아. 중국이 그 안에 포함되어 있지 않기 때문이야.

그 후로 "G7+2"로 확대되었는데, 여전히 중국과는 별 관련이 없었어. 금융위기 이후, G2라는 게 생겨, 세계에서 두 개의 국가만이 중요한데 하나는 중국, 하나는 미국이라고 하지. 심지어 중국이 미국보다 더 중요하다고 해. 왜 그럴까? 왜냐하면 중국은 성장을 대표하기 때문이야. 전 세계에서 유일하게 G2를 인정하지 않는 국가가 있어, 누구냐고? 중국 본인이지. 절대로 나를 G2라고 말하지 말라고 하고 싶어. G2라고 불리기 시작하면 UN에 기부해야 하는데 이는 자본금이 꽤 높지. 하지만 중국의 능력은 이미 확실하고, 우리는 자부심을 가질 수 있다고 말할 수 있어.

미래의 10년은 어떠한 모양일까? 우리는 지금 국민 평균 GDP는 $4000인데, 적게 예측하여도, 적어도 매년

Vol.7 스피킹심화 본문해석

7%의 성장을 10년간 유지하면 10년 후에는 정확히 곱절이 되어 있을 거야.

한 번 곱절이 되면 $8000이고, 만약 그 사이에 인민폐가 20% 절상하면 $10000이다. 그러므로 2020년 즈음에는, 중국인의 평균 GDP는 미국의 사분의 일이 되고 인구는 정확히 네 배가 된다.

그러므로, 중국 경제의 총량이 2020년 전후에 미국을 넘어설 수 있을 거라 기대돼. 이러한 사실은 중국에게 매우 중요하지. 왜냐고? 첫째, 중국은 전 세계 제일 큰 경제대국이 되지. 비록 우리는 우리의 사람당 평균 GDP가 미국의 사분의 일 밖에 되지 않는다는 것을 명확히 알고 있지만.

둘째, 중국은 인당 $10000에 도달하게 되면, 우리는 조금 더 심층적인 개혁을 추진할 기회가 생겨. 어떤 의미에서는 중간층의 발달국가의 함정에서 돌파할 수 있는 거지. 그러하여 미래의 10년은 안정을 유지하고, 안정적이고 건강한 성장이 어떻게 봐서도 중국에게 가장 중요해.

연습문제 답안

제1과

1. 听力内容:

今天早上小李见到了明辉,那时明辉却哈欠连天的。原来明辉昨天晚上玩了很长时间的电脑游戏,所以这么累。小李不太喜欢上网,他平时只用电脑查找信息、收发电子邮件和聊天。但是明辉说,上网也可以成为一种职业。原来他说的是做博主写博客。博主可以通过自己的博客上发布试用新产品的心得来获得经济收益。小李鼓励明辉不要只玩游戏,也可以考虑一下自己做博主。明辉也觉得这个主意很不错。

1) 小李上网的原因是什么?
2) 关于这篇文章,我们可以知道什么?

정답: 1) C 2) C

2. 听力内容:

记者: 现在我们向大家介绍一下,这位坐在我身边的就是珠宝制造商卡地亚国际集团(Cartier)的总裁博尔纳·佛纳斯。
总裁: 大家好。
记者: 您能给我们介绍一下贵公司在中国的市场吗?
总裁: 我们公司在中国的市场很大。我觉得中国人在奢侈品的消费上非常有潜力。到2020年,中国人的消费能力有可能超过美国。
记者: 那中国人主要通过什么途径购买卡地亚珠宝呢?
总裁: 除了一般的购买途径,他们也会在网上购买。因为网购的价格比较便宜,所以也很受欢迎。
记者: 您觉得在中国,人们为什么喜欢购买奢侈品呢?
总裁: 中国人购买奢侈品主要是注重奢侈品的品牌价值,而不是商品本身价值。大多中国消费者购买奢侈品是为了让别人知道他的价值。以奢侈品来攀比和证明自己的财富能力以及社会地位。
记者: 原来是这样,也就是说大部分的中国消费者认为奢侈品是用来社交的重要标志,而只有一小部分人购买奢侈品是出于自我、侧重品牌文化和设计师理念的。对吗?
总裁: 是的。

정답: 1) X 2) O 3) X 4) X

3. 废寝忘食: 夜深了,小明依然在卧室里废寝忘食地读书。
一举两得: 运动既可以锻炼身体,又可以减肥,真是一举两得!
眼红: 他的生意一天比一天红火,让那些曾经嘲笑过他的人眼红。
随着: 随着社会的发展,人们的生活水平也逐渐提高。
日益: 看着自己的妻子日益憔悴,他急得不知道该怎么办才好。
攀比: 我们不应该和别人攀比物质生活。
理念: 这件产品的设计理念十分新颖。

4. b, a, e, c, d

5. 1) A 2) C 3) B

제2과

1. 听力内容:

小刘昨天在下班的路上出了交通事故,他的车和前面的车追尾了。小刘伤的不严重,他自己也没有觉得不舒服。但是医生告诉他,一定要做详细的检查。老张早上听说了这个消息,急忙来到医院看望小刘。小刘躺在床上不方便起来,老张让他不要客气,好好躺着休息。他还告诉小刘,发生交通事故后一定要仔细检查,不然将来会留下后遗症。小刘也同意老张的话。老张让小刘不要担心工作,他的工作已经交给别的同事暂时代替了。老张没有来得及买水果,正准备去买,可是小刘不让老张去,因为已经有很多人给他送水果了。

1) 老张和小刘的关系是?
2) 关于小刘,下面哪个说法是正确的?

연습문제 답안

정답: 1) A 2) C

2. 听力内容:
主持人: 张医生, 您好。今天请您来我们节目做客, 是想让您给大家讲讲去医院探病时的礼仪问题。
张医生: 是啊, 是人就都会生病。在别人生病的时候去医院探病, 不仅能给病人带去鼓励, 而且能使人与人之间的关系更加亲密。
主持人: 那么, 我们去探病时应该注意哪些问题呢?
张医生: 首先, 应该提前告诉病人或家属, 确定对方也有时间了才可以去。
主持人: 哦, 那我们去探病时应该送给病人什么礼物呢? 您觉得鲜花怎么样?
张医生: 如果送颜色太浓艳的花, 会刺激病人的神经, 激发烦躁情绪。而且有的病人还可能因为花粉刺激呼吸道而过敏。
主持人: 啊, 看样子礼物还真是很重要, 还是选一些水果及营养品比较好。
张医生: 不光是礼物重要, 有些女孩子去医院探病的时候穿着不合体。而且穿着高跟鞋, 走路的声音特别大, 这样十分影响病人和其他人的休息。
主持人: 对, 在医院也不应该大声讲话。那探病多长时间比较合适呢?
张医生: 一般十五分钟就可以了, 如果比较亲近可以不超过半个小时。因为时间长了也会影响病人和其他人的休息。
主持人: 看样子, 这探病的礼节还真不少呢。

정답: 1) X 2) X 3) O 4) X

3. ……不说, 不是……: 这样做浪费钱不说, 不是也没有效果嘛。
交代: 他特别交待小李不要迟到。
人之常情: 他这么做也是人之常情, 你就别怪他了。
不宜: 晚上睡觉前不宜喝咖啡。
一方面……另一方面……: 我一方面希望他来, (但)另一方面又怕见到他。
难免: 他昨天没有睡好, 今天难免会打瞌睡。
避免: 我们应该吸取这次的教训, 避免再次发生同样的错误。

4. c, f, a, e, d, b

5. 1) B 2) A 3) B

제3과

1. 听力内容:
文思昨天去逛街的时候, 在服装店看到了一件驼色大衣, 她很相中。老板说这件大衣十分流行, 而且别的地方没有这种颜色。文思试了试, 样子和颜色都很不错, 只是腰部有一点儿大。可老板说这一件是最小号的。这件大衣是羊绒做的, 所以既轻巧又暖和。文思虽然觉得这种大衣洗的时候需要送到干洗店去, 十分麻烦, 但是因为很喜欢, 最后还是决定买下来。她让老板给她开了一张发票, 因为她怕衣服有什么毛病。

1) 关于这件大衣, 下面哪个说法是正确的?
2) 关于文思, 下面哪个说法是正确的?

정답: 1) C 2) B

2. 听力内容:
A: 你知道中国有个少数民族叫做苗族吗?
B: 当然知道啦, 而且我还知道苗族的服装有上百种样式呢。
A: 是吗, 那他们的服饰都有哪些呢?
B: 他们的服饰根据性别、年龄、婚否可以分成很多种。大致也可以分为童装、男装和女装。
A: 男装也和女装一样色彩鲜艳吗?
B: 不是的, 男装色彩和装饰都比较单调。
A: 那女装呢?

연습문제 답안

B: 女装可以分成平时的便装和节庆时穿的盛装, 盛装比便装鲜艳多了。
A: 我看电视上苗族的女性都穿百褶裙, 是吗?
B: 没错, 女性主要穿用棉、麻、毛等料子做的百褶裙, 颜色主要有红、蓝、黄、白、黑色等。上面有各种线条和花纹。
A: 听说这些图案也是有含义的, 是吗?
B: 没错, 苗族服装中的图案, 有的代表河流和山路, 有的代表城市和天地。
A: 听你这么说, 这些服装还挺神秘的。
B: 是啊, 这也正是苗族服饰的独特魅力啊。

정답: 1) X 2) X 3) O 4) X

3. 眼光: 他挑女朋友的眼光很高。
   流行: 这种款式去年已经流行过了。
   省心: 他从小就很爱学习, 让大人很省心。
   毛病: 工厂的机器出了毛病。
   就算……也……: 就算再给你一个星期的时间, 你也做不完。
   象征: 兰花是君子的象征。
   独特: 他的爱好十分独特。
   神秘: 谁也不知道海底是一个怎样的神秘的世界。
   魅力: 张教授不仅课讲得好, 而且人也十分有魅力。
   堪称……之最: 上海的房价堪称全国之最。

4. d, a, b, c, e

5. 1) B 2) D 3) C

제4과

1. 听力内容:

上周的文学鉴赏课学习了中国著名作家罗贯中的《三国演义》, 可是乐乐因为生病没能去上课。留学生志勋小的时候在韩国, 就已经看过《三国演义》的连环画了。乐乐以为志勋最喜欢料事如神的诸葛亮, 可是, 志勋说他喜欢智勇双全的赵子龙! 中国的四大名著除了《红楼梦》, 志勋都看过了。乐乐告诉他, 中国有句俗话叫做"少不看水浒, 老不看三国"。志勋不知道为什么这么说。乐乐说, 因为水浒传的故事比较暴力, 会给年轻人带来不好的影响; 而三国演义的故事, 大部分是使用计谋, 老人看三国, 容易变得老奸巨猾。但是志勋不太同意这种说法。

1) 下面关于志勋的说法中, 哪一项是正确的?
2) 关于中国的四大名著, 下面哪一项是正确的?

정답: 1) C 2) B

2. 听力内容:

A: 今天, 我们请张教授给我们介绍一下中国历史上的第一个王朝, 夏朝。张教授夏朝距今已经多少年了呢?
B: 夏朝距今大约有四千年的历史了。
A: 那我们可以通过什么方法了解夏朝呢?
B: 因为至今仍未发现任何原始的文献与文字记载, 所以, 今天我们只能从一些典籍及传说中了解夏朝。
A: 夏朝文化的范围有多大呢?
B: 夏朝文化主要是在现在的河南省境内, 其中的代表是二里头村发现的二里头文化。
A: 那个时候还是石器时代吗?
B: 因为发现了大量青铜器、陶器以及宫殿遗址, 所以, 可以说夏朝已经由石器时代进入了青铜器时代。
A: 那个时候的生产力水平怎么样呢?
B: 夏朝的时候, 人们已经掌握了冶金与铸造技术, 生产力水平有了很大提高。
A: 听说从夏朝开始就使用干支纪年了, 是这样的吗?
B: 没错, 这也表明了当时的科学文化水平还是比较发达的。

정답: 1) O 2) X 3) X 4) O

3. 名著: 你能不能给我介绍几本韩国的名著?

연습문제 답안

解释: 请你给大家解释一下这么做的原因。
牵强: 这个说法太牵强了，我不能接受。
负面: 这件事不仅给你自己，给公司也会带来很大的负面影响。
反映: 这次的事故，反映出了公司的问题。
面积: 新房子的面积比现在的大2倍。
遗址: 圆明园遗址是北京有名的景点之一。
提高: 通过反复听磁带，可以提高我们的外语听力水平。

4. c, e, a, b, d

5. 1) D 2) A 3) C

제5과

1. 听力内容:

老张的妻子今天告诉老张，三楼小王的孩子参加了钢琴辅导班。看见别人家的孩子参加了辅导班，老张的妻子也心里痒痒，想让自己的孩子参加。妻子说，父母都希望自己的孩子优秀，不希望自己的孩子输在起跑线上。现在的孩子从幼儿园就开始学英语，小学学美术、学音乐，上了初中就开始各种科目的补习。什么奥数啦、竞赛啦。但是老张不这样想，他觉得，小孩子学那么多东西，没有时间玩儿，连童年都没有，太可怜。妻子说自己开始也是这样想的。不过周围的家长们都拼命地给孩子投资，自己家的孩子没有学，就等于落后了！老张认为，孩子的兴趣应该自己选择，如果家长规定的话，不仅孩子学习不喜欢的东西很痛苦，家长也会跟着操心。老张还说，这些不只是学生和家长的问题，教育体制也很重要。体制不改革，这种现象还是没法改善。

1) 关于参加辅导班这件事，下面哪一项说法是正确的?
2) 关于妻子和老张的看法，下面哪一项是正确的?

정답: 1) C 2) A

2. 听力内容:

A: 乐乐, 中国的学生在进入大学的时候也要考试吗?
B: 当然了, 中国的普通高等学校招生全国统一考试简称高考, 是中国的重要的全国性考试之一。
A: 那中国的高考制度是从什么时候开始的呢?
B: 具体从什么时候开始的我也不清楚, 但是我知道从1966年文化大革命一开始, 高考就都取消了, 直到1971年才逐步恢复招生。
A: 原来是这样啊。既然高考是全国统一考试, 那么考试题目当然应该是全国一样的吧?
B: 其实, 现在的高考是以省为单位的, 虽然名义上为全国统一考试, 但部分试题并不是全国统一的。
A: 中国的高考时间是什么时候呢?
B: 以前中国的高考在7月7、8、9三天举行, 但因为天气实在太热啦, 所以从2003年开始改为每年6月7、8、9日举行。
A: 即使是6月份, 中国很多地方的天气还是很热的。

정답: 1) X 2) X 3) X 4) O

3.
夸张: 这是夸张的说法, 其实他跑得并没有那么快。
可怜: 他从小就没了家人, 十分可怜。
拼命: 他每天拼命工作。
规定: 公司规定员工不能迟到。
逐步: 每个人在成长的过程中逐步形成了自己的世界观。
恢复: 手术后, 她的身体恢复得很快。
焦灼: 站在手术室外, 他一脸焦灼的表情。
干扰: 小军明天就要考试了, 家里静悄悄的, 没人来打扰他。
冷静: 你先别急着决定, 再冷静地想一想。
措施: 对于这件事, 我们应该预先做好保护措施。
确保: 工厂要求每个工人都要接受培训, 确保生产安全。
携带: 飞机上不让携带危险品。
协助: 他协助警察抓住了小偷。

연습문제 답안

4. c, d, a, e, b, f

5. 1) B 2) D 3) A

제6과

1. 听力内容:
妻子让丈夫开完会回家的路上, 去百货店买一支粉底液。丈夫觉得妻子总是让自己跑腿儿, 并且自己对化妆品并不了解。妻子说要不是一周内都很忙, 抽不出时间去百货店, 自己也不会让丈夫帮忙去买。丈夫说其实自己很好奇, 女孩子的化妆品到底有多少种, 妻子说, 化妆品基本分为基础护肤品和彩妆两种。基础护肤品是保护皮肤用的, 而彩妆是用强调色彩的。丈夫觉得做女人真麻烦, 自己只有两瓶化妆品就全都解决了。最后, 丈夫出门后, 妻子才想起来, 忘记告诉丈夫买带有防晒功能的了。

1) 关于丈夫, 下面哪一种说法是错误的?
2) 下面的内容哪一项是正确的?

정답: 1) C 2) B

2. 听力内容:
A: 乐乐, 你觉得最近为什么这么多人整容呢?
B: 我觉得在今天, 整容已经是一种趋势了。因为她们觉得为了美丽付出的代价, 一切都是值得的。
A: 我觉得我还是不能接受整容。
B: 其实关于整容到底好不好? 大家各有理由, 各有利弊, 看的是个人的心态、个人的理解
A: 那你觉得什么情况下可以去整容呢?
B: 应为有些人觉得在工作中, 会因为容貌的变化而拥有更多的发展空间, 在爱情的道路上, 也会有更好的选择, 所以支持整容。
A: 那反对的人呢?
B: 她们觉得"身体发肤, 受之父母", 自己本身最重要。父母给了我们生命, 给了我们容貌, 关于美与丑, 我们是没有权利去改变, 也不应该去改变的。

A: 其实, 我觉得整容还是挺危险的。希望得到的是美丽, 但是如果不能实现, 还是要看自己能否承受得起。
B: 没错。但是有些人, 因为生活中的意外, 如烧伤、车祸所引起的后遗症等, 或是因为容貌, 影响了正常生活的话, 整容还是有必要的。
A: 说到底, 由内而外的美丽, 才是真的美丽。

정답: 1) X 2) X 3) X 4) O

3. 路过: 我路过学校门口的时候看到了张老师。
记: 老师讲的内容你都记在书上了吗?
跑腿儿: 你总是让我帮你跑腿儿。
好奇: 他对新的环境感到十分好奇。
到底: 企鹅到底是不是哺乳动物呢?
趋势: 最近国际原油价格有下跌的趋势。
值得: 这件事不值得你付出这么大的代价。
承受: 你不用一个人承受这么大的压力。
刻意: 照相的时候不要刻意地摆姿势。
把握: 你自己的人生还是要靠你自己把握。
反而: 你觉得自己严肃的时候更帅吗? 其实你笑的时候反而更好看。
遗憾: 做你现在想做的事, 不然将来会感到遗憾。

4. c, e, a, b, d

5. 1) C 2) B 3) A

제7과

1. 听力内容:
下个星期就是东东的生日。不过东东最近事儿特别多, 忙得脚打后脑勺, 自己也差点儿忘了。乐乐说今年是东东的本命年, 为了给东东庆祝生日, 想找几个朋友一起热闹热闹。但是东东觉得, 每年都是和朋友们吃饭聚会, 热闹是热闹, 可是总觉得缺了点什么。乐乐建议东东今年的生日换个新花样。比如和

연습문제 답안

家人一起过一个温馨的生日。东东觉得这个主意不错。而且想借这次的机会送个礼物好好谢谢妈妈。但是, 东东觉得自己给妈妈送什么礼物都不能表达感谢的心意。最后还是乐乐决定帮东东一起准备。

1) 关于乐乐, 下面哪一个说法是正确的?
2) 关于东东, 下面哪一个说法是错误的?

정답: 1) A 2) B

2. 听力内容:

A: 乐乐, 请柬是什么啊?
B: 请柬是在我们邀请朋友、合作伙伴等参加各种活动时使用的一种书信。
A: 如果要邀请朋友, 打电话就可以了, 为什么要用请柬呢?
B: 一般的非正式活动打电话也可以, 但是如果是正式场合, 我们要表达对客人的尊重和我们的郑重其事, 那么就要用到请柬。
A: 也就是说请柬是用于邀请客人参加正式的活动时常用的通知性礼仪书信啦。
B: 对, 使用请柬, 既可以表示对被邀请者的尊重, 又可以表示邀请者对此事的郑重态度。
A: 那应该什么时候给客人发送请柬呢?
B: 请柬发送的时间要认真考虑, 不要发送过早, 发送过早客人容易忘记; 也不要发送太迟, 太迟了会造成客人措手不及。
A: 哦, 我明白了。对了, 我以前见过结婚请柬, 上面的汉字是竖着写的!
B: 对, 请柬的文字排列有横排和竖排两种, 竖排富有民族特色, 横排则是一种更为大众化的形式。
A: 那请柬的内容应该怎么写呢?
B: 从形式上看, 请柬一般由标题、称呼、正文、结尾、落款五部分构成。这里面可就更复杂啦。

정답: 1) X 2) X 3) O 4) X

3. 特点: 这个歌手没有什么特点。
   缺: 我觉得这个菜缺一点儿盐。

惊喜: 他突然出现在我面前给我了一个惊喜。
表达: 我更喜欢用文字表达感情。
邀请: 他邀请我去参加明天晚上的舞会。
郑重: 他郑重地通知我, 我已经被录取了。
措手不及: 事情的发展让他措手不及。
得体: 今天有一个重要的会议, 她的衣服非常得体。
讲究: 我们家里没有那么多讲究, 你随便坐。
通俗易懂: 好的文艺作品应该通俗易懂。
风格: 这幅画一看就知道是他画的, 很有他的风格。

4. d, b, a, e, c

5. 1) A 2) B 3) D

제8과

1. 听力내용:

乐乐今天一整天都坐立不安的。原来她明天就要去参加公司的报告发表了, 有些紧张。不过她的朋友世云比较有经验, 可以帮帮她。乐乐让朋友先帮自己挑衣服。朋友挑了一件黑色的套装, 因为发表时第一印象很重要, 所以衣服要稳重大方。乐乐问朋友, 发表的时候大家会问什么问题。朋友说一般都会问一些基本的情况。让她不要紧张。朋友还告诉了乐乐一些注意事项。比如, 大家可能询问她对计划的了解, 个人能力以及这个计划可以为公司带来哪些效益。朋友说, 只要摸清了听众的意图, 发表也就不那么难啦。乐乐检查了一下必备品, 结果发现自己没有 合适的衬衫。 朋友把自己妹妹的衬衫借给了乐乐。虽然不知道尺码合适不合适, 不过只能先凑合一下了。

1) 关于乐乐的朋友, 下面哪一项是错误的?
2) 下面哪一项与对话内容不一致?

정답: 1) A 2) C

연습문제 답안

2. 听力内容:

A: 乐乐, 听说中国的海归有30%以上存在就业问题, 40%感觉自己的职业方向出错, 真的吗?

B: 是的, 这是现在中国海归存在的问题。

A: 如果是海归的话, 就业不会容易一些吗?

B: 其实, 国内的企业现在都比较现实, 在选择人才时也不会只看你是不是海归, 而且公司为了节约成本, 更愿意招收拥有一定工作经验的应聘者。部分海归空有理论知识而无实践经验, 所以只能变成"海待"了。

A: 嗯, 而且有些学生在选择出国留学的专业时, 没有考虑到将来的就业问题, 只是凭着一时兴趣来决定, 结果导致所学专业在国内用不上, 对吧?

B: 是啊, 而且大部分海归期望高工资、高职位, 而对自己所具备的能力并不清楚, 大都愿意选择在一些大城市和大企业, 本来这些城市和企业的竞争就非常激烈, 结果就导致了"海归"就业高不成低不就的局面。

A: 看样子, 海归就业还真的不能好高骛远呢。

B: 对, 专家也说好工作还需要工作经验、个人素养、个人经历等多种重要因素。"海待"应该先谋取职位再来求薪金水平才是最佳的选择。

정답: 1) X 2) X 3) O 4) O

3. 坐立不安: 他一听到这个消息就坐立不安。

发愁: 你别发愁了, 发愁也不能改变什么。

印象: 他给我留下的第一印象很好。

意图: 要想回答这道题, 首先应该理解这篇文章的意图。

凑合: 他一个人住, 吃饭也经常凑合。

期望: 家里人对他的期望很高。

导致: 你的错误导致了这件事的失败。

在意: 你说什么他并不在意。

尴尬: 如果你现在去告诉他这件事, 只会让大家更尴尬。

初衷: 希望大家不要忘记我们的初衷, 继续努力!

构成: 眼镜是由镜片和眼睛架构成的。

4. b, e, a, c, d

5. 1) B 2) A 3) A

제9과

1. 听力内容:

这几天天气使越来越暖和, 能感觉到春天来了! 但是这个季节发生沙尘暴的可能性比较大。沙尘暴其实不是只有沙子, 而是沙尘。也就是说, 除了沙子还有比沙子更加细小的尘土颗粒。这种沙尘天气对人体是有很大危害性的。除了对人体有害以外它对于作物的生长也是有害的。不过这种沙尘天气也不是只有害处, 研究结果表明, 碱性的沙尘在进入大气候可以中和空气中的酸性物质, 达到抑制酸雨的效果。并且能把从沙漠地带带走的养分落入海洋, 可以为鱼类提供部分养分。不过总体而言, 还是弊大于利。说到底, 这仍然是一种自然灾害。人们对于这种自然灾害并不是束手无策, 虽然人力没有办法改变风向和风力, 但是可以通过植树造林来保持水土, 防止土地沙化的现象。这样也能减少沙尘暴。

1) 对于沙尘暴的描述, 下面哪一项是错误的?

2) 下面哪一项与听力内容不一致?

정답: 1) A 2) C

2. 听力内容:

A: 乐乐, 你知道现在我们的地球上都有哪些环境问题呢?

B: 环境问题多种多样, 归纳起来有两大类: 一类是自然演变和自然灾害引起的原生环境问题, 也叫第一环境问题。如地震、洪涝、干旱、台风、崩塌、滑坡、泥石流等。

A: 啊, 那我知道了, 还有一类是人类活动引起的次生环境问题, 也叫第二环境问题, 对嘛?

B: 没错, 不过大家最熟悉的还是全球变暖问题啦。

A: 全球变暖是指全球气温升高吗?

B: 对, 进入八十年代后, 全球气温明显上升。1981~1990年全球平均气温比100年前上升了0.48℃

연습문제 답안

呢。这是因为人类在近一个世纪以来大量使用矿物燃料，排放出大量的温室气体。全球变暖既危害自然生态系统的平衡，更威胁人类的食物供应和居住环境。
B: 我知道还有一个环境问题是臭氧层破坏，对吧?
A: 嗯，在地球大气层的平流层里存在着一个臭氧层，它能够吸收紫外线，挡住太阳紫外辐射对地球生物的伤害，保护地球上的一切生命。
B: 这么重要的臭氧层，却因为人类生产和生活所排放出的一些污染物遭到破坏，真得太可惜了。
A: 还有一种叫做酸雨，如果受到酸雨的危害，会出现土壤和湖泊酸化、植被和生态系统遭受破坏、建筑材料、金属和文物被腐蚀等等一系列严重的环境问题。

정답: 1) X 2) O 3) O 4) X

3. 危害: 吸烟危害健康。
   益处: 在家里养植物有很多益处。
   效果: 我吃这种药没有什么效果。
   束手无策: 看着公司变成了今天这个样子，他却束手无策。
   归纳: 父母应该从小就培养孩子的归纳能力。
   威胁: 泥石流使人民群众生命财产受到威胁。
   腐蚀: 这种物质能够腐蚀钢铁。
   盆地: 四川盆地位于中国的西南部，气候宜人。

4. c, a, e, b, d

5. 1) C 2) B 3) B

제10과

1. 听力内容:
今天，小张要去外地出差，他让妻子帮他去通信公司查一下电话费的余额。虽然上个星期刚刚交了100块钱，不过就剩29块了。妻子觉得刚过了没几天，并且也没有使用漫游功能，怎么会只剩29元呢? 通信公司的职员说，如果有疑问可以打印通话记录，但是需要机主本人来，或者提供机主本人的身份证才可以。今天小张的妻子没有带，只好下次来的时候再查了。因为没有带小张的身份证，妻子也没能更换通话套餐，只是又交了100块电话费。今天通信公司做活动，可以凭充值的缴费单抽奖。小张的妻子今天早上看报纸，说是属马的人今天有财运，她觉得自己应该去试试手气。
1) 下面哪一项与听力内容不一致?
2) 关于小张的妻子，下面的哪一项内容不正确?

정답: 1) B 2) A 3) O 4) X

2. 听力内容:
A: 小金，最近中国的年轻人都喜欢什么啊?
B: 别人我不知道，不过我周围的朋友都很喜欢电子产品。
A: 嗨，我儿子也是一个"数码电子控"，每天满身武装着各式各样的电子产品，什么耳麦啦、蓝牙啦、U盘啦，还有些东西我都不太懂。
B: 现在的年轻人对那些高科技的电子产品更有兴趣，大到世界名牌的手机、电脑、音响、MP3，小到音质好的耳机，只要一发现就想买，可玩不了多长时间就没什么兴趣了，更换的频率十分快。
A: 我要是看啊，这就太浪费了。比如说这手机，我儿子买了好多颜色，形式不同的手机壳。我看起来都差不多，能用就行呗。
B: 呵呵，近两年来，手机不光是通信工具了，已经成为了年轻人彰显时尚、个性的饰品啦。
A: 不光是手机，最近我儿子天天让我给他买新电脑，唉。
B: 电脑当然很重要啦。现在的年轻人喜欢拍了数码相片，上传在自己的博客里，或者通过电子邮件和互联网进行传阅，彰显自己的个性嘛。
A: 其实不光年轻人，连我们这些年龄大的人也觉得数码时代方便多了。
B: 没错，现在衣、食、住、行、用，生活的各个领域几乎都和电子产品有关，很多人通过网上购物足不出户，轻松购物。

연습문제 답안

A: 方便是方便，不过也不能对电子产品产生依赖，偶尔尝试脱离现代技术的生活，也可以可以体会到不同的快乐嘛。

정답: 1) X 2) X 3) X 4) O

3. 出示: 乘坐火车的时候一定要先出示车票才行。
   异议: 我知道你有异议，但你不应该在大家面前直接说，这样他会没面子的。
   配合: 这次的工作需要公司各个部门之间互相配合才能完成。
   反: 我今天早上起来的太晚了，差点儿迟到，连衣服都穿反了。
   热衷: 他这个人非常热衷于公益活动。
   时髦: 这件衣服你穿的话肯定特别时髦。
   普及: 现在笔记本电脑在大学生中已经是非常普及的电子产品了。
   依赖: 你不能一直依赖家里的帮助，自己也得努力工作啊!
   避免: 为了避免危险情况的发生，我们今天再检查一遍设备吧。
   沉迷: 他天天沉迷在电脑游戏中，连学校也不去。
   体会: 你的心情我能够体会，不过我还是不能帮你这个忙。

4. d, a, e, b, c

5. 1) B 2) B 3) D

제11과

1. 听力内容:
公司的同事小李去参加了文化之旅，去了苏州园林、汉中古栈道和恒山的悬空寺。他说苏州园林虽然不比颐和园的宏伟，但是玲珑古典、别有风韵。并且使用缩景等艺术手段，无论你站在哪儿，看到的都是一幅美景。人工建筑和自然风景水乳交融。而汉中古栈道是架设在悬崖上一种道路。古时候的人们在岩石上开凿一个洞口，里面插入木桩，然后在下面用斜木梁加固成稳定的三角形，上面再铺上木板就可以行走了。远远看去栈道就好像是一条悬空的道路一样，十分惊险。栈道看起来十分惊险，但在过去，栈道是关中入蜀的必经之路，十分重要。不仅如此，它的军事作用也是非常重要的。有了它，那真叫一夫当关，万夫莫开。最后小李去了恒山悬空寺。栈道和悬空寺比起来那真是小巫见大巫! 其实悬空寺的原理和栈道有些相似，它利用木石支架和力学的原理，在悬崖绝壁上支撑建造起了四十多间房屋。

1) 关于栈道、苏州园林和悬空寺的说明，哪一项是不正确的?
2) 下面哪一项与听力内容不一致?

정답: 1) B 2) B

2. 听力内容:
小崔: 小李, 你知道中国的客家建筑——土楼吗?

小李: 嗯，了解一些。大多数为福建客家人所建，故又称"客家土楼"。它以历史悠久、规模宏大、结构奇巧、功能齐全著称，具有极高的历史、艺术和科学价值，还被叫做"东方古城堡"呢。怎么，你有兴趣?

小崔: 是啊，这次老板好不容易同意我休假，我正考虑去哪儿旅游呢。

小李: 那去看看客家土楼还是挺不错的。它产生于宋元，成熟于明末、清代和民国时期。历史已经非常悠久了。

小崔: 客家人怎么会想到建造这种建筑的?

小李: 因为以前的山区，人烟稀少，还有很多野兽和盗匪。房屋必须有防御功能才行，土楼外墙厚一至二米，一二层不开窗，像堡垒一样，十分坚固。土楼里还有装置能够防火攻、紧急逃生，十分科学。

小崔: 这么厉害! 那住在里面舒服吗?

小李: 土楼具有防震、防火、防盗以及通风采光好等特点。由于土墙厚度大，隔热保温，冬暖夏凉。

小崔: 哇! 真是太让人惊讶了!

小李: 福建土楼能居住好几百人，就像是个丰富多彩的小社会。有厨房、餐厅、仓库、卧室、祠堂、甚

연습문제 답안

至还有水井、浴室、磨房等设施。

小崔: 原来土楼的设施这么齐全啊!

정답: 1) X 2) X 3) X 4) O

3. 名不虚传: 都说茅台是中国名酒,今天一喝果然名不虚传。

   陶醉: 他已经完全陶醉在音乐中了。

   惊险: 每个人都经历过惊险的事情,我也不例外。

   结实: 这个箱子看起来非常结实,就把重的东西放在这里吧。

   小看: 你别小看他,人家可是有名的民间艺人呢。

   支撑: 这间屋子仅仅由几根木头支撑着,看起来很危险。

   著称: 雅典作为西方文明的发源地而著称。

   漏: 刚搬家了没几天,房顶就开始漏水了。

   和睦: 能和家人和睦相处比其他的任何事情都重要。

   独一无二: 我很喜欢这件手工做的衣服,这才是真正的独一无二。

4. d, a, e, b, c

5. 1) B 2) B 3) C

제12과

1. 听力内容:

小徐约了小李好几次,小李都没有时间。今天他终于抽出时间和小徐出去喝一杯。因为小李的公司最近要进行业务考核,所以大家天天除了工作还要准备考核,忙得不得了。小徐觉得小李的公司可真够严格的,三天两头地进行考核。不过也正是因为这样,小李公司的业绩才能年年提高。小李觉得业绩再高也没什么用,自己只是一名职员,天天要看着老板的脸色过日子,真有点受够了。小徐觉得人年轻的时候还是要勤奋一些。他的规划是十年后成为一名资深的人力资源管理师。能够更好的从事人力资源管理的工作。小李觉得十年都做同样的事情会很腻。但是小徐说只要对这件事情有兴趣,十年也不会腻的。吃了饭,小徐想和小李去唱K,但是小李说要回家准备考核,可能去不了了。

1) 下面哪一项与内容不一致?
2) 下面哪一项与内容不一致?

정답: 1) B 2) B

2. 听力内容:

A: 主任,您好。能不能请您对中国过去十年的经济发展做一个点评呢?

B: 中国经济过去十年的发展还是非常不容易的。高增长了30年,正好世界在错车,西方出了很大的危机,中国却保持着相对稳定的增长。

A: 您觉得中国现在算是世界上重要的经济大国吗?

B: 那我举一个例子来回答这个问题吧。我们都知道原来的G7,就是"七国集团",中国不在里面。后来扩展了,"G7+2",还是没中国什么事。金融危机之后,出来一个G2,说世界上只有两个国家重要,一个是中国,一个是美国,甚至中国比美国还要重要,为什么? 因为中国代表着增长。全世界现在只有一个国家不承认G2,谁? 中国自己。

A: 哦? 中国自己为什么不承认呢? 被认为是重要的国家有什么不好吗?

B: 中国说千万别叫我是G2,一叫G2还要给联合国捐钱,成本比较高。但是通过这件事,我们可以知道,中国的实力已经非常清楚,所以我们感到非常自豪。

A: 那您能不能和我们谈谈中国未来的经济形势呢?

B: 我们现在人均GDP4000美元,如果保守地预测,就是7%的年增长能够保持10年,10年之后正好翻一番。翻一番就是8000美元,如果其间人民币升值20%,那就是10000美元。所以在2020年左右,中国人均GDP会达到美国的四分之一,人口正好是美国的4倍。所以说,中国经济有望在2020年前后总量赶上或者超过美国。

정답: 1) X 2) O 3) O 4) X

연습문제 답안

3. 业绩: 因为实行了新的管理制度，所以今年公司的业绩很不错。

   规划: 不仅城市需要规划，我们自己的人生也需要进行提前规划。

   从事: 他从事贸易已经20多年了。

   腻: 他总是每天和我说一样的话，我都听腻了。

   兢兢业业: 老张兢兢业业地为公司工作了40年。

   扫兴: 本来我们今天要去爬山的，可是突然下雨了，真是扫兴。

   关键: 高三是每个学生最关键的时期。

   相对: 相对我爸爸来说，妈妈已经很和蔼了。

   承认: 我昨天晚上明明看到他去喝酒了，可是他却不承认。

   自豪: 到现在为止，没有几个人能获得这个奖项，你应该感到自豪。

4. d, a, b, e, c

5. 1) C 2) B 3) A

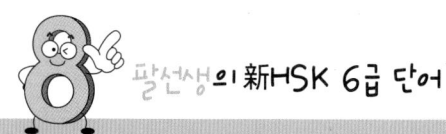

사람과 관련된 어휘

1. 本人 [běnrén] [대] 본인
2. 伯母 [bómǔ] [명] 큰어머니, 아주머니
3. 长辈 [zhǎngbèi] [명] 가족·친척 가운데서의) 손윗사람, 연장자
4. 乘务员 [chéngwùyuán] [명] 승무원
5. 匪徒 [fěitú] [명] 강도, 도적
6. 夫妇 [fūfù] [명] 부부
7. 夫人 [fūrén] [명] 부인
8. 个体 [gètǐ] [명] 개체, 개인
9. 公婆 [gōngpó] [명] 시부모
10. 后代 [hòudài] [명] 후대, 후세, 후손, 자손
11. 华侨 [huáqiáo] [명] 화교 (외국에 거주하는 중국인)
12. 后勤 [hòuqín] [명] 후방 근무, 병참 보급 근무 (작업) 후방 근무자 [동] 후방 근무하다
13. 患者 [huànzhě] [명] 환자
14. 家伙 [jiāhuo] [명] 녀석, 자식, 놈
15. 家属 [jiāshǔ] [명] 가족
16. 间谍 [jiàndié] [명] 간첩
17. 流氓 [liúmáng] [명] 건달, 부랑자
18. 乞丐 [qǐgài] [명] 거지
19. 人家 [rénjiā] [대명사] 남, 타인
20. 人质 [rénzhì] [명] 인질
21. 嫂子 [sǎozi] [명] 형수, 아주머니
22. 绅士 [shēnshì] [명] 신사, 젠틀맨
23. 神仙 [shénxiān] [명] 신선, 선인
24. 双胞胎 [shuāngbāotāi] [명] 쌍둥이
25. 同胞 [tóngbāo] [명] 동포, 친형제 자매
26. 同志 [tóngzhì] [명] 동지, 동무
27. 娃娃 [wáwa] [명] (갓난) 아기, 어린애, 인형
28. 武侠 [wǔxiá] [명] 무협, 협객
29. 媳妇 [xífù] [명] 며느리
30. 新郎 [xīnláng] [명] 신랑
31. 新娘 [xīnniáng] [명] 신부
32. 婴儿 [yīng'ér] [명] 영아, 갓난애
33. 渔民 [yúmín] [명] 어민
34. 岳父 [yuèfù] [명] 악부, 장인
35. 贼 [zéi] [명] 도둑, 도적
36. 助手 [zhùshǒu] [명] 조수
37. 祖父 [zǔfù] [명] 조부, 할아버지
38. 伴侣 [bànlǚ] [명] 짝, 동반자, 아내, 남편, 동료
39. 保姆 [bǎomǔ] [명] 보모 (일반적으로 여성을 가리킴)
40. 配偶 [pèi'ǒu] [명] 배필, 배우자
41. 徒弟 [túdì] [동] 도제, 제자, 견습공
42. 诸位 [zhūwèi] [명] 여러분, 제위

인체 부위와 관련된 어휘

1. 疤 [bā] [명] 흉터
2. 臂 [bì] [명] 팔
3. 鼻涕 [bítì] [명] 콧물
4. 部位 [bùwèi] [명] 부위 (주로 사람 몸에 쓰임)
5. 浑身 [húnshēn] [명] 온몸, 전신
6. 颈椎 [jǐngzhuī] [명] 경추, 목등뼈
7. 口腔 [kǒuqiāng] [명] 구강
8. 疲惫 [píbèi] [동] 완전히 지쳐버리다, 지치게하다
9. 屁股 [pìgu] [명] 궁둥이, 엉덩이
10. 拳头 [quántóu] [명] 주먹
11. 腮 [sāi] [명] 뺨
12. 四肢 [sìzhī] [명] 사지, 팔다리
13. 膝盖 [xīgài] [명] 무릎
14. 胸膛 [xiōngtáng] [명] 흉당, 가슴
15. 指甲 [zhǐjiǎ] [명] 손톱
16. 嘴唇 [zuǐchún] [명] 입술의 통칭
17. 喉咙 [hóulong] [명] 목구멍, 인후

건강, 의학, 위생 관련된 어휘

1. 免疫 [miǎnyì] [명] 면역
2. 麻痹 [mábì] [동] 마비되다, 마비시키다, 경계를 늦추다 [명] 마비
3. 麻木 [mámù] [동] 마비되다 [형] (반응이, 생각이) 둔하다
4. 麻醉 [mázuì] [명] [동] 마취(하다)

5. 脉搏 [màibó] [명] 맥박
6. 慢性 [mànxìng] [형] 만성의
7. 解剖 [jiěpōu] [동] 해부하다 [명] 해부
8. 器官 [qìguān] [명] (생물의) 기관
9. 气功 [qìgōng] [명] 기공, 단전호흡
10. 患者 [huànzhě] [명] 환자
11. 清洁 [qīngjié] [형] 깨끗하다, 청결하다
    [동] 깨끗(청결)하게 하다
12. 疲惫 [píbèi] [동] 완전히 지쳐버리다, 지치게 하다
13. 呕吐 [ǒutù] [동] 구토하다 [명] 구토
14. 生理 [shēnglǐ] [명] 생리
15. 衰老 [shuāilǎo] [형] 노쇠하다, 늙어 쇠약해지다
16. 尸体 [shītǐ] [명] (사람이나 동물의) 시체
17. 呻吟 [shēnyín] [동] 신음하다
18. 死亡 [sǐwáng] [명] 사망, 멸망, 파국
    [동] 죽다, 사망하다, 생명을 잃다
19. 苏醒 [sūxǐng] [동] 되살아나다, 소생하다,
    의식을 회복하다, 정신을 차리다
20. 瘫痪 [tānhuàn] [명] [동] 반신 불수(되다), 중풍(들다)
21. 唾沫 [tuòmò] [명] 침, 타액
22. 维生素 [wéishēngsù] [명] 비타민
23. 胃口 [wèikǒu] [명] 위, 식욕
24. 消毒 [xiāodú] [동] 소독하다, 해독을 없애다
25. 性命 [xìngmìng] [명] 목숨, 생명
26. 嗅觉 [xiùjué] [명] 후각
27. 血压 [xuèyā] [명] 혈압
28. 意识 [yìshí] [명] 의식 [동] 의식하다, 깨닫다
29. 隐患 [yǐnhuàn] [명] 잠복해 있는 병, 겉에 드러나지
    않은 폐해 또는 재난
30. 愈 [yù] [동] (병이) 낫다 [형] (~보다) 낫다
31. 症状 [zhèngzhuàng] [명] (병의) 증상, 증세
32. 脂肪 [zhīfáng] [명] 지방
33. 智力 [zhìlì] [명] 지력
34. 智能 [zhìnéng] [명] 지능
35. 智商 [zhìshāng] [명] 지능 지수
36. 肿瘤 [zhǒngliú] [명] 종양
37. 注射 [zhùshè] [명] [동] 주사(하다)

38. 癌症 [áizhèng] [명] 암
39. 保养 [bǎoyǎng] [동] 보양하다
40. 保重 [bǎozhòng] [동] 건강에 주의하다,
    (남의 건강을 바랄 때 씀)
41. 本能 [běnnéng] [명] 본능
42. 哺乳 [bǔrǔ] [동] 젖을 먹이다, 젖을 먹여 키우다
43. 防治 [fángzhì] [동] 예방 치료하다
44. 防疫 [fángyì] [동] 방역하다
45. 腹泻 [fùxiè] [명] 설사
46. 副作用 [fùzuòyòng] [명] 부작용
47. 复活 [fùhuó] [명] [동] 부활(하다)
48. 感染 [gǎnrǎn] [동] 감염하다, 전염되다, 감동시키다
    [명] 감동
49. 疙瘩 [gēda] [명] 종기, 동그란 물건, 쉽게 해결 되지
    않은 문제
50. 骨干 [gǔgàn] [명] 골간, 전체 중에서 주요 역할을
    하는 사람 또는 사물
51. 昏迷 [hūnmí] [형] 의식 불명이다, 인사 불성이다
52. 疾病 [jíbìng] [명] 질병, 병
53. 记性 [jìxing] [명] 기억(력)
54. 健全 [jiànquán] [형] 건강하고 온전하다, 완벽하다
    [동] 정비하다, 갖추다
55. 临床 [línchuáng] [명] 임상
56. 聋哑 [lóngyǎ] [명] 농아
57. 门诊 [ménzhěn] [명] 진료, 진찰
58. 清除 [qīngchú] [동] 깨끗이 없애다
59. 清醒 [qīngxǐng] [형] (정신이) 맑다, 분명하다, 또렷하다
    [동] 정신이 들다, 의식을 회복하다
60. 上瘾 [shàngyǐn] [동] 중독되다, 인이 박이다

외모 묘사와 관련된 어휘

1. 辫子 [biànzi] [명] 땋은 머리, 변발, 약점
2. 风度 [fēngdù] [명] 풍격, 풍모, 훌륭한 태도
3. 风格 [fēnggé] [명] 태도, 풍격, 품격
4. 化妆 [huàzhuāng] [동] 화장하다
5. 僵硬 [jiāngyìng] [형] (몸이) 뻣뻣하다, 경직되어 있다,
   융통성이 없다, 경직되어 있다

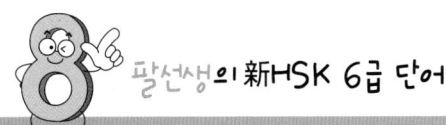

팔선생의 新HSK 6급 단어

6. 面貌 [miànmào] [명] 용모, 얼굴 생김새
7. 面子 [miànzi] [명] 면목, 체면, 얼굴
8. 气色 [qìsè] [명] 얼굴빛, 기색, 안색, 혈색
9. 容貌 [róngmào] [명] 용모, 생김새
10. 神情 [shénqíng] [명] 표정, 안색, 기색
11. 神气 [shénqì] [명] 표정, 안색, 기색
    [동] 으스대다, 뽐내다, 우쭐대다
    [형] 활기차다, 생기가 넘치다
12. 神色 [shénsè] [명] 표정, 안색, 기색, 얼굴빛
13. 神态 [shéntài] [명] 표정과 태도, 기색과 자태
14. 威风 [wēifēng] [명] 위풍, 위엄, 콧대
    [형] 위엄이 있다
15. 眼光 [yǎnguāng] [명] 눈길, 시선
16. 眼色 [yǎnsè] [명] 눈짓, 안목, 보는 눈
17. 眼神 [yǎnshén] [명] 눈매, 눈빛
18. 视野 [shìyě] [명] 시야, 시계
19. 视力 [shìlì] [명] 시력
20. 视线 [shìxiàn] [명] 시선, 눈길, 주의력
21. 姿态 [zītài] [명] 자태, 모습, 태도, 자세
22. 苍白 [cāngbái] [형] 창백하다, 풀이죽다, (왕성한) 생명력이 없다
23. 目光 [mùguāng] [명] 식견, 시야, 눈빛, 눈초리
24. 模样 [múyàng] [명] 모양, 모습, 형상, 용모 상황, 정황
25. 眯 [mī] [동] 실눈을 뜨다, 눈을 가늘게 뜨다, (눈에 티가 들어가서) 일시적으로 눈을 뜰 수 없게 되다

인격, 성격, 묘사와 관련된 어휘

1. 暧昧 [àimèi] [형] (태도, 의도 등) 애매모호하다
2. 安详 [ānxiáng] [형] 침착하다, 묵직하다, 듬직하다
3. 被动 [bèidòng] [형] 피동적이다, 소극적이다, 수동적이다
4. 卑鄙 [bēibǐ] [형] (말, 행동이) 악랄하다, 부도덕하다
5. 草率 [cǎoshuài] [형] 진지하지 못하다, 경솔하다
6. 沉着 [chénzháo] [형] 차분하다
7. 疯狂 [fēngkuáng] [형] 미친 듯하다, 미치다
8. 高尚 [gāoshàng] [형] 고상하다
9. 公道 [gōngdào] [명] 바른 도리
    [형] 공평하다, 합리적이다

10. 恭敬 [gōngjìng] [형] 공손하다, 예의가 바르다
11. 辜负 [gūfù] [동] (호의, 기대, 도움 따위를) 헛되게 하다
12. 固执 [gùzhí] [동] 고집하다 [형] 완고하다, 고집스럽다
13. 果断 [guǒduàn] [형] 과단성 있다
14. 豪迈 [háomài] [형] 씩씩하고 떳떳하다, 늠름하다, 호탕하다, 호쾌하다
15. 和蔼 [hé'ǎi] [형] 상냥하다, 부드럽다, 사근사근하다
16. 好客 [hàokè] [동] 손님 접대를 좋아하다
17. 和睦 [hémù] [형] 화목하다
18. 和气 [héqì] [형] (태도가) 온화하다, 부드럽다, 상냥하다, 화목하다
19. 和谐 [héxié] [형] (배합, 가락 따위가) 잘 어울리다, 조화하다, 화목하다
20. 狠心 [hěnxīn] [동] 모질게 마음먹다
    [형] 모질다, 잔인하다
21. 挥霍 [huīhuò] [동] 돈을 헤프게 쓰다
    [형] (동작) 민첩한 모양, 호방하다
22. 坚韧 [jiānrèn] [형] 강인하다, 단단하고 질기다
23. 可笑 [kěxiào] [형] 가소롭다, 우습다, 익살스럽다
24. 快活 [kuàihuo] [형] 쾌활하다, 즐겁다, 유쾌하다
25. 懒惰 [lǎnduò] [형] 나태하다, 게으르다
26. 牢固 [láogù] [형] 견고하다, 확고하다
27. 冷淡 [lěngdàn] [형] 냉담하다, 무관심하다, 적막하다, 쓸쓸하다
28. 冷酷 [lěngkù] [형] 냉혹하다, 잔인하다
29. 良心 [liángxīn] [명] 양심 [형] 양심적이다
30. 吝啬 [lìnsè] [형] 인색하다, [명] 인색
31. 品德 [pǐndé] [명] 인품과 덕성
32. 品行 [pǐnxíng] [명] 품행, 몸가짐
33. 品质 [pǐnzhì] [명] 품성, 소실, 인품, 품질
34. 平凡 [píngfán] [형] 평범하다
35. 朴实 [pǔshí] [형] 소박하다, 검소하다, 성실하다
36. 谦逊 [qiānxùn] [형] 겸손하다
37. 勤俭 [qínjiǎn] [형] 근검하다, 부지런하고 알뜰하다
38. 人格 [réngé] [명] 인격, 품격, 인품
39. 仁慈 [réncí] [형] 인자하다
40. 认真 [rènzhēn] [형] 진지하다, 착실하다, 진솔하다

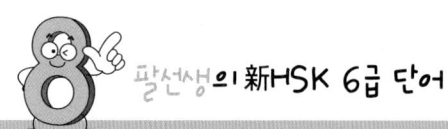

[동] 진담으로 받아들이다, 곧이 듣다
41. 深沉 [shēnchén] [형] 내색하지 않다, 침착하고 신중하다, (목소리가) 낮고 묵직하다
42. 斯文 [sīwen] [형] 우아하다, 고상하다, 점잖다
43. 肆无忌惮 [sìwújìdàn] [성] 제멋대로 굴고 전혀 꺼리낌이 없다
44. 坦白 [tǎnbái] [형] 담백하다, 솔직하다, 허심탄회하다
    [동] 숨김없이 고백하다
45. 外向 [wàixiàng] [형] (성격이) 외향적이다, 대외 지향적이다
46. 顽固 [wángù] [형] 완고하다, 고집스럽다, 보수적이다
47. 顽强 [wánqiáng] [형] 완강하다, 억세다, 맹렬하다
48. 文雅 [wényǎ] [형] (말, 행동 따위가) 고상하고 우아하다, 점잖다
49. 无耻 [wúchǐ] [형] 염치없다
50. 无赖 [wúlài] [형] 무뢰하다, [명] 무뢰한
51. 贤惠 [xiánhuì] [형] 여자가 어질고 총명하다, 품성이 곱다
52. 消极 [xiāojí] [형] 소극적이다
53. 小心翼翼 [xiǎoxīnyìyì] [성] 엄숙하고 경건하다, 거동이 신중하고 소홀함이 없다
54. 孝顺 [xiàoshùn] [동] 효도하다, [형] 효성스럽다
55. 性情 [xìngqíng] [명] (겉으로 드러나는) 성격, 성질, 성미
56. 凶恶 [xiōng'è] [형] (성격·행위·용모 따위가) 흉악하다
57. 严峻 [yánjùn] [형] 위엄이 있다, 가혹하다
58. 严厉 [yánlì] [형] 호되다, 매섭다
59. 野蛮 [yěmán] [형] 야만스럽다, 잔인하다, 난폭하다
60. 毅然 [yìrán] [형] 의연하다 [부] 의연히, 결연히, 단호히
61. 英勇 [yīngyǒng] [형] 영용하다, 영특하고 용맹하다
62. 勇于 [yǒngyú] [형] 용감히, 과감하게
63. 庸俗 [yōngsú] [형] 범속하다, 비속하다, 저속하다
64. 斩钉截铁 [zhǎndīngjiétiě] [성] 결단성 있고 단호하다
65. 真挚 [zhēnzhì] [형] 진지하다, 진실하다
66. 镇定 [zhèndìng] [형] 침착하다, 냉정하다
    [동] 진정시키다 [명] 평정, 안정, 냉정
67. 镇静 [zhènjìng] [형] 침착하다, 냉정하다, 차분하다

68. 郑重 [zhèngzhòng] [형] 정중하다, 신중하다
69. 庄严 [zhuāngyán] [형] (태도·분위기 따위가) 장엄하다, 엄숙하다
70. 庄重 [zhuāngzhòng] [형] (언행이) 정중하다
71. 琢磨 [zhuómó] [동] (옥이나 돌을) 갈다, (학문이나 덕행 따위를) 닦다
72. 尊严 [zūnyán] [형] 존엄하다 [명] 존엄, 존엄성
73. 自满 [zìmǎn] [명] [동] 자만(하다), 자기 만족(하다), 자신만만(하다)
74. 见义勇为 [jiànyìyǒngwéi] [성] 정의를 보고 용감하게 뛰어들다, 의에 용감하다
75. 开明 [kāimíng] [형] (생각이) 깨어 있다, 진보적이다
76. 气味 [qìwèi] [명] 냄새, 성격, 성미, 기질, 성향
77. 任性 [rènxìng] [형] 제멋대로 하다, 제 마음대로 하다
78. 柔和 [róuhé] [형] 연하고 부드럽다

감정 묘사와 관련된 어휘

1. 憋 [biē] [동] (나오지 않게) 참다, 억제하다, 답답하다
2. 感慨 [gǎnkǎi] [동] 감개(하다)
3. 恨不得 [hènbùde] [동] ~못하는 것이 한스럽다, (안타깝다), 간절히 ~ 하고 싶다
4. 欢乐 [huānlè] [형] 즐겁다, 유쾌하다
5. 荒谬 [huāngmiù] [형] 터무니없다, 엉터리이다
6. 荒唐 [huāngtáng] [형] 황당하다, 터무니없다, 방종하다, 방탕하다
7. 悔恨 [huǐhèn] [동] 뼈저리게 뉘우치다(후회하다)
8. 活该 [huógāi] [조동사] (~한 것은) 당연하다
9. 激发 [jīfā] [동] (감정을) 불러일으키다, 끓어 오르게 하다, 분발시키다
10. 激情 [jīqíng] [명] 격정, (억누르기 힘든) 열정, 정열
11. 嫉妒 [jídù] [동] 질투하다
12. 焦急 [jiāojí] [형] 초조하다, 애타다, 안달하다
13. 惊动 [jīngdòng] [동] 방해하다, 놀라게 하다
14. 沮丧 [jǔsàng] [형] 낙심하다
15. 绝望 [juéwàng] [동] 절망하다
16. 渴望 [kěwàng] [동] 갈망하다, 간절히 원하다

17. 可恶 [kěwù] [형] 밉다, 밉살스럽다, 싫다
18. 恳切 [kěnqiè] [형] 간절 [간곡] 하다, 정중하다
19. 流泪 [liúlèi] [동] 눈물을 흘리다
20. 流露 [liúlù] [동] (의사, 감정을) 무의식중에 나타내다
21. 勉强 [miǎnqiáng] [형] 간신히, 가까스로, 억지로
22. 敏感 [mǐngǎn] [형] 민감하다, 감수성이 예민하다
23. 纳闷儿 [nàmènr] [동] 답답하다, 갑갑해 하다
24. 忍耐 [rěnnài] [동] 인내하다, 참다, 견디다
25. 忍受 [rěnshòu] [동] 이겨 내다, 참다
26. 舒畅 [shūchàng] [형] 상쾌하다, 유쾌하다
27. 爽快 [shuǎngkuai] [형] 시원시원하다, 호쾌하다
28. 思念 [sīniàn] [동] 그리워하다, 보고 싶어하다
29. 思绪 [sīxù] [명] 기분, 정서, 생각(의 갈피)
30. 踏实 [tāshi] [동] 마음이 놓이다, 편안하다, (태도가) 착실하다, 실하다, 견실하다
31. 惋惜 [wǎnxī] [동] (남의 불행이나 슬픔에 대해서) 애석해하다, 안타까와하다
32. 无精打采 [wújīngdǎcǎi] [성] 의기 소침하다, 풀이 죽다, 맥이 없다
33. 无动于衷 [wúdòngyúzhōng] [성] 아무런 느낌이 없다, 조금도 동요하지 않다
34. 无忧无虑 [wúyōuwúlǜ] [성] 아무런 근심 걱정도 없다
35. 喜闻乐见 [xǐwénlèjiàn] [성] 기쁜 마음으로 듣고 보다, 기쁘게 반기다 (환영하다)
36. 喜悦 [xǐyuè] [명] 희열, 기쁨
    [형] 기쁘다, 즐겁다, 유쾌하다
37. 巴不得 [bābude] [동] 간절히 바라다, 열망하다
38. 成心 [chéngxīn] [형] 고의적이다
39. 消除 [xiāochú] [동] (걱정이나 장애 등을) 없애다, 제거하다, 퇴치하다, 청산하다
40. 泄气 [xièqì] [동] 화풀이하다
    [동] 기가 죽다, 낙담하다
41. 心疼 [xīnténg] [동] 몹시 아끼다, 애석해하다, 아까워하다
42. 欣慰 [xīnwèi] [형] 기쁘고 안심되다, 위안이 되다
43. 兴高采烈 [xìnggāocǎiliè] [성] 매우 흥겹다, 매우 기쁘다, 신바람나다

44. 兴致勃勃 [xīngzhìbóbó] [성] 흥미진진하다
45. 胸怀 [xiōnghuái] [동] 마음속으로 생각하다
    [명] 포부, 도량, 생각
46. 悬念 [xuánniàn] [동] 마음에 걸리다, 걱정하다, 염려하다
47. 压抑 [yāyì] [명] [동] 억압(하다), 억제(하다)
    [형] (마음이) 답답하다
48. 厌恶 [yànwù] [동] 싫어하다, 혐오하다
49. 摇摆 [yáobǎi] [동] 흔들거리다 [동] (의지나 감정이) 동요하다 [형] 동작이 느리다, 거드름 피며 몸을 흔들다
50. 咬牙切齿 [yǎoyáqièchǐ] [성] 격분하여 이를 (부득부득) 갈다, 몹시 화를 내다
51. 要命 [yàomìng] [동] 목숨을 빼앗다, 죽이다
    [형] 심하다, 죽을 지경이다
    [동] 남을 곤란하게 하다, 애태우게 하다
52. 忧郁 [yōuyù] [동] 근심 걱정하다, 번민하다
    [형] 우울하다, 울적하다
53. 欲望 [yùwàng] [명] 욕망
54. 冤枉 [yuānwǎng] [형] (무고한 죄를 입어) 억울하다, 원통하다, 분하다 [동] 억울한 누명을 씌우다, 억울하게 하다
55. 在乎 [zàihu] [동] 마음에 두다, 개의하다, 문제삼다
56. 在意 [zàiyì] [동] 마음에 두다
57. 知足常乐 [zhīzúchánglè] [동] 만족할 줄 아는 사람은 항상 즐겁다
58. 爱不释手 [àibùshìshǒu] [성] 아끼고 좋아해서 손을 놓을 수 없다
59. 悲哀 [bēi'āi] [형] 슬프다, 상심하다
60. 悲惨 [bēicǎn] [형] 비참하다
61. 沉重 [chénzhòng] [형] (무게, 정도가) 무겁다, 깊다, (마음이) 무겁다
62. 称心如意 [chènxīnrúyì] [성] 뜻대로 되어 마음에 쏙 들다, 생각한 대로 되어서 만족하다
63. 孤独 [gūdú] [형] 고독하다, 외롭다
64. 过瘾 [guòyǐn] [동] (취미, 애호 따위를) 만족하다(시키다), 충족하다(시키다)
65. 后顾之忧 [hòugùzhīyōu] [명] 뒷걱정, 뒷근심

두려움과 관련된 어휘

1. 畏惧 [wèijù] [동] 무서워하고 두려워하다
2. 恐惧 [kǒngjù] [동] 겁먹다, 두려워하다
3. 颤抖 [chàndǒu] [동] 덜덜 떨다, 부들부들 떨다
4. 残酷 [cánkù] [형] 잔인하다, 잔혹하다, 냉혹하다
5. 残忍 [cánrěn] [형] 잔인하다
6. 震惊 [zhènjīng] [동] 몹시 놀라게 하다, 몹시 놀라다

사물이나 사건을 보거나 듣고 느끼는 감정, 생각과 관련된 어휘

1. 雄伟 [xióngwěi] [형] 웅위하다, 우람하다
2. 反常 [fǎncháng] [형] 비정상적이다
3. 古怪 [gǔguài] [형] 기괴하다, 기이하다
4. 一目了然 [yīmùliǎorán] [성] 일목요연하다, 한눈에 훤히 알다[보다]
5. 异常 [yìcháng] [형] 이상하다, 심상치 않다 [부] 특히, 대단히, 몹시 [명] 이상
6. 圆满 [yuánmǎn] [형] 원만하다, 완벽하다, 훌륭하다
7. 崭新 [zhǎnxīn] [형] 참신하다
8. 暗示 [ànshì] [동] 암시하다
9. 别致 [biézhì] [형] 새롭다, 신기하다, 특이하다
10. 诧异 [chàyì] [동] 의아하게 여기다, 이상하게 생각하다
11. 反常 [fǎncháng] [형] 비정상적이다
12. 古怪 [gǔguài] [형] 기괴하다, 기이하다
13. 迹象 [jìxiàng] [명] 흔적, 현상, 기미, 조짐 기색, 눈치
14. 忌讳 [jìhuì] [동] 기피하다, 꺼리다, (안좋을 결과를 염두하여) 금하다 [명] 금기
15. 可观 [kěguān] [형] 대단하다, 굉장하다, 가관이다
16. 空前绝后 [kōngqiánjuéhòu] [성] 전무후무하다
17. 空虚 [kōngxū] [형] 공허하다, 텅 비다, 불충실하다
18. 联想 [liánxiǎng] [명] [동] 연상(하다)
19. 莫名其妙 [mòmíngqímiào] [성] 아무도 그 오묘함을 설명할 수 없다; 영문을 모르다
20. 奇妙 [qímiào] [형] 기묘하다, 신기하다
21. 启示 [qǐshì] [명] [동] 계시(하다) 시사(하다) 계발(하다)
22. 钦佩 [qīnpèi] [동] 탄복하다
23. 潜移默化 [qiǎnyímòhuà] [성] 모르는 사이에 (은연중에) 감화(하다)
24. 奇妙 [qímiào] [형] 기묘하다, 신기하다
25. 神奇 [shénqí] [형] 신기하다, 기묘하다
26. 神圣 [shénshèng] [형] 신성하다, 성스럽다
27. 生疏 [shēngshū] [형] 생소하다, 낯설다, 소원하다, 친하지 않다, 미숙하다
28. 不相上下 [bùxiāngshàngxià] [성] 막상막하다, 차이가 없다
29. 惊奇 [jīngqí] [형] 놀랍고도 이상하다
30. 惊讶 [jīngyà] [형] 놀랍고 의아하다 [동] 경악하다, 의아해하다

빛, 색깔과 관련된 어휘

1. 灿烂 [cànlàn] [형] 찬란하다, 눈부시다
2. 澄清 [chéngqīng] [동] 맑고 깨끗하다
3. 反射 [fǎnshè] [동] 반사하다
4. 粉色 [fěnsè] [명] 분홍색
5. 辐射 [fúshè] [동] 복사하다, 방사하다
6. 光彩 [guāngcǎi] [명] 광채, 명예 [형] 영광스럽다
7. 光辉 [guānghuī] [명] 광휘, 찬란한 빛 [형] 찬란하다
8. 光芒 [guāngmáng] [명] (사방으로 퍼지는) 빛발 혹은 빛
9. 华丽 [huálì] [형] 화려하다
10. 辉煌 [huīhuáng] [형] 휘황 찬란하다, 눈부시다
11. 火焰 [huǒyàn] [명] 화염, 불꽃
12. 火药 [huǒyào] [명] 화염
13. 色彩 [sècǎi] [명] 색채, 색깔, 빛깔, (개개인의) 성향, 편향, (사물의) 정서, 분위기, 경향
14. 闪烁 [shǎnshuò] [동] 번쩍번쩍하다, 반짝이다
15. 乌黑 [wūhēi] [형] 새까맣다, 깜깜하다
16. 鲜明 [xiānmíng] [형] (색채가) 선명하다, 산뜻하고 밝다, (사물의 구별이) 명확하다 명쾌하다
17. 耀眼 [yàoyǎn] [형] 눈부시다
18. 隐约 [yǐnyuē] [형] 은약하다, 분명하지 않다, 은은하다, 희미하다
19. 照耀 [zhàoyào] [동] 밝게 비추다
20. 棕色 [zōngsè] [명] 갈색, 다갈색

21. 斑纹 [bānwén] [명] 얼룩무늬
22. 放射 [fàngshè] [동] 방사하다, 방출하다

인간관계 커뮤니케이션과 관련된 어휘

1. 分明 [fēnmíng] [형] 분명하다
2. 服气 [fúqì] [동] 따르다, 복종하다
3. 尴尬 [gāngà] [형] (입장 따위가) 난처하다, 곤란하다
4. 甘心 [gānxīn] [동] 달가워하다, 만족해하다
5. 寒暄 [hánxuān] [명] 인사말 [동] 인사말을 나누다
6. 号召 [hàozhào] [동] 호소하다
7. 哄 [hǒng] [동] (말로) 속이다, 기만하다, (어린아이를) 구슬리다, 달래다, 어르다
8. 胡说 [húshuō] [동] 터무니없는 말을 하다 [명] 허튼 소리
9. 呼吁 [hūyù] [동] (원조, 지지, 동정 따위를) 구하다(청하다), 호소하다
10. 交往 [jiāowǎng] [동] 왕래하다, 교제하다, 상종하다 [명] 왕래, 교제, 상종
11. 借助 [jièzhù] [동] (다른 사람 또는 사물의) 도움을 빌다, ~의 힘을 빌리다
12. 敬礼 [jìnglǐ] [동] 경례하다
13. 拒绝 [jùjué] [동] 거절하다
14. 看望 [kànwàng] [동] 방문하다, 문안하다, 찾아가다
15. 慷慨 [kāngkǎi] [형] 후하게 대하다, 아끼지 않다
16. 款待 [kuǎndài] [동] 관대하게 대우하다
17. 亏待 [kuīdài] [동] 푸대접하다, 부당하게 대하다
18. 牢骚 [láosāo] [명] 불평, 불만, 푸념 [동] 불평하다
19. 唠叨 [láodao] [동] 시끄럽게 떠들다, 잔소리하다
20. 礼节 [lǐjié] [명] 예절
21. 理睬 [lǐcǎi] [동] 아랑곳하다, 거들떠보다
22. 联络 [liánluò] [명] [동] 연락(하다)
23. 谅解 [liàngjiě] [동] 양해하다, 이해하여 주다, [명] 양해, 이해
24. 留念 [liúniàn] [동] (이별할 때 선물을 주어) 기념으로 남겨두다
25. 留恋 [liúliàn] [동] 떠나기 서운해하다, 그리워하다

26. 啰嗦 [luōsuō] [형] 말이 많다, 수다스럽다 [동] 수다떨다, 잔소리하다, 중언부언하다
27. 慰问 [wèiwèn] [동] 위문하다
28. 亲热 [qīnrè] [형] 친밀하다, 친절하다 [동] 친하게 지내다
29. 请帖 [qǐngtiě] [명] 청첩장, 초대장
30. 请柬 [qǐngjiǎn] [명] 청첩장, 초대장
31. 让步 [ràngbù] [동] 양보하다
32. 融洽 [róngqià] [형] 사이가 좋다, 조화롭다, 융화하다
33. 深情厚谊 [shēnqínghòuyì] [성] 깊고 돈독한 정
34. 示意 [shìyì] [동] (동작·표정·함축된 말 등으로) 의사를 나타내다, 뜻을 표시하다
35. 逝世 [shìshì] [동] 서거하다, 세상을 떠나다
36. 体谅 [tǐliàng] [동] (다른 사람의 입장에서) 알아주다, 양해하다, 이해하다
37. 问候 [wènhòu] [동] 안부를 묻다, 문안 드리다
38. 误解 [wùjiě] [명] [동] 오해(하다)
39. 谢绝 [xièjué] [동] 사절하다, 정중히 거절하다
40. 性感 [xìnggǎn] [명] 성적 매력, 육감 [형] 섹시하다
41. 熏陶 [xūntáo] [동] 훈도하다, (오랜 교제로) 영향을 끼치다 [명] 영향, 훈도
42. 谣言 [yáoyán] [명] 유언비어, 풍설, 요언, 헛소문
43. 依靠 [yīkào] [동] 의지하다, 기대다, 의뢰하다, [명] 의지가 되는 사람이나 물건
44. 依赖 [yīlài] [동] 의지하다, 기대다, 의존하다
45. 依托 [yītuō] [동] 의지하다, 기대다, [명] 의지할 곳, 의지, 근거, 지주
46. 迎面 [yíngmiàn] [동] 얼굴을 마주하다, 얼굴을 향하다 [명] 정면, 맞은편
47. 应酬 [yìngchou] [명] [동] 응대(하다), 교제(하다), 사교(하다)
48. 应邀 [yìngyāo] [동] 초대 또는 초청에 응하다
49. 诱惑 [yòuhuò] [동] 유혹하다, 매혹시키다
50. 指望 [zhǐwàng] [동] (한마음으로) 기대하다 [명] 기대, 가망, 희망
51. 资助 [zīzhù] [동] 재물로 돕다
52. 拜年 [bàinián] [이합동사] 신년을 (맞이하는 것을) 축하하다

53. 赠送 [zèngsòng] [동] 증정하다, 선사하다
54. 不敢当 [bùgǎndāng] [겸양어] 별 말씀을 다 하십니다
55. 分手 [fēnshǒu] [이합동사] 헤어지다, 갈라서다, 이별하다, 결별하다
56. 逢 [féng] [동] (우연히) 만나다, 닥치다
57. 奉献 [fèngxiàn] [동] (삼가) 바치다
58. 辅助 [fǔzhù] [동] 보조하다, 거들다
59. 乾杯 [gānbēi] [동] 건배(하다)
60. 关照 [guānzhào] [동] 돌보다
61. 过问 [guòwèn] [동] 참견하다, 따져묻다, 간섭하다
62. 红包 [hóngbāo] [명] (축의금, 세뱃돈 등을 넣는) 붉은 종이 봉투, (특별) 상여금, 보너스, 용돈, 뇌물
63. 寄托 [jìtuō] [동] 위탁하다, 부탁하다, 맡기다, (기대, 희망, 감정 따위를) 걸다, 두다, 맡다, 의탁하다, 기탁하다
64. 紧密 [jǐnmì] [형] 긴밀하다, 굳다, 밀접하다, 끊임없다, 잦다 [동] 긴밀히 하다
65. 看待 [kàndài] [동] 대(우)하다, 취급하다
66. 络绎不绝 [luòyìbùjué] [성] (사람, 말, 수레, 배 따위의) 왕래가 잦아 끊이지 않다
67. 滔滔不绝 [tāotāobùjué] [성] 끊임없이 흐르다(말하다)

감사, 축하 관련 어휘

1. 致辞 [zhìcí] [동] (의식에서) 연설을 하다
2. 沾光 [zhānguāng] [동] 덕을 보다, 은혜를 입다
3. 奖赏 [jiǎngshǎng] [동] 상을 주다, 포상하다 [명] 상, 포상
4. 奖 [jiǎng] [명] 격려, 표창하기 위하여 주는 영예, 상장, 상품, 상금, 상 [동] 장려하다, 칭찬하다
5. 奖励 [jiǎnglì] [동] 장려하다, 표창하다, 칭찬하다 [명] 장려, 표창, 칭찬
6. 报答 [bàodá] [동] 보답하다, (실제 행동으로 감사함을 표시함)
7. 表彰 [biǎozhāng] [동] (위대한 공적, 장렬한 업적을) 표창하다
8. 过奖 [guòjiǎng] [동] 지나치게 칭찬하다

일처리, 능력에 관한 어휘

1. 精密 [jīngmì] [형] 정밀하다, 세밀하다
2. 精确 [jīngquè] [형] 매우 정확하다, 자세하고 확실하다
3. 精通 [jīngtōng] [동] 정통하다
4. 精心 [jīngxīn] [형] 공들이다, 정성들이다, 심혈을 기울이다
5. 精致 [jīngzhì] [형] 세밀하다, 정교하다
6. 精巧 [jīngqiǎo] [형] 능란하다, 정교하다, 민활하고 교묘하다, 교활하다
7. 兢兢业业 [jīngjīngyèyè] [성] 일을 신중하고 책임감 있게 하다
8. 纠正 [jiūzhèng] [동] 고치다
9. 聚精会神 [jùjīnghuìshén] [성] 정신을 집중하다
10. 决策 [juécè] [동] (방법과 정책을) 결정하다 [명] 결정된 책략이나 방법
11. 愣 [lèng] [동] 어리둥절하다, 멍청히 바라보다
12. 力争 [lìzhēng] [동] (목표에 도달하기 위하여) 매우 노력하다, 힘쓰다, 애쓰다, 격렬히 논쟁하다
13. 留神 [liúshén] [동] 주의하다, 조심하다
14. 落实 [luòshí] [형] (계획, 조치, 통계 숫자 따위가 정확하여) 실행 가능하다 [동] 확실하게 하다, 실현하다
15. 忙碌 [mánglù] [형] 분망하다, 바쁘다
16. 磨合 [móhé] [동] 조사하다, 검토하다
17. 模式 [móshì] [명] 표준 양식, 유형, 패턴, 모델
18. 谋求 [móuqiú] [동] 강구하다, 모색하다, 꾀하다
19. 难能可贵 [nánnéngkěguì] [성] 어려운 일을 해내서 귀하다, 매우 갸륵하다
20. 难得 [nándé] [형] (귀한 물건, 기회 따위를) 얻기 어렵다 [부] ~하기는 어렵다, 드물다
21. 恰到好处 [qiàdàohǎochù] [성] 꼭 알맞다, 꼭 들어 맞다, 지극히 적당하다
22. 千方百计 [qiānfāngbǎijì] [성] 온갖 방법, 계략(을 다하다)
23. 锲而不舍 [qiè'érbùshè] [성] 새기다가 중도에 그만두지 않는다; 인내심을 갖고 일을 계속하다, 한 번 마음만 먹으면 끝까지 해낸다

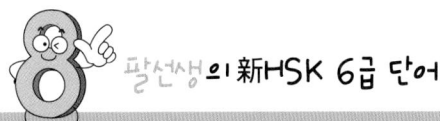

24. 切实 [qièshí] [형] 현실에 부합하다, 착실하다, 성실하다
25. 轻而易举 [qīng'éryìjǔ] [성] 매우 수월하다, 식은죽먹기이다
26. 全力以赴 [quánlìyǐfù] [성] (어떤 일에) 전력 투구하다, 최선을 다하다
27. 确立 [quèlì] [동] 확립하다, 확고하게 세우다, 수립하다
28. 缺口 [quēkǒu] [명] 결함, 흠집, (물질·경비 등의) 부족한 부분
29. 任重道远 [rènzhòngdàoyuǎn] [성] 맡은 바 책임은 무겁고, 갈 길은 멀기만 하다; 책임이 무겁다
30. 慎重 [shènzhòng] [형] 신중하다
31. 杰出 [jiéchū] [형] 걸출하다, 출중하다, 뛰어나다
32. 擅自 [shànzì] [동] (월권하여) 자기 멋대로 하다, 독단적으로 하다
33. 伤脑筋 [shāngnǎojīn] [비유] 골치를 앓다, 골머리를 썩이다, 애를 먹다
34. 失误 [shīwù] [동] 실수를 하다, 잘못하다
    [명] 실수, 실책
35. 施展 [shīzhǎn] [동] (수완이나 재능을) 발휘하다, 펼치다, 보이다, (수단을) 부리다, 취하다
36. 实事求是 [shíshìqiúshì] [성] 실사구시, 사실에 토대로 하여 진리를 탐구하다
37. 泰斗 [tàidǒu] [명] 태산 북두, ~대가, 제일인자
38. 统筹兼顾 [tǒngchóujiāngù] [성] 여러 방면의 일을 통일적으로 계획하고 돌보다
39. 完备 [wánbèi] [형] 완비되어 있다, 모두 갖추다, 완전하다
40. 完毕 [wánbì] [동] 끝나다, 끝내다, 종료하다
41. 挽回 [wǎnhuí] [동] 만회하다, 돌이키다, 되찾다
42. 无比 [wúbǐ] [형] 비할 바 없다, 아주 뛰어나다
43. 无微不至 [wúwēibùzhì] [성] 미세한 것까지 이르지 않음이 없다; 매우 세밀하고 두루 미치다
44. 细致 [xìzhì] [형] 섬세하다, 세밀하다, 공들이다, 치밀하다, 꼼꼼하다
45. 相辅相成 [xiāngfǔxiāngchéng] [성] 서로 보완하고 도와서 일을 완성하다, 서로 도와서 일이 잘 되어 나가도록 하다
46. 想方设法 [xiǎngfāngshèfǎ] [성] 온갖 방법을 생각하다, 갖은 방법을 다하다
47. 心得 [xīndé] [명] 심득, [체험하거나 깨달은 바의 지식·기술·사상 따위를 말함]
48. 心眼儿 [xīnyǎnr] [명] 내심, 마음속, 마음씨, 속마음, 판단력, 식견, 눈치
49. 辛勤 [xīnqín] [형] 부지런하다, 근면하다
50. 新颖 [xīnyǐng] [형] 참신하다, 새롭고 독특하다
51. 一丝不苟 [yīsībùgǒu] [성] 조금도 소홀히 하지 않다, 조금도 빈틈이 없다
52. 一帆风顺 [yīfānfēngshùn] [성] 순풍에 돛을 올리다, 일이 순조롭게 진행되다
53. 优胜劣汰 [yōushènglièiài] [성] 우승열패; 뛰어난 자는 살아 남고 열등한 자는 도태된다
54. 周密 [zhōumì] [형] 주도 면밀하다, 세심하다, 세밀하다
55. 助理 [zhùlǐ] [명] [동] 보조(하다)
56. 拔苗助长 [bámiáozhùzhǎng] [성] 모를 뽑아 빨리 자라게 하다(객관적으로 규칙을 어기고 인위적으로 관여하여 그르치게 되다
57. 半途而废 [bàntúérfèi] [성] (어떤 일을 완성하지 않고) 중도에 그만두다
58. 补救 [bǔjiù] [동] (착오나 실수를) 고치다, 교정하다
59. 才干 [cáigàn] [명] 일을 처리하는 능력, 재주, 재능
60. 不择手段 [bùzéshǒuduàn] [성] 수단과 방법을 가리지 않다
61. 采纳 [cǎinà] [동] (의견, 건의, 요구 등을) 받아들이다
62. 参照 [cānzhào] [동] (방법이나 경험 등을) 참조하다
63. 操劳 [cāoláo] [동] 힘들게 일하다, (힘들여) 처리하다, 애쓰다
64. 策划 [cèhuà] [동] 계획하다, 기획하다, 디자인하다, 구상하다
65. 防止 [fángzhǐ] [동] (나쁜 일을) 방지하다
66. 敷衍 [fūyǎn] [동] (일처리나 남을 대하는 것이) 대충하다, 적당히 얼버무리다, 성의 없이 대하다
67. 胡乱 [húluàn] [부] 대충, 되는대로, 아무렇게나, (제) 멋대로, 마음대로, 함부로

68. 画蛇添足 [huàshétiānzú] [성] 뱀을 그리는데 다리를 그려 넣다; 쓸데없는 짓을 하다, 사족을 가하다
69. 划分 [huàfēn] [동] (전체를 여러 부분으로) 나누다, 구분하다, 구획하다, 구별하다
70. 简化 [jiǎnhuà] [동] 간략화하다, 간소화하다
71. 借鉴 [jièjiàn] [동] 참고로 하다, 거울로 삼다
72. 精华 [jīnghuá] [명] 정화, 정수, 엑스, 광채, 광휘
73. 精简 [jīngjiǎn] [동] 정말 필요한 것만 남기다
74. 精打细算 [jīngdǎxìsuàn] [성] 정밀하게 계획하다, 면밀하게 계산하다
75. 名副其实 [míngfùqíshí] [성] 명실상부하다; 명성과 실제가 부합되다
76. 确信 [quèxìn] [동] 확신하다, 조금도 의심하지 않다 [명] 확실한 소식
77. 确保 [quèbǎo] [동] 확보하다, 확실히 보장하다
78. 缺陷 [quēxiàn] [명] 결함, 결점, 부족한 점
79. 无可奈何 [wúkěnàihé] [성] 어찌 할 도리가 없다, 방법이 없다

능력, 지능과 관련된 어휘

1. 天生 [tiānshēng] [명] [형] 천성적(이다), 선천적(이다), 자연적(이다) [동] 자연히 생성되다
2. 技能 [jìnéng] [명] 기능, 솜씨
3. 本事 [běnshì] [명] 재능, 기능, 재주
4. 专长 [zhuāncháng] [명] 전문 기술, 특기, [형] 특히 뛰어나다
5. 卓越 [zhuóyuè] [형] 탁월하다
6. 优越 [yōuyuè] [형] 우월하다, 뛰어나다
7. 优异 [yōuyì] [형] 특히 우수하다
8. 英明 [yīngmíng] [형] 영명하다, 뛰어나게 슬기롭고 총명하다
9. 高超 [gāochāo] [형] 우수하다, 출중하다
10. 力所能及 [lìsuǒnéngjí] [성] 스스로 할 만한 능력이 있다
11. 拿手 [náshǒu] [형] (어떤 기술에 아주) 뛰어나다, 노련하다 [명] 장기, (성공에대한)믿음
12. 能量 [néngliàng] [명] 능력, 역량

13. 潜力 [qiánlì] [명] 잠재(능)력, 숨은 힘
14. 外行 [wàiháng] [형] (어떤 일에) 문외한이다 [명] 문외한
15. 擅长 [shàncháng] [동] (어떤 방면에) 뛰어나다, 잘하다, 정통하다, 재주가 있다, [명] 장기, 재간
16. 熟练 [shúliàn] [형] 능륙하다, 숙련되어 있다, 능란하다
17. 特色 [tèsè] [명] 특색, 특징
18. 特长 [tècháng] [명] 특장, 특색, 장점, 장기
19. 天才 [tiāncái] [명] 타고난 재능, 천부적 자질, 천재
20. 无能为力 [wúnéngwéilì] [성] 무능해서 아무일도 못하다, 일을 추진시킬 힘이 없다
21. 显著 [xiǎnzhù] [형] 현저하다, 뚜렷하다, 두드러지다
22. 无知 [wúzhī] [형] 무지하다, 아는 것이 없다, 사리에 어둡다

학술, 학문과 관련된 어휘

1. 考古 [kǎogǔ] [동] 고고학을 연구하다 [명] 고고학
2. 语言 [yǔyán] [명] 언어
3. 证书 [zhèngshū] [명] 증서, 증명서
4. 种族 [zhǒngzú] [명] 종족, 인종
5. 钻研 [zuānyán] [동] 깊이 연구하다, 탐구하다
6. 测量 [cèliàng] [동] 측량하다, 재다
7. 方言 [fāngyán] [명] 방언, 사투리
8. 封建 [fēngjiàn] [명] 봉건
9. 稿件 [gǎojiàn] [명] (정리된) 원고, 작품
10. 简体字 [jiǎntǐzì] [명] 중국의 간체자
11. 轮廓 [lúnkuò] [명] 윤곽, 테두리
12. 人性 [rénxìng] [명] 인성, 인간의 본성
13. 示范 [shìfàn] [명] [동] 시범(하다), 모범(을 보이다)
14. 繁体字 [fántǐzì] [명] 번체자
15. 字母 [zìmǔ] [명] 자모, 알파벳

수학 및 도량과 관련된 어휘

1. 平均 [píngjūn] [동] 평균하다, 균등히하다, 고르게하다, [명] [동] 균등(한), 평균(적인)

2. 平行 [píngxíng] [형] (지위나 등급이) 대등한, 동등한, 동급의 [동] 병행하다, 동시에 행하다 [명] 평행
3. 极限 [jíxiàn] [명] 극한, 최대한, (수학) 극한
4. 三角 [sānjiǎo] [명] 삼각형의 물건, [형] 삼각형의, 삼각 관계의
5. 误差 [wùchā] [명] 오차
6. 正负 [zhèngfù] [명] 정과 반대, 플러스 마이너스
7. 毫米 [háomǐ] [양] 밀리미터

학교생활과 관련된 어휘

1. 科目 [kēmù] [명] 과목, 항목
2. 课题 [kètí] [명] (연구·토론) 과제, 프로젝트, (처리해야 할) 과제
3. 朗读 [lǎngdú] [동] 낭독하다, 소리 내어 읽다
4. 考察 [kǎochá] [동] 현지 조사하다, 시찰하다, 고찰하다, 정밀히 관찰하다
5. 考核 [kǎohé] [동] 심사하다
6. 考验 [kǎoyàn] [동] 시험하다, 시련을 주다, 검증하다
7. 功课 [gōngkè] [명] 학과목, 강의, 숙제
8. 高考 [gāokǎo] [명] (중국) 대학입학 시험, 수능
9. 辅导 [fǔdǎo] [동] 도우고 지도하다, 스터디하다 [명] 과외
10. 报到 [bàodào] [이합동사] (조직에게) 도착했음을 보고하다
11. 背诵 [bèisòng] [동] 외우다, 암송하다
12. 专科 [zhuānkē] [명] 전문 과목, 전문 분야, 전문 대학
13. 用功 [yònggōng] [동] 힘써 배우다, 열심히 공부하다, (공부에)힘쓰다, 노력하다
14. 演讲 [yǎnjiǎng] [명] [동] 강연(하다), 연설(하다)
15. 夏令营 [xiàlìngyíng] [명] 서머 스쿨, 하기 학교
16. 学历 [xuélì] [명] 학력
17. 学说 [xuéshuō] [명] 학설
18. 学位 [xuéwèi] [명] 학위
19. 循序渐进 [xúnxùjiànjìn] [성] 차례대로 한걸음 한걸음 앞으로 나아가다, (학습, 업무를) 점차적으로 심화시키다
20. 师范 [shīfàn] [대] '(초등학교 교원을 양성하는) 사범학교 (师范学校)' 의 약칭
21. 申请 [shēnqǐng] [동] 신청하다
22. 旷课 [kuàngkè] [동] 수업 땡땡이 치다
23. 请教 [qǐngjiào] [동] 가르침을 청하다
24. 缺席 [quēxí] [동] 결석하다
25. 口头 [kǒutóu] [명] 구두 [형] 구두로 표현하다, 말로 나타내다
26. 口音 [kǒuyīn] [명] 발음, 음성
27. 开除 [kāichú] [동] 면직시키다, 해고하다, 제거하다, 제명하다
28. 名次 [míngcì] [명] 이름 순서, 석차, 서열
29. 榜样 [bǎngyàng] [명] 본보기 귀감, 모범
30. 模范 [mófàn] [명] 모범
31. 墨水儿 [mòshuǐr] [명] 먹물, 잉크
32. 母语 [mǔyǔ] [명] 모국어
33. 培训 [péixùn] [동] (기술자, 전문, 간부 등을) 훈련, 양성하다

문화생활, 문화, 종교, 전통등과 관련된 어휘

1. 习俗 [xísú] [명] 습관과 풍속
2. 肖像 [xiàoxiàng] [명] 사진, (그림이나 조각의) 초상
3. 烟花爆竹 [yānhuābàozhú] [명] 불꽃놀이의 폭죽
4. 压岁钱 [yāsuìqián] [명] 세뱃돈
5. 遗留 [yíliú] [동] 남겨놓다, 남기다, 남아 있다
6. 遗失 [yíshī] [동] 유실하다, 분실하다, 잃다
7. 元宵节 [Yuánxiāo Jié] [명] 정월 대보름날
8. 杂技 [zájì] [명] 잡기, 곡예
9. 把戏 [bǎxì] [명] 곡예, 서커스, 속임수, 술책
10. 扮演 [bànyǎn] [동] ~역을 연기하다
11. 剧本 [jùběn] [명] 극본
12. 灵魂 [línghún] [명] 영혼
13. 魔鬼 [móguǐ] [명] 마귀, 악마
14. 魔术 [móshù] [명] 마술
15. 天堂 [tiāntáng] [명] 천당, 극락

16. 场面 [chǎngmiàn] [명] (영화, 연극, 드라마 등) 장면, 씬, 상황
17. 固有 [gùyǒu] [형] 고유의

음악과 관련된 어휘
1. 喇叭 [lǎbā] [명] 나팔
2. 节奏 [jiézòu] [명] 리듬, 박자, 템포
3. 乐谱 [yuèpǔ] [명] 악보
4. 秋别 [qiūbié] 해석불가, (지금까지의 추측으로는 노래 제목이 가장 유력함)
5. 演奏 [yǎnzòu] [동] 연주(하다)
6. 曲子 [qǔzi] [명] 노래, 가곡, 악보, 멜로디, 곡
7. 旋律 [xuánlǜ] [명] 선율
8. 摇滚 [yáogǔn] [명] 로큰롤
9. 弦 [xián] [명] 활시위, 악기의 줄, 반달, 현악기, 현

동물과 관련된 어휘
1. 窝 [wō] [명] 둥지, 보금자리, 둥우리 소굴
2. 饲养 [sìyǎng] [동] 먹이다, 기르다, 치다, 사육하다
3. 牲畜 [shēngchù] [명] 가축
4. 生态 [shēngtài] [명] 생태
5. 牺牲 [xīshēng] [명] 제물용 가축
6. 畜牧 [xùmù] [명] [동] 목축(하다)
7. 翼 [yì] [명] 날개, 깃, 익, 측, 편, 쪽
8. 杂交 [zájiāo] [명] [동] 교배(하다)
9. 捕捉 [bǔzhuō] [동] 잡다, 붙잡다, 포착하다
10. 繁殖 [fánzhí] [동] 번식하다
11. 飞禽走兽 [fēiqínzǒushòu] [명] 조수, 금수
12. 环节 [huánjié] [명] 환절 일환, 부분
13. 昆虫 [kūnchóng] [명] 곤충
14. 犬 [quǎn] [명] 동물, 강아지
15. 生存 [shēngcún] [명] [동] 생존(하다)
16. 秃 [tū] [형] 대머리이다, 깃털이 없다, (짐승) 털이 빠지다, (나무 잎이) 앙상하다

과학과 관련된 어휘
1. 细胞 [xìbāo] [명] 세포
2. 细菌 [xìjūn] [명] 세균
3. 吸取 [xīqǔ] [동] 빨아들이다, 흡수하다, 섭취하다, 받아들이다
4. 收缩 [shōusuō] [동] 수축하다, 졸아들다 긴축하다, 축소하다, 줄이다, 좁히다, (분산하였다가) 집중하다, 오그라지다
5. 渗透 [shèntòu] [동] (액체가) 스며들다, 투과하다, (주로 추상적인 사물이나 세력이) 침투하다, 스며들다
6. 塑造 [sùzào] [동] (진흙 등으로) 빚어서 만들다, 조소하다, (언어·문자·기타 예술 수단으로) 인물을 형상화하다 (묘사하다)
7. 氢 [qīng] [명] 수소
8. 生物 [shēngwù] [명] 생물(학)
9. 弹性 [dànxìng] [명] 탄성
10. 溶解 [róngjiě] [동] 용해하다
11. 先进 [xiānjìn] [형] 진보적이다, 선진적이다
12. 新陈代谢 [xīnchéndàixiè] [명] 신진대사
13. 心灵 [xīnlíng] [명] 정신, 영혼, 마음
14. 心态 [xīntài] [명] 심리 상태
15. 心血 [xīnxuè] [명] 심혈
16. 图案 [tú'àn] [명] 도안
17. 验证 [yànzhèng] [동] 검증하다
18. 氧气 [yǎngqì] [명] 산소
19. 要素 [yàosù] [명] 요소, 요인
20. 遗传 [yíchuán] [명] [동] 유전(하다)
21. 元素 [yuánsù] [명] 요소, 화학 원소, 원소
22. 原理 [yuánlǐ] [명] 원리
23. 蒸发 [zhēngfā] [동] 증발(하다)
24. 重心 [zhòngxīn] [명] 중심, 무게 중심, (일 따위의) 중심, 핵심, 중점
25. 饱和 [bǎohé] [동] 포화하다
26. 标本 [biāoběn] [명] 표본
27. 成效 [chéngxiào] [명] 효과, 보람
28. 沸腾 [fèiténg] [동] (액체가) 끓다, 비등하다

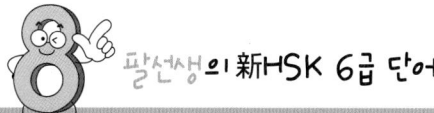

팔선생의 新HSK 6급 단어

29. 分泌 [fēnmì] [동] 분비하다
30. 分解 [fēnjiě] [동] 분해하다
31. 分量 [fènliàng] [명] 무게, 중량
32. 分寸 [fēncùn] [명] 분수, 한도, 범위
33. 分裂 [fēnliè] [동] 분열하다, 갈라지다
34. 幅度 [fúdù] [명] (사물이 변동하는) 폭
35. 腐烂 [fǔlàn] [동] (유기체가 미생물의 번식으로) 부식되다, 썩다
36. 腐蚀 [fǔshí] [동] 부식하다, 썩어 문드러지다
37. 改良 [gǎiliáng] [동] 개량(하다)
38. 杠杆 [gànggǎn] [명] 지레, 지렛대
39. 功效 [gōngxiào] [명] 효능, 효과
40. 共鸣 [gòngmíng] [동] 공명(하다)
41. 合成 [héchéng] [동] 합성하다, 합쳐 ~가 되다, [명] (화학, 공업) 합성
42. 化石 [huàshí] [명] 화석
43. 化验 [huàyàn] [명] 화학 실험, 화학 분석, 화학 검사, [동] 화학 실험 하다, 화학 분석 하다, 화학 검사 하다
44. 混合 [hùnhé] [동] 혼합하다, 함께 섞다 [명] 혼합
45. 基因 [jīyīn] [명] DNA, 유전자
46. 结晶 [jiéjīng] [명] 크리스탈, 결정, 진귀한 성과
47. 进化 [jìnhuà] [동] 진화하다 [명] 진화
48. 酒精 [jiǔjīng] [명] 알코올
49. 立体 [lìtǐ] [명] 입체
50. 冷却 [lěngquè] [명] [동] 냉각(하다)
51. 密度 [mìdù] [명] 밀도
52. 膜 [mó] [명] 막, 막같이 얇은 물질
53. 凝固 [nínggù] [동] 응고하다, 굳어지다
54. 凝聚 [níngjù] [동] 응집하다, 맺히다
55. 泡沫 [pàomò] [명] 포말, (물)거품
56. 频率 [pínlǜ] [명] 주파수, 빈도

문학과 관련된 어휘

1. 起草 [qǐcǎo] [동] 기초하다, 초안을 잡다
2. 文献 [wénxiàn] [명] 문헌
3. 文凭 [wénpíng] [명] 옛날, 관리의 임명장, 자격증, 졸업장
4. 题材 [tícái] [명] 제재
5. 书面 [shūmiàn] [명] 서면, 지면
6. 俗话 [súhuà] [명] 속담, 옛말
7. 书法 [shūfǎ] [명] 서법, 서예, 서도
8. 书籍 [shūjí] [명] 서적, 책
9. 散文 [sǎnwén] [명] 시·소설·희곡 이외의 문학 작품, [杂文(잡문)·随笔(수필)·游记(여행기) 등을 포함함]
10. 童话 [tónghuà] [명] 동화
11. 文艺 [wényì] [명] 문예, 문학과 예술의 총칭
12. 问世 [wènshì] [동] (저작물 따위가) 세상에 나오다, 발표되다, 출판되다
13. 写作 [xiězuò] [동] 글을 짓다, 저작하다 [명] (문예) 작품, 창작
14. 序言 [xùyán] [명] 서문, 서언
15. 意味着 [yìwèizhe] 의미하다, 뜻하다
16. 引用 [yǐnyòng] [명] [동] 인용(하다), 추천(하다), 임용(하다)
17. 印刷 [yìnshuā] [명] [동] 인쇄(하다)
18. 正经 [zhèngjīng] [명] 옛날, 13경을 일컫던 말
19. 注释 [zhùshì] [명] 주해, 주석
20. 著作 [zhùzuò] [명] [동] 저작(하다)
21. 传记 [zhuànjì] [명] 전기
22. 作风 [zuòfēng] [명] (사상·일·생활 따위의) 기풍, 태도, 풍격, 풍조, 수법
23. 版本 [bǎnběn] [명] 판본
24. 标记 [biāojì] [명] 기호, 표지
25. 标题 [biāotí] [명] 제목, 표제, 주제, 타이틀
26. 别扭 [bièniu] [명] (말이나 글이) 어색하다, 부자연스럽다, 변덕스럽다, 괴팍하다, (성격 따위가) 비뚤어지다, 뒤틀리다, 상대하기 어렵다
27. 草案 [cǎo'àn] [명] 초안
28. 记载 [jìzǎi] [동] 기재하다, 기록하다, [명] (써 놓은) 기록, 문장, 기사
29. 纪要 [jìyào] [명] 기요, 요록
30. 结局 [jiéjú] [명] 결말, 종국

31. 刊物 [kānwù] [명] 간행물, 출판물
32. 空白 [kòngbái] [명] 공백, 여백
33. 描绘 [miáohuì] [동] (생생하게) 묘사하다, (그림같이) 그려내다
34. 寓言 [yùyán] [명] 우언, 우화

생각, 의식, 식견과 관련된 용어
1. 偏见 [piānjiàn] [명] 편견
2. 高明 [gāomíng] [형] (학문, 견해, 기술, 기능) 빼어나다, 뛰어나다
3. 机智 [jīzhì] [형] 기지가 넘치다 [명] 기지
4. 机灵 [jīling] [형] 영리하다, 약삭 빠르다, 기지가 있다
5. 近视 [jìnshì] [명] 근시 [형] 근시안적이다, 안목이 짧다
6. 理智 [lǐzhì] [명] 이성, 이지 [형] 이지적이다
7. 灵感 [línggǎn] [명] 영감
8. 灵敏 [língmǐn] [형] 반응이 빠르다, (육감이) 예민하다
9. 伶俐 [línglì] [형] 영리하다
10. 领会 [lǐnghuì] [동] 깨닫다, 이해하다, 파악하다, 납득하다
11. 领悟 [lǐngwù] [동] 깨닫다, 이해하다, 납득하다
12. 片断 [piànduàn] [형] 자질구레하다, 불완전하다, 단편적이다
13. 颇 [pō] [형] 편파적이다, 치우치다, 반듯하지 못하다 [부] 자못, 꽤, 상당히
14. 敏感 [mǐngǎn] [형] 민감하다, 감수성이 예민하다
15. 敏锐 [mǐnruì] [형] (감각이) 예민하다, (눈빛이) 날카롭다
16. 笨拙 [bènzhuō] [형] 어리석다, 둔하다
17. 近视 [jìnshì] [명] 근시 [형] 근시안적이다, 안목이 짧다
18. 分歧 [fēnqí] [형] (사상, 의견, 기록 등이) 불일치하다, 차이가 있다
19. 见闻 [jiànwén] [명] 견문
20. 见解 [jiànjiě] [명] 견해, 의견
21. 尖锐 [jiānruì] [형] (끝이) 뾰족하고 날카롭다, (객관적 사물에 대한 인식이) 예리하다, 예민하다
22. 情理 [qínglǐ] [명] 이치, 사리, 도리, 정리
23. 认识 [rènshi] [동] 알다, 인식하다, [명] 인식
24. 认为 [rènwéi] [동] 여기다, 생각하다, 보다, 인정하다
25. 深奥 [shēn'ào] [형] (함의나 이치가) 심오하다, 깊다
26. 信念 [xìnniàn] [명] 신념
27. 愚蠢 [yúchǔn] [형] 어리석다, 우둔하다, 미련하다
28. 愚昧 [yúmèi] [형] 우매하다, 어리석고 사리에 어둡다
29. 扎实 [zhāshí] [형] (학문·일 따위의 기초가) 견고하다, 견실하다, 착실하다
30. 知觉 [zhījué] [명] 지각, 감각, 의식 [동] 알다, 깨닫다
31. 博大精深 [bódàjīngshēn] [성] 넓고 심오하다, 해박하다
32. 不可思议 [bùkěsīyì] [성] 상상할 수 없다, 불가사의하다
33. 不料 [búliào] [접속] 뜻밖에, 의외로, 예상밖으로
34. 超级 [chāojí] [형] 극도의, 극상의, 훌륭한, 최고의
35. 沉思 [chénsī] [동] 깊이 생각하다, 심사숙고하다
36. 反动 [fǎndòng] [형] (혁명이나 진보에) 반동적이다
37. 构思 [gòusī] [동] 구상(하다)
38. 顾虑 [gùlù] [동] 고려(하다) 염려(하다)
39. 恍然大悟 [huǎngrándàwù] [성] 문득 크게 깨닫다
40. 见多识广 [jiànduōshíguǎng] [성] 보고 들은 것이 많고 식견이 넓다, 박식하고 경험이 많다
41. 空想 [kōngxiǎng] [명] [동] 공상(하다)
42. 梦想 [mèngxiǎng] [명] [동] 몽상(하다), 망상(에 빠지다)
43. 迷惑 [míhuò] [동] 미혹되다 (미혹시키다), 현혹되다 (현혹시키다), 매혹되다 (매혹시키다) [형용사] 시비를 가리지 못하다, 정신을 차리지 못하다, 구별 (식별) 하지 못하다, 당황하다
44. 设想 [shèxiǎng] [동] 가상하다, 상상하다 [명] 상상, 가상, 생각
45. 妄想 [wàngxiǎng] [명] [동] 망상(하다) 공상(하다)
46. 觉悟 [juéwù] [동] 깨닫다, 자각하다, 인식하다 [명] 각오, 의식, 각성, 자각
47. 觉醒 [juéxǐng] [동] 각성하다, 깨닫다

풍경묘사와 관련된 어휘
1. 茫茫 [mángmáng] [형] 망망하다, 아득하다, 한없이 넓다
2. 茫然 [mángrán] [형] 망연하다, 막연하다

3. 茂盛 [màoshèng] [형] 우거지다, 무성하다, 번성하다
4. 美满 [měimǎn] [형] 아름답고 원만하다
5. 美妙 [měimiào] [형] 미묘하다, 아름답고 즐겁다
6. 美观 [měiguān] [형] (장식, 외관 따위가) 보기 좋다, 아름답다 [명] 미관
7. 浓厚 [nónghòu] [형] (기체 따위가) 짙다, (색채, 의식, 분위기 따위가) 농후하다, 강하다
8. 弥漫 [mímàn] [동] (연기나 안개가) 자욱하다
9. 庞大 [pángdà] [형] 방대하다, 거대하다
10. 偏僻 [piānpì] [형] 외지다, 궁벽하다, (성격이) 편벽되다
11. 飘扬 [piāoyáng] [동] 바람에 펄럭이다
12. 凄凉 [qīliáng] [형] (환경, 생활 또는 경치가) 쓸쓸하다, 처량하다, (얼굴, 모양이) 슬프고 애처롭다
13. 开朗 [kāilǎng] [형] (장소가) 탁 트이고 밝다, (성격, 마음, 생각 등이) 낙관적이다, 명랑하다
14. 寂静 [jìjìng] [형] 고요하다, 적막하다
15. 荒凉 [huāngliáng] [형] 황량하다, (인적이 드물어) 적막하다, 쓸쓸하다
16. 清澈 [qīngchè] [형] 맑고 투명하다
17. 审美 [shěnměi] [동] 아름다움을 감상 (감별) 하고 평가하다 [명] [형] 심미(적)
18. 展现 [zhǎnxiàn] [동] 전개하다, (눈앞에) 펼쳐지다
19. 壮观 [zhuàngguān] [명] [형] 장관(이다)
20. 壮丽 [zhuànglì] [형] 장려하다, 웅장하고 아름답다
21. 壮烈 [zhuàngliè] [형] 장렬하다
22. 波涛汹涌 [bōtāoxiōngyǒng] [명] 파란만장
23. 繁华 [fánhuá] [형] (도시나 거리가) 번화하다
24. 风光 [fēngguāng] [명] 경치, 풍경
25. 广阔 [guǎngkuò] [형] 넓다, 광활하다
26. 开阔 [kāikuò] [형] (면적 혹은 공간 범위가) 넓다, 광활하다
27. 宽敞 [kuānchǎng] [형] 넓다, 널찍하다
28. 辽阔 [liáokuò] [형] 넓고 넓다, 끝없이 넓다
29. 笼罩 [lóngzhào] [동] 덮어씌우다, 뒤덮다, 휩싸이다, 자욱하다
30. 气势 [qìshì] [명] 기세, 형세

날씨, 기후와 관련된 어휘

1. 气象 [qìxiàng] [명] 날씨, 일기, 기상 [명] 기상, 기질
2. 气压 [qìyā] [명] 기압
3. 晴朗 [qínglǎng] [형] 쾌청하다, 구름 한 점 없이 맑다
4. 摄氏度 [shèshìdù] [양사] 섭씨
5. 威力 [wēilì] [명] 위력
6. 温带 [wēndài] [명] 온대 (지방)
7. 温和 [wēnhé] [형] (기후가) 온화하다, 따듯하다, (성품, 태도가) 온화하다, 부드럽다
8. 雪上加霜 [xuěshàngjiāshuāng] [성] 설상가상이다; 눈 위에 서리가 내리다
9. 严寒 [yánhán] [형] 혹한, 엄동설한 [형] 추위가 심하다
10. 炎热 [yánrè] [형] (날씨가)무덥다, 찌는 듯하다
11. 摇晃 [yáohuàng] [동] 흔들리다, 흔들흔들하다
12. 灾难 [zāinàn] [명] 재난
13. 振动 [zhèndòng] [명] [동] 진동(하다)
14. 沉闷 [chénmèn] [형] (날씨, 분위기 등) 음침하다, (마음이) 답답하다
15. 变故 [biàngù] [명] (뜻밖에 발생한) 재난
16. 冰雹 [bīngbáo] [명] 우박
17. 风暴 [fēngbào] [명] 폭풍
18. 清晰 [qīngxī] [형] 또렷하다, 분명하다

농업과 관련된 어휘

1. 培育 [péiyù] [동] 기르다, 재배하다, (사람이나 우의 따위를) 기르다
2. 化肥 [huàféi] [명] 화학 비료
3. 颗粒 [kēlì] [명] 알, 과립, 알갱이, (곡식의) 낟알, 톨
4. 开拓 [kāituò] [동] 개척하다, 개간하다
5. 种子 [zhǒngzi] [명] 종자, 씨, 씨앗
6. 耕地 [gēngdì] [동] 토지를 갈다
7. 灌溉 [guàngài] [동] 관개(하다)
8. 播种 [bōzhǒng] [동] 파종하다, 씨를 뿌리다
9. 干旱 [gānhàn] [형] 가물(다) [명] 가뭄
10. 肥沃 [féiwò] [형] (토지가) 기름지다, 비옥하다
11. 渠道 [qúdào] [명] 관개 수로 경로, 방법

자연현상과 관련된 어휘

1. 霞 [xiá] [명] 노을
2. 清晨 [qīngchén] [명] 일출 전후의 시간, 이른 아침
3. 夕阳 [xīyáng] [명] 석양
4. 昼夜 [zhòuyè] [명] 주야, 밤낮
5. 黄昏 [huánghūn] [명] 황혼, 해질무렵
6. 黎明 [límíng] [명] 여명, 동틀무렵
7. 凌晨 [língchén] [명] 새벽

시간과 관련된 어휘

1. 漫长 [màncháng] [형] (시간, 길 따위가) 멀다, 길다, 지루하다
2. 农历 [nónglì] [명] 음력
3. 年度 [niándù] [명] 년도
4. 日新月异 [rìxīnyuèyì] [성] 나날이 새로워지다; 변화와 발전이 빠르다
5. 日益 [rìyì] [부사] 날로, 나날이 더욱
6. 时差 [shíchā] [명] 시차
7. 时常 [shícháng] [부사] 늘, 자주, 항상
8. 时而 [shí'ér] [부사] 때때로, 이따금, 때로는
9. 时光 [shíguāng] [명] 시기, 때, 시절, 시간, 세월
10. 时机 [shíjī] [명] (유리한) 시기, 기회, 때
11. 时刻 [shíkè] [명] 시간, 시각, 때, 순간
    [부사] 늘, 시시각각, 언제나, 항상
12. 急躁 [jízào] [동] 조바심하다, 조급해하다, 조급하게 서두르다 [형] 성미가 급하다, 조급하다
13. 急切 [jíqiè] [형] 몹시 절박하다, 절실하다
    [부] 단박, 단시간
14. 紧迫 [jǐnpò] [형] 긴박하다, 급박하다
15. 慌忙 [huāngmáng] [형] 황급하다, 황망하다
    [부] 황망히, 황급하게
16. 岁月 [suìyuè] [명] 세월, 시간
17. 往常 [wǎngcháng] [명] 평소, 평상시
18. 往事 [wǎngshì] [명] 지난 일, 옛일
19. 为期 [wéiqī] [동] ~을 기한으로 하다
20. 昔日 [xīrì] [명] 옛날, 이전
21. 先前 [xiānqián] [명] 이전, 앞서, 종전
22. 延期 [yánqī] [동] 연기하다
23. 延续 [yánxù] [명] [동] 계속(하다), 연장(하다)
24. 眼下 [yǎnxià] [명] 현재, 지금 [형] 뒤떨어지다
25. 遥远 [yáoyuǎn] [형] 아득히 멀다, 요원하다
26. 依旧 [yījiù] [형] 의구하다, 여전하다, 예전대로다
27. 一向 [yīxiàng] [명] 근간, 근래, 최근
    [부] (이전부터 오늘까지)줄곧, 내내
28. 以往 [yǐwǎng] [명] 이왕, 이전, 기왕, 과거
29. 以至 [yǐzhì] ~까지, ~에 이르기까지, ~때문에
30. 一如既往 [yìrújìwǎng] [성] 지난날과 다름없다
31. 永恒 [yǒnghéng] [형] 영원히 변하지 않다, 영원하다
32. 预料 [yùliào] [명] [동] 예상(하다), 전망(하다), 예측(하다)
33. 预期 [yùqī] [동] 예기하다
34. 预先 [yùxiān] [부] 미리, 사전에
35. 预兆 [yùzhào] [명] [동] 전조·조짐 (을보이다)
36. 暂且 [zànqiě] [부] 잠깐, 잠시
37. 展望 [zhǎnwàng] [동] (먼 곳이나 미래를) 전망하다
    [명] 전망
38. 斟酌 [zhēnzhuó] [동] 짐작하다, 헤아리다, 고려하다
39. 正月 [zhēngyuè] [명] 정월
40. 正好 [zhènghǎo] [형] (시간·위치·체적·수량·정도 따위가) 꼭 알맞다, 딱 좋다
    [부] 마침, 때마침, 공교롭게도
41. 正当 [zhèngdāng] [동] 마침 (어떤 시기나 단계)에 즈음하다[처하다]
42. 终年 [zhōngnián] [명] 일 년간, 일 년 내내
43. 终身 [zhōngshēn] [명] 종신, 일생, 평생
44. 终止 [zhōngzhǐ] [명] [동] 정지(하다)
45. 中断 [zhōngduàn] [동] 중단하다, 중단되다, 끊다, 끊기다
46. 终究 [zhōngjiū] [부] 결국, 필경
47. 致使 [zhìshǐ] [동] ~한 결과가 되다
48. 周年 [zhōunián] [명] 주년
49. 周期 [zhōuqī] [명] 주기
50. 逐年 [zhúnián] [부] 해마다, 매년
51. 饱经沧桑 [bǎojīngcāngsāng] [성] 수많은 세상사의 변천을 경험하다
52. 不时 [bùshí] [부] 때때로, 종종, 늘

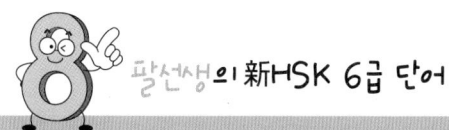

53. 仓促 [cāngcù] [형] 급하다, 서두르다
54. 刹那 [chànà] [명] 극히 짧은 시간, 순간
55. 常年 [chángnián] [부] 장기간 [명] 평년
56. 陈旧 [chénjiù] [형] 오래되다, 낡다
57. 成天 [chéngtiān] [부] 하루 종일, 온종일
58. 繁忙 [fánmáng] [형] (일이 많아서) 바쁘다, 여유가 없다
59. 姑且 [gūqiě] [부] 잠시, 우선
60. 过渡 [guòdù] [명] 과도 [동] 넘다, 건너다, 이행하다, 과도하다
61. 回顾 [huígù] [동] 회고하다, 돌이켜 보다
62. 及早 [jízǎo] [부] 빨리, 일찍
63. 急剧 [jíjù] [형] 급격하다, 급속하다
64. 截至 [jiézhì] [동] (시간적으로) ~에 (까지) 이르다(마감하다)
65. 锦绣前程 [jǐnxiùqiánchéng] [성] 빛나는 미래, 유망한 전도
66. 历代 [lìdài] [명] 역대, 대대
67. 历来 [lìlái] [부] 종래로, 예로부터, 여태까지
68. 连年 [liánnián] [명] 여러 해 계속
69. 片刻 [piànkè] [명] [부] 잠깐, 잠시
70. 频繁 [pínfán] [형] 잦다, 빈번하다
71. 期望 [qīwàng] [명] [동] (앞날에 대해) 기대(하다)
72. 期限 [qīxiàn] [명] 기한, 예정된 시한
73. 迫不及待 [pòbùjídài] [성] 사태가 절박하여 기다릴 여유가 없다, 한시도 지체할 수 없다
74. 迄今为止 [qìjīnwéizhǐ] [부] 지금에 이르기까지
75. 恰巧 [qiàqiǎo] [부] 때마침, 공교롭게도, 운 좋게
76. 事迹 [shìjì] [명] 사적
77. 拖延 [tuōyán] [동] 끌다, 연기하다, 지연하다
78. 停顿 [tíngdùn] [동] 중지되다, 잠시 멈추다, 정돈하다, (말을) 잠시 쉬다
79. 意料 [yìliào] [명] [동] 예상(하다), 예측(하다), 짐작(하다), 생각(하다)
80. 即将 [jíjiāng] [부] 곧, 머지않아
81. 尽快 [jìnkuài] [부] 되도록 빨리
82. 随即 [suíjí] [부] 바로, 즉각, 즉시, 곧

신문, 방송, TV매체 관련된 어휘

1. 栏目 [lánmù] [명] (신문, 잡지 등의) ~란
2. 媒介 [méijiè] [동] 중매하다, 중매서다, 매개하다 [명] 매개자, 매개물
3. 媒体 [méitǐ] [명] 미디어 (Media), 매체
4. 群众 [qúnzhòng] [명] 대중, 군중, 민중
5. 言论 [yánlùn] [명] 언론
6. 舆论 [yúlùn] [명] 여론, 세론
7. 直播 [zhíbō] [명] [동] 생방송(하다)
8. 报社 [bàoshè] [명] 신문사
9. 播放 [bōfàng] [동] (일반적인 매체를 이용하여) 방송하다, 방영하다
10. 刊登 [kāndēng] [동] (신문·잡지 따위에) 게재하다, 싣다, 등재하다
11. 评论 [pínglùn] [동] 평론하다, 비평하다, 세평하다, 이러쿵저러쿵 말하다
12. 抢救 [qiǎngjiù] [동] (긴급하고 위험한 상황에서) 급히 구조하다, 빨리 구원하다
13. 失踪 [shīzōng] [동] 실종되다, 종적이 묘연하다, 행방불명되다
14. 无可奉告 [wúkěfènggào] [성] (자신은 알고 있지만 상대방에게) 알릴 만한 것이 없다, 알릴 것이 없다

사회와 관련된 어휘

1. 蔓延 [mànyán] [동] 만연하다
2. 贫乏 [pínfá] [명] [형] 빈궁(하다), 가난(하다), 부족(하다), 결핍(하다)
3. 贫困 [pínkùn] [명] [형] 빈곤(하다) 곤궁(하다)
4. 齐心协力 [qíxīnxiélì] [성] 한마음 한뜻으로 협력하다
5. 团体 [tuántǐ] [명] 단체
6. 人间 [rénjiān] [명] 인간 사회, 세상
7. 热门 [rèmén] [명] 인기 있는 것, 유행하는 것
8. 社区 [shèqū] [명] 지역 사회, (아파트 등의) 단지
9. 盛行 [shèngxíng] [동] 성행하다, 널리 유행하다
10. 散布 [sànbù] [동] 퍼져 있다, 곳곳에 분산되다
11. 时事 [shíshì] [명] 시사, 최근의 국내외 대사건

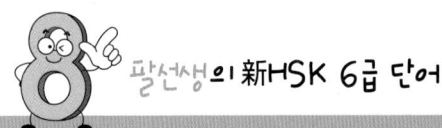

12. 时装 [shízhuāng] [명] 최신 스타일의 복장, 유행복, 유행 의상, 뉴 패션(new fashion)
13. 示威 [shìwēi] [동] 시위하다 [명] 시위, 데모
    [동] 위세를 떨쳐 보이다
14. 事故 [shìgù] [명] 사고
15. 世代 [shìdài] [명] 여러 대, 대대, 세대
16. 事件 [shìjiàn] [명] 사건
17. 通俗 [tōngsú] [형] 통속적이다
18. 通常 [tōngcháng] [명] 통상, 일반, 보통
19. 倾向 [qīngxiàng] [동] 한쪽으로) 기울다, 쏠리다, 치우치다 [명] 경향, 추세, 성향
20. 乡镇 [xiāngzhèn] [명] 규모가 작은 지방 도시
21. 演变 [yǎnbiàn] [명][동] 변화 발전(하다), 변천(하다)
22. 众所周知 [zhòngsuǒzhōuzhī] [성] 모든 사람이 다 알고 있다
23. 主流 [zhǔliú] [명] 주류, 주요 추세, 주된 경향
24. 注重 [zhùzhòng] [동] 중시하다
25. 并存 [bìngcún] [동] 함께 존재하다
26. 风气 [fēngqì] [명] (사회나 어떤 단체에서 유행하는) 풍조, 기풍, 경향
27. 风土人情 [fēngtǔrénqíng] 한 지방 특유의 자연환경과 풍속, 예절, 습관 등의 총칭
28. 鼓动 [gǔdòng] [동] 선동하다, 부추기다
29. 救济 [jiùjì] [동] 구제하다
30. 举世闻名 [jǔshìwénmíng] [성] 전세계적으로 유명하다
31. 举足轻重 [jǔzúqīngzhòng] [성] 중요한 위치에 있어 행동이 큰 영향을 미치다
32. 俱乐部 [jùlèbù] [명] 클럽
33. 拘束 [jūshù] [동] (언행 혹은 행동 따위를) 구속하다, 속박하다 [형] 너무 자기 자신을 구속(속박)하여 부자연스러워 보인다
34. 流浪 [liúlàng] [동] 유랑하다, 방랑하다
35. 冒充 [màochōng] [동] 사칭하다
36. 民间 [mínjiān] [명] 민간
37. 民用 [mínyòng] [명] 민용, 민간
38. 普及 [pǔjí] [동] 보급되다, 확해하다, 퍼지다, 널리 퍼지게 하다
39. 破例 [pòlì] [동] 전례를 깨뜨리다
40. 团结 [tuánjié] [명][동] 단결(하다, 시키다), 연대(하다, 시키다), 결속(하다, 시키다)
41. 挽救 [wǎnjiù] [동] (위험에서) 구해내다, 구제하다
42. 移民 [yímín] [동] 이민하다, [명] 이민한 사람

동작과 관련된 용어

1. 探望 [tànwàng] [동] (상황, 변화를) 보다, 살피다, 방문하다, 문안하다
2. 飞翔 [fēixiáng] [동] 비상하다, 날다
3. 飞跃 [fēiyuè] [동] 비약하다, (나는 듯이 높이) 뛰어오르다, 넘다
4. 回避 [huíbì] [동] 회피하다, 피하다
5. 给予 [jǐyǔ] [동] 주다
6. 降临 [jiànglín] [동] 강림하다, 내려오다, 찾아오다
7. 进来 [jìnlái] [동] 들어 오다
8. 敏捷 [mǐnjié] [형] 민첩하다
9. 染 [rǎn] [동] 염색하다, 물이다 물들다, 전염되다, 감염되다, 걸리다
10. 束缚 [shùfù] [동] 구속하다, 속박하다
    [동] 줄로 묶다, 결박하다
11. 投掷 [tóuzhì] [동] 투척하다, 던지다
    [명] 투척, 던지기
12. 涂抹 [túmǒ] [동] 칠하다, 바르다, (덧)칠해서 지우다

몸동작과 관련된 용어

1. 拧 [níng] [동] 짜다, 꼬다, 꼬집다
2. 溜 [liū] [동] 미끄러지다, 활강하다
3. 迈 [mài] [동] 큰 걸음으로 걷다
4. 蒙 [méng] [동] 덮다, 씌우다, 가리다, 받다, 입다
5. 捞 [lāo] [동] (물 등의 액체 속에서) 잡다, 건지다, 끌어 올리다, (부정한 수단으로) 얻다, 취득하다
6. 晾 [liàng] [동] 말리다, 널다
7. 跨 [kuà] [동] (가랑이를 벌리고) 뛰어넘다, (일정한) 한계를 뛰어넘다
8. 挎 [kuà] [동] 팔에 걸다, 팔을 구부려 끼다, 어깨(목)에 메다, 허리에 차다

9. 捆绑 [kǔnbǎng] [동] (사람을) 줄로 묶다
10. 啃 [kěn] [동] 갉아먹다
11. 磕 [kē] [동] (단단한 곳에) 부딪치다 털다, 치다
12. 扛 [káng] [동] (어깨에) 매다
13. 搅拌 [jiǎobàn] [동] 휘저어 섞다, 반죽하다
14. 践踏 [jiàntà] [동] 밟다, 디디다, 짓밟다, 유린하다
15. 拣 [jiǎn] [동] 고르다, 선택하다, 줍다, 습득하다
16. 溅 [jiàn] [동] (물방울, 흙탕물 따위가) 튀다
17. 跪 [guì] [동] 무릎을 꿇다
18. 烘 [hōng] [동] (불에) 쬐다, 말리다, 덥게 하다, 굽다, 돋보이게 하다, 부각시키다
19. 割 [gē] [동] (낫, 칼 따위로) 자르다, 베다, 분할하다, 할양하다
20. 跟随 [gēnsuí] [동] 뒤따르다, 동행하다, 따라가다
21. 跟踪 [gēnzōng] [동] 바짝 뒤를 따르다, 추적하다
22. 鞭策 [biāncè] [동] (말을) 채찍질하다
23. 步伐 [bùfá] [명] 발걸음
24. 伴随 [bànsuí] [동] 따르다, 동행하다, 좇다
25. 搀 [chān] [동] 부축하다, 타다, 혼합하다
26. 敞开 [chǎngkāi] [동] (활짝) 열다 [부] 자유롭게, 마음껏
27. 放手 [fàngshǒu] [이합동사] 손을 놓다, 손을 떼다
28. 拄 [zhǔ] [동] (지팡이 따위로) 몸을 지탱하다
29. 拽 [zhuài] [동] 힘껏 던지다, 내던지다, 팽개치다
30. 揍 [zòu] [동] (남을) 때리다, 치다, 손해를 끼치다
31. 扒 [bā] [동] (손, 갈퀴 등으로) 긁어 모으다, 흩뜨리다
32. 掰 [bāi] [동] (손으로 물건을) 나누다, 가르다, 쪼개다
33. 蹦 [bèng] [동] 뛰어오르다, 껑충 뛰다, 점프하다
34. 悬挂 [xuánguà] [동] 걸다, 매달다
35. 旋转 [xuánzhuǎn] [동] 빙빙 회전하다, 선회하다
36. 寻觅 [xúnmì] [동] 찾다
37. 砸 [zá] [동] (무거운 것으로) 눌러 으스러뜨리다, 내리치다, 찧다
38. 扎 [zhā] [동] (침이나 가시 등으로) 찌르다, 뿌리를 내리다, 주둔하다
39. 眨 [zhǎ] [동] (눈을) 깜박거리다
40. 摘 [zhāi] [동] 따다, 꺾다, 떼다, 벗다, 벗기다
41. 折 [zhé] [동] (몸 따위를) 뒤집다, 구르다

42. 舔 [tiǎn] [동] 핥다, (침을) 묻히다
43. 掀起 [xiānqǐ] [동] 열다, 들어올리다, 위로 용솟음치다, 출렁거리다, 불러일으키다
44. 携带 [xiédài] [동] 휴대하다
45. 随身 [suíshēn] [동] 곁에 따라 (붙어) 다니다, 몸에 지니다, 휴대하다, 몸에 간직하다
46. 掏 [tāo] [동] (손이나 공구로) 물건을 꺼내다, 끌어내다, 끄집어내다, 파다, 파내다
47. 叹气 [tànqì] [동] 탄식하다, 한숨쉬다
48. 扔 [rēng] [동] 던지다, 포기하다, 내버리다
49. 捎 [shāo] [동] 가는 김에 지니고 가다, 인편에 보내다
50. 拾 [shí] [동] 줍다, 집다, 정리하다, 수습하다
    [수량사] 열, 십
51. 手势 [shǒushì] [명] 손짓, 손시늉, 손동작
52. 束 [shù] [동] 묶다, 매다, 속박하다
    [수량사] 묶음, 다발
53. 鞠躬 [jūgōng] [동] 허리를 굽혀 인사하다
54. 举动 [jǔdòng] [명] 행동, 거동, 동작
55. 掐 [qiā] [동] 꼬집다, 누르다, 주르다, 꺾다, 끊다
56. 翘 [qiáo] [동] (머리를) 들다, 발돋움하다, (평평한 것이 건조해짐으로써) 뒤틀리다, 휘다
57. 清理 [qīnglǐ] [동] 깨끗이 정리 (처분) 하다
58. 倾听 [qīngtīng] [동] 귀를 기울여 듣다, 경청하다
59. 瘸 [qué] [동] 절뚝거리다, 절름거리다, 다리를 절다
60. 绕 [rào] [동] 휘감다, 두르다, 감다, 맴돌다, 감돌다, 돌다
61. 捏 [niē] [동] 손가락으로 집다(쥐다), 빚다, 날조하다
62. 凝视 [níngshì] [동] 주목하다, 눈여겨보다
63. 扭转 [niǔzhuǎn] [동] (몸 따위를) 돌리다, 돌려세우다
64. 趴 [pā] [동] 엎드리다, 몸을 앞으로 기울여 물건 따위에 기대다
65. 徘徊 [páihuái] [동] 배회하다, 왔다리 갔다리 하다
66. 挪 [nuó] [동] 옮기다, 움직이다, 운반하다
67. 攀登 [pāndēng] [동] (무엇을) 붙잡고 기어 오르다, 등반하다
68. 盘旋 [pánxuán] [동] 선회하다, 빙빙 돌다, 배회하다, 서성거리다
69. 捧 [pěng] [동] 받들다, 두 손으로 받쳐 들다
70. 疲倦 [píjuàn] [동] 책을 펴서 읽다

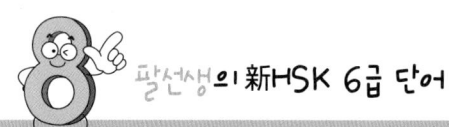

71. 劈 [pī] [동] (도끼 따위로) 쪼개다, 패다, 갈라지다, 터지다, 틈이 생기다
72. 泼 [pō] [동] (힘을 들여) 물을 뿌리다
73. 扑 [pū] [동] 뛰어들다, 돌진하다, 달려들다, (일, 사업 따위에) 몰두하다, 열중하다, 털다
74. 铺 [pū] [동] (물건을) 깔다, (자리를) 펴다
75. 搂 [lǒu] [동] 껴안다, (가슴에) 품다
76. 起来 [qǐlái] [동] 일어서다, 일어나 앉다, (잠자리에서) 일어나다, 떠오르다
77. 揉 [róu] [동] (손으로) 비비다, 주무르다, 문지르다, (손으로 둥글게) 빚다, 반죽하다

사물의 변화, 상태와 관련된 어휘

1. 迸发 [bèngfā] [동] (안에서 바깥으로 갑자기) 터져 나오다, 내뿜다
2. 变质 [biànzhì] [이합사] (사상이나 본질이 원래와) 변질되다
3. 残留 [cánliú] [동] (부분적으로) 남아있다, 잔류하다
4. 缠绕 [chánrào] [동] (선, 가는 것이 다른 물체를) 휘감다, 방해하다
5. 呈现 [chéngxiàn] [동] 나타나다, 드러나다, 보이다
6. 更新 [gēngxīn] [동] 갱신하다
7. 轰动 [hōngdòng] [동] 뒤흔들다, 진동 시키다, 파문을 일으키다, 센세이션을 불러일으키다
8. 爆发 [bàofā] [동] 폭발하다, 일어나다, 발생하다
9. 爆炸 [bàozhà] [동] 폭발하다, 파열하다, 급증하다
10. 还 [huán] [동] 돌아가다, 돌아오다, (원 상태로) 되돌아가다, 되돌아가게 하다, 돌려주다, 갚다, 반납하다, 상환하다, 갚다, 보답하다, 보복하다
11. 还原 [huányuán] [동] 환원하다, 원상 회복하다, 복원하다
12. 混淆 [hùnxiáo] [동] 뒤섞이다, 섞갈리다, 헛갈리다, (주로 추상적인 것에 쓰임) 뒤섞다, 헛갈리게 하다, 섞갈리게 하다
13. 混浊 [hùnzhuó] [형] 혼탁하다, 흐리다
14. 坚固 [jiāngù] [형] 견고하다, 튼튼하다, [동] 견고하게 하다, 굳히다
15. 坚硬 [jiānyìng] [형] 굳다, 단단하다
16. 夹杂 [jiāzá] [동] 혼합하다, 뒤섞(이)다
17. 进展 [jìnzhǎn] [동] 진전하다, [명] 진전
18. 丧失 [sàngshī] [동] 잃어버리다, 상실하다
19. 间接 [jiànjiē] [형] 간접적인, [명] 간접
20. 局部 [júbù] [명] 부분
21. 内涵 [nèihán] [명] 내포
22. 内幕 [nèimù] [명] 내막, 속사정
23. 内在 [nèizài] [명] [동] 내재(하다) [형] 내재하는, 내재적인
24. 滋长 [zīzhǎng] [동] (주로 추상적인 의미로) 자라다, 성장하다

국가, 국가행정, 정책 관련된 어휘

1. 欧洲 [Ōuzhōu] [명] 유럽
2. 官方 [guānfāng] [명] 정부 당국, 정부측
3. 贵族 [guìzú] [명] 귀족
4. 国务院 [guówùyuàn] [명] 국무원 (중화인민공화국의 최고 행정 기관)
5. 籍贯 [jíguàn] [명] 본적, 출생지
6. 领事馆 [lǐngshìguǎn] [명] 영사관
7. 奴隶 [núlì] [명] 노예
8. 委员 [wěiyuán] [명] 위원
9. 元首 [yuánshǒu] [명] 원수
10. 取缔 [qǔdì] [동] (공개적으로) 금지 (취소)를 명하다
11. 权威 [quánwēi] [명] 권위, 권위자, 권위 있는 사물 [형] 권위 있다
12. 省会 [shěnghuì] [명] (중국) 성 행정부 소재지
13. 实力 [shílì] [명] 실력 (정치, 경제적인) 힘
14. 实施 [shíshī] [동] 실시하다, 실행하다
15. 使命 [shǐmìng] [명] 사명, 명령
16. 世界观 [shìjièguān] [명] 세계관
17. 投票 [tóupiào] [명] [동] 투표(하다)
18. 衰退 [shuāituì] [동] (신체·정신·의지·능력 국가정치, 국가경제 등이) 쇠약해지다, 쇠퇴하다, 감퇴하다, 쇠락하다

19. 协会 [xiéhuì] [명] 협회
20. 行政 [xíngzhèng] [명] 행정
21. 雄厚 [xiónghòu] [형] (인력·물자 따위가) 풍부하다, 충분하다
22. 宣扬 [xuānyáng] [동] 선양하다, 널리 알리다, 말을 퍼뜨리다, 소문을 내다
23. 压迫 [yāpò] [명] [동] 압박(하다), 억압(하다)
24. 抑制 [yìzhì] [명] 억제, 억압
   [동] 억제하다, 억누르다
25. 约束 [yuēshù] [동] 단속하다, 제한하다, 얽매다
   [명] 제약, 제한, 구속
26. 造反 [zàofǎn] [동] 반란을 일으키다, 반역하다
27. 召开 [zhàokāi] [동] (회의 따위를) 열다[소집하다]
28. 振兴 [zhènxīng] [동] 진흥하다, 떨쳐 일으키다
29. 征收 [zhēngshōu] [동] (정부가 공출 곡식이나 세금을) 징수하다
30. 正规 [zhèngguī] [형] 정규적인, 정식의
31. 政权 [zhèngquán] [명] 정권
32. 指定 [zhǐdìng] [동] 지정하다, 확정하다
33. 制约 [zhìyuē] [명] [동] 제약(하다)
34. 制止 [zhìzhǐ] [명] [동] 제지(하다), 저지(하다)
35. 治理 [zhìlǐ] [동] 다스리다, 통치하다, 처리하다, 정리하다
36. 制裁 [zhìcái] [명] [동] 제재(하다)
37. 制订 [zhìdìng] [동] 창안 제정하다, 만들어 정하다
38. 中央 [zhōngyāng] [명] 중앙, 정부의 최고 기관
39. 州 [zhōu] [명] 주, [옛 행정 구역 이름] 자치주, [성 또는 자치구에 속하며, 그 밑에 현 또는 시가 있음]
40. 主权 [zhǔquán] [명] 주권
41. 逼迫 [bīpò] [동] 핍박하다, 강요하다
42. 表决 [biǎojué] [동] (회의에서 거수, 투표 등으로) 표결하다
43. 撤销 [chèxiāo] [동] 취소하다, 철회하다
44. 方针 [fāngzhēn] [명] 방침
45. 方法 [fāngfǎ] [명] (말, 행동, 업무상의 문제 등을 해결하기 위한) 방법
46. 复兴 [fùxìng] [명] [동] 부흥(하다)
47. 纲领 [gānglǐng] [명] 강령, 대강, 지도 원칙
48. 公安局 [gōng'ānjú] [명] 공안국
49. 公务 [gōngwù] [명] 공무
50. 公证 [gōngzhèng] [동] 공증(하다)
51. 共和国 [gònghéguó] [명] 공화국
52. 公告 [gōnggào] [명] 공고
53. 公认 [gōngrèn] [동] 공인하다
54. 独立 [dúlì] [동] 독립(하다)
55. 贯彻 [guànchè] [동] (방침, 정책, 방법, 정신 따위를) 관철하다
56. 管辖 [guǎnxiá] [동] 관할(하다)
57. 规划 [guīhuà] [명] 계획, 기획, (비교적 종합적이고 장기적인 계획에 쓰임)
58. 候选 [hòuxuǎn] [동] 선발을 기다리다, 입후보 하다
59. 财政 [cáizhèng] [명] 재정 (정부 부서에서 하는 재산 관리 활동)
60. 财务 [cáiwù] [명] 재무
61. 机构 [jīgòu] [명] 기구, 기관, 단체 등의 사업 단위, 기관, 단체 등의 내부 조직
62. 机关 [jīguān] [명] 기관 (공공 사무를 처리하는 조직이나 단체), (기계) 기관부, 기계로 제어하는 것, 주요 부분이 기계 장치로 되어 있는 것, (주도 면밀한) 계책, 책략, (교묘한) 계략, 꾀
63. 机密 [jīmì] [형] 기밀이다, 극비이다 [명] 기밀, 극비, 기밀을 관장하는 부문, 직무
   [동] 비밀을 지키다
64. 监督 [jiāndū] [동] 감독하다 [명] 감독(자)
65. 监视 [jiānshì] [동] 감시하다
66. 界限 [jièxiàn] [명] 한계, 경계 끝, 한도, 격, 간격, 격의
67. 领土 [lǐngtǔ] [명] 영토
68. 派遣 [pàiqiǎn] [동] 파견하다
69. 迫害 [pòhài] [명] [동] 박해(하다) [주로 정치적인 것을 가리킴]
70. 取缔 [qǔdì] [동] (공개적으로) 금지 (취소) 를 명하다
71. 生效 [shēngxiào] [동] 효과가 나타나다, 효력이 발생하다
72. 书记 [shūjì] [명] 서기

73. 推翻 [tuīfān] [동] (기존의 국면을) 전복시키다, 뒤집다, (기존의 결정, 계획, 이론 등을) 뒤집다, 번복하다
74. 竞选 [jìngxuǎn] [동] 경선하다 [명] 선거운동

국제정세와 관련된 어휘
1. 脱离 [tuōlí] [동] 이탈하다, 떠나다, 관계를 끊다
2. 条款 [tiáokuǎn] [명] (문서, 계약 따위의) 조항, 조목
3. 条约 [tiáoyuē] [명] 조약, 계약
4. 势力 [shìlì] [명] 세력
5. 外界 [wàijiè] [명] 외계, 외부, 국외
6. 声明 [shēngmíng] [동] 성명하다, 공개적으로 선언하다 [명] 성명서, 성명문
7. 签订 [qiāndìng] [동] 조인하다, (조약을) 체결하다, 함께 서명하다
8. 签署 [qiānshǔ] [동] (중요한 문서에 정식으로) 서명하다, 조인하다
9. 为首 [wéishǒu] [동] ~를(을) 우두머리 (대표, 선두, 리더) 로 하다
10. 协议 [xiéyì] [명] 합의서 [명] 합의(하다)
11. 协助 [xiézhù] [동] 협조하다 [명] 도움, 조력
12. 争端 [zhēngduān] [명] 싸움의 발단, 분쟁의 실마리
13. 殖民地 [zhímíndì] [명] 식민지
14. 中立 [zhōnglì] [명] 중립
15. 注视 [zhùshì] [명] [동] 주시(하다), 주목(하다)
16. 自主 [zìzhǔ] [명] [동] 자주(하다)
17. 备忘录 [bèiwànglù] [명] 각서(외교상의 비정식적인 문서), 비망록(기억을 돕기 위해 내키는 대로 적은 책자)
18. 表态 [biǎotài] [동] 태도를 밝히다, 입장을 표명하다
19. 封锁 [fēngsuǒ] [동] (강제적인 힘을 써서) 봉쇄하다
20. 归还 [guīhuán] [동] 되돌려 주다, 반환하다
21. 开放 [kāifàng] [동] 개방하다
22. 联盟 [liánméng] [명] 연맹, 동맹

군대, 전쟁과 관련된 어휘
1. 释放 [shìfàng] [동] 석방하다 [동] 방출하다, 내보내다
2. 守护 [shǒuhù] [동] 지키다, 수호하다
3. 侵略 [qīnlüè] [동] 침략하다
4. 侵犯 [qīnfàn] [동] (불법적으로 타인의 합법적인 권리를) 침범하다, (타국의 영역을) 침범하다
5. 武装 [wǔzhuāng] [명] 무장, 군사 장비, 군대 [동] 무장하다, 무장 시키다
6. 司令 [sīlìng] [명] 사령, 사령관
7. 派别 [pàibié] [명] 파벌
8. 舰艇 [jiàntǐng] [명] 〈군〉 함정
9. 将军 [jiāngjūn] [명] 장군
10. 军队 [jūnduì] [명] 군대
11. 起义 [qǐyì] [명] [동] 봉기(하다) 의거(를 일으키다)
12. 俘虏 [fúlǔ] [동] (전쟁 때) 적을 사로잡다, 포로로 잡다 [명] 포로
13. 授予 [shòuyǔ] [동] (훈장·상장·명예·학위 등을) 수여하다, 주다
14. 率领 [shuàilǐng] [동] (무리나 단체를) 거느리다, 이끌다, 인솔하다
15. 投降 [tóuxiáng] [명] [동] 투항(하다)
16. 袭击 [xíjī] [동] 습격(하다), 기습(하다)
17. 削弱 [xuēruò] [동] 약화시키다, 약화되다
18. 巡逻 [xúnluó] [동] 순찰하다
19. 演习 [yǎnxí] [명] [동] 연습(하다), 훈련(하다), [주로 군사에서 사용됨]
20. 掩护 [yǎnhù] [명] [동] 엄호(하다)
21. 意向 [yìxiàng] [명] 의향, 의도, 목적
22. 战斗 [zhàndòu] [명] [동] 전투(하다)
23. 战略 [zhànlüè] [명] 전략
24. 战术 [zhànshù] [명] 전술
25. 战役 [zhànyì] [명] 전역, [일정한 전략 목적을 실현하기 위해, 통일된 작전 계획에 의해 일정한 방향과 시간 내에 행하는 전투] 목표, 임무
26. 占据 [zhànjù] [동] (지역·장소 따위를) 점거하다, 차지하다
27. 占领 [zhànlǐng] [동] 점령하다
28. 占有 [zhànyǒu] [동] 소유하다 장악하다, 보유하다
29. 遮挡 [zhēdǎng] [동] 막다, 저지하다

30. 侦探 [zhēntàn] [동] 정탐하다 [명] 탐정, 밀정, 간첩, 스파이
31. 阵地 [zhèndì] [명] 〈군〉진지
32. 阵容 [zhènróng] [명] 진용
33. 镇压 [zhènyā] [동] 진압하다, 탄압하다, 억누르다
34. 振奋 [zhènfèn] [동] 분발하다, 분발시키다, [명] (기분의) 고조, 고양, 분기, 분발
35. 争夺 [zhēngduó] [동] 쟁탈하다, 다투다
36. 征服 [zhēngfú] [동] 정복하다
37. 支援 [zhīyuán] [명] [동] 지원(하다)
38. 指令 [zhǐlìng] [명] [동] 지령(하다), 명령(하다)
39. 制服 [zhìfú] [명] (군인·학생 등의) 제복
40. 忠诚 [zhōngchéng] [형] 충성스럽다, 충실하다
41. 忠实 [zhōngshí] [형] 충실하다, 진실하다
42. 衷心 [zhōngxīn] [명] 충심, 진심
43. 驻扎 [zhùzhā] [동] 군대가 주둔하다
44. 子弹 [zǐdàn] [명] 총탄, 탄알
45. 把关 [bǎguān] [이합사] 길목을 지키다
46. 包围 [bāowéi] [동] 포위하다, 둘러싸다
47. 保卫 [bǎowèi] [동] 보위하다, 지키다
48. 策略 [cèlüè] [명] 전략, 계략 [형] 전략적이다
49. 撤退 [chètuì] [동] (군대가 전장이나 점령지에서) 철수하다, 철군하다
50. 城堡 [chéngbǎo] [명] 성보 (보루 형식으로 둘러싸인 작은 성)
51. 反抗 [fǎnkàng] [동] 반항하다, 저항하다
52. 防御 [fángyù] [동] 방어하다
53. 攻击 [gōngjī] [동] 공격(하다)
54. 攻克 [gōngkè] [동] 점령하다, 함락시키다
55. 国防 [guófáng] [명] 국방
56. 捍卫 [hànwèi] [동] 지키다, 수호하다, 방위하다
57. 毁灭 [huǐmiè] [동] 괴멸하다, 섬멸하다, 박멸하다
58. 戒备 [jièbèi] [동] 경비하다, 경계하다 [명] 경비, 경계
59. 解放 [jiěfàng] [동] 해방하다, 자유롭게 되다, 속박에서 벗어나다
60. 进攻 [jìngōng] [동] 진공하다, 진격하다, 공격하다, 공세를 취하다

61. 警惕 [jǐngtì] [동] 경계하다, 경각심을 가지다
62. 掠夺 [lüèduó] [동] 약탈하다, 수탈하다
63. 埋伏 [máifú] [명] [동] 매복(하다)
64. 灭亡 [mièwáng] [동] 멸망하다, 멸망시키다
65. 抹杀 [mǒshā] [동] 말살하다
66. 拼搏 [pīnbó] [동] 맞붙어 싸우다, 필사적으로 싸우다
67. 拼命 [pīnmìng] [동] 목숨을 내던지다, 목숨을 버리다, 필사적으로 하다
68. 牵制 [qiānzhì] [명] [동] 견제(하다)
69. 情报 [qíngbào] [명] (주로 기밀성을 띤) 정보
70. 屈服 [qūfú] [동] 굴복하다
71. 驱逐 [qūzhú] [동] 몰아 내다, 쫓아 내다
72. 试图 [shìtú] [동] 시도하다

법률과 질서에 관련된 어휘

1. 抛弃 [pāoqì] [동] 버리고 돌보지 않다, 던져 버리다, (권리를) 포기하다
2. 判决 [pànjué] [명] 판결(을 내리다) [동] 판단하다, 결정하다
3. 公正 [gōngzhèng] [형] 공정하다
4. 被告 [bèigào] [명] 피고, 피고인
5. 裁判 [cáipàn] [동] (법률) 재판하다, (운동 경기를) 심판하다 [명] 심판
6. 凶手 [xiōngshǒu] [명] 살인자, 살인범
7. 阶层 [jiēcéng] [명] 계층
8. 刑事 [xíngshì] [형] 〈법〉 형사
9. 公民 [gōngmín] [명] 공민
10. 权益 [quányì] [명] 권익
11. 饶恕 [ráoshù] [동] (처벌을) 면해 주다, 용서하다
12. 扰乱 [rǎoluàn] [동] 혼란시키다, 어지럽히다, 뒤죽박죽되게 하다, 어수선하게 하다, 뒤숭숭하게 하다
13. 混乱 [hùnluàn] [형] 혼란스럽다, 혼란하다 [명] 혼란
14. 审判 [shěnpàn] [동] (안건을) 심판하다, 재판하다, 심리하다
15. 审理 [shěnlǐ] [동] 심리하다, 심사하여 처리하다
16. 司法 [sīfǎ] [명] 사법

17. 诉讼 [sùsòng] [동] 소송하다, 고소하다, 재판을 걸다
18. 索赔 [suǒpéi] [동] 배상 (변상) 을 요구하다, 클레임 (claim)을 요구하다
19. 违背 [wéibèi] [동] 위배하다, 어기다, 어긋나다
20. 维持 [wéichí] [동] 유지하다, (질서, 진행 따위의) 책임을 떠맡다, 돌보다, 원조하다
21. 嫌疑 [xiányí] [명] 의심, 의심쩍음, 혐의 [형] 의심하다
22. 宪法 [xiànfǎ] [명] 헌법
23. 宣誓 [xuānshì] [동] 선서하다
24. 严禁 [yánjìn] [동] 엄금하다
25. 一贯 [yīguàn] [동] (사상·태도·정책 등이) 한결같다, 일관하다
26. 优先 [yōuxiān] [동] 우선하다 [명] 우선
27. 有条不紊 [yǒutiáobùwěn] [성] 조리(질서) 정연하다
28. 原告 [yuángào] [명] 원고
29. 整顿 [zhěngdùn] [명] [동] 정돈(하다), 정비(하다)
30. 正义 [zhèngyì] [명] 정의, [형] 정의로운, 공정한
31. 转让 [zhuǎnràng] [동] (물건이나 권리를) 넘겨주다, 양도하다
32. 准则 [zhǔnzé] [명] 준칙, 규범
33. 一律 [yīlǜ] [형] 일률적이다, 한결같다
    [부] 일률적으로, 예외없이, 모두
34. 作废 [zuòfèi] [동] 폐기하다, 무효로 하다
35. 安宁 [ānníng] [형] (질서가 잡혀) 안녕하다
36. 案件 [ànjiàn] [명] 사건 (소송이나 위법 행위와 관계있는 사건)
37. 案例 [ànlì] [명] (어떤) 사건의 예, 사례
38. 颁布 [bānbù] [동] 공포하다, 반포하다, 세상에 널리 알리다
39. 保守 [bǎoshǒu] [동] 지키다, (지켜서 잃어버리지 않게 함을 뜻함) [형] 보수적이다
40. 保护 [bǎohù] [동] 보호하다
41. 查获 [cháhuò] [동] (범죄, 훔친 물건, 금지 물품 등을) 수사하여 찾다
42. 惩罚 [chéngfá] [동] 처벌하다, 징벌하다
43. 非法 [fēifǎ] [형] 비합법적인, 불법의
44. 废除 [fèichú] [동] (법령, 제도, 조약 등을) 폐지하다, 취소하다

45. 赋予 [fùyǔ] [동] 부여하다
46. 惯例 [guànlì] [명] 관례
47. 规范 [guīfàn] [명] 규범
    [형] 규범에 맞다, 규정에 맞다
48. 规格 [guīgé] [명] 규격
49. 规章 [guīzhāng] [명] 규칙, 규정
50. 监狱 [jiānyù] [명] 감옥
51. 解体 [jiětǐ] [동] 해체하다, 붕괴하다, 와해하다, 무너지다

사물의 배열, 배치와 관련된 어휘

1. 并列 [bìngliè] [동] 병렬하다, 나란히 늘어서다
2. 摆放 [bǎifàng] [동] (물건을 어떤 장소에) 놓다, 두다
3. 安置 [ānzhì] [동] (사람, 물건) 배치하다, 두다
4. 整齐 [zhěngqí] [형] 가지런하다, 고르다, 정연하다, 단정하다 [동] 정제하다, 질서 있게 하다, 조리 있게 하다
5. 依次 [yīcì] [동] 순서에 따르다
6. 支配 [zhīpèi] [명] [동] 안배(하다), 배치(하다), 할당(하다), 지배(하다), 지도(하다)
7. 布置 [bùzhì] [동] (물건을 진열하여) 배치하다, (활동을) 안배하다
8. 布局 [bùjú] [명] (바둑, 장기) 포석 [동] 배치하다
9. 陈列 [chénliè] [동] (남에게 보여주기 위해 물건을) 진열하다
10. 分散 [fēnsàn] [형] 흩어져 있다, 분산되어 있다
11. 附属 [fùshǔ] [명] [동] 부속(하다)
12. 隔阂 [géhé] [명] (사상, 감정등 소통상의) 간격, 틈, 장벽
13. 隔离 [gélí] [동] 분리(하다), 단절(시키다), 격리(하다)
14. 格局 [géjú] [명] 구조, 격식
15. 格式 [géshì] [명] 격식, 양식, 서식
16. 行列 [hángliè] [명] 행열, 대열
17. 间隔 [jiàngé] [명] (공간 또는 시간의) 간격 사이,
    [명] 간격을 두다, 사이를 두다,
    간을 막다, 격조하다
18. 接连 [jiēlián] [동] 연거푸 하다, 잇달다, 연속하다
19. 靠拢 [kàolǒng] [동] (간격을) 좁히다, 좁혀지다, 접근하다, 모이다, 가까이 다가서다
20. 款式 [kuǎnshì] [명] 격식, 양식, 스타일, 디자인

21. 排放 [páifàng] [동] 차례로 놓다, (폐기, 오수, 찌거기 따위를) 배출하다
22. 配备 [pèibèi] [동] (인력이나 물력을) 수요에 따라 분대하다, (병력을) 배치하다
23. 配套 [pèitào] [동] (관계가 있는 사물을 조합하여) 하나의 세트로 만들다, (부품을 모아) 조립하다
24. 区分 [qūfēn] [동] 구분하다, 분별하다, 나누다

방향, 교통, 지리와 관련된 어휘 (1)

1. 盆地 [péndì] [명] 분지
2. 畔 [pàn] [명] (강, 호수, 도로, 등의) 가, 가장자리, 주위
3. 平坦 [píngtǎn] [형] 평탄하다
4. 平面 [píngmiàn] [명] 평면
5. 平原 [píngyuán] [명] 평원
6. 坡 [pō] [명] 비탈, 언덕, 비탈진 곳 [형] 경사지다, 비스듬하다
7. 瀑布 [pùbù] [명] 폭포
8. 倾斜 [qīngxié] [형] 기울다, 경사지다 (어느 한쪽으로) 치우치다, 편향되다, 쏠리다, 치중되다
9. 丘陵 [qiūlíng] [명] 구릉, 언덕
10. 区域 [qūyù] [명] 구역, 지역
11. 曲折 [qūzhé] [형] 굽다, 구불구불하다 [명] 우여곡절, 복잡한 사정 [형] 곡절이 많다
12. 山脉 [shānmài] [명] 산맥
13. 上游 [shàngyóu] [명] (강의) 상류
14. 竖 [shù] [형] 수직의, 세로의 [동] 똑바로 세우다
15. 耸 [sǒng] [동] 치솟다, 우뚝 솟다, 주의를 불러일으키다, (어깨를) 으쓱거리다
16. 停泊 [tíngbó] [동] 정박하다, (배가 부두에) 머물다
17. 挺拔 [tǐngbá] [형] 우뚝하다, 빼어나다, 뛰어나다
18. 途径 [tújìng] [명] ~을 경유하다(거치다)
19. 土壤 [tǔrǎng] [명] 토양
20. 歪 [wāi] [형] 비스듬하다, 비뚤다, 옳지 않다 [동] 기울이다, 비뚤게 하다
21. 位于 [wèiyú] [동] ~에 위치하다
22. 溪 [xī] [명] 시내, 시냇물

23. 狭隘 [xiá'ài] [형] 지세의 폭이 좁다, 협애하다, (마음, 견식, 기량 등이) 좁고 편협하다
24. 狭窄 [xiázhǎi] [형] 비좁다, 편협하다
25. 峡谷 [xiágǔ] [명] 골짜기, 협곡
26. 巷 [xiàng] [명] 골목
27. 悬崖峭壁 [xuányáqiàobì] [명] 깎아지른 듯한 절벽
28. 淹没 [yānmò] [동] 침몰하다, 물에 잠기다
29. 沿海 [yánhǎi] [명] 바닷가 근처 지방, 연해
30. 岩石 [yánshí] [명] 암석
31. 引导 [yǐndǎo] [동] 안내하다, 인도하다
32. 园林 [yuánlín] [명] 조경 풍치림
33. 源泉 [yuánquán] [명] 원천
34. 运行 [yùnxíng] [동] (주로 별·차 따위가) 운행하다
35. 栽培 [zāipéi] [동] 심어 가꾸다, 배양하다, 인재를 기르다, 발탁하다, 등용하다
36. 渣 [zhā] [명] 찌꺼기, 침전물
37. 沼泽 [zhǎozé] [명] 소택
38. 支流 [zhīliú] [명] 지류
39. 周边 [zhōubiān] [명] 주변, 주위
40. 转移 [zhuǎnyí] [동] 옮기다, 이동하다, 변화하다 [명] 전환, 이동
41. 转折 [zhuǎnzhé] [동] (사물의 발전 방향이) 바뀌다, 전환하다
42. 转达 [zhuǎndá] [동] 전달하다, 전하다
43. 纵横 [zònghéng] [명] 종횡, 가로 세로
44. 凹凸 [āotū] [형] 울퉁불퉁하다
45. 北极 [běijí] [명] 북극
46. 边疆 [biānjiāng] [명] 변방, 국경 지대
47. 边界 [biānjiè] [명] 경계선, 국경
48. 边境 [biānjìng] [명] 국경지대, 경계 지역, 변방
49. 边缘 [biānyuán] [명] 가장자리, 모서리, 주변
50. 闭塞 [bìsāi] [동] 막다, 막히다
51. 扁 [biǎn] [형] 평평하다, 납작하다
52. 便利 [biànlì] [형] 편리하다
53. 别墅 [biéshù] [명] 별장
54. 濒临 [bīnlín] [동] 인접하다, 근접하다

55. 波浪 [bōlàng] [명] (강, 호수, 바다에 일렁이는) 파도, 물결, 파랑
56. 侧面 [cèmiàn] [명] 측면, 옆면
57. 潮流 [cháoliú] [명] 조류, 흐름
58. 潮湿 [cháoshī] [형] 습기가 많다, 축축하다, 눅눅하다
59. 岔 [chà] [명] 갈래 [동] (다른 도로로) 빠지다, (화제를) 돌리다, 시간이 엇갈리게 하여 충돌성을 피하다
60. 场所 [chǎngsuǒ] [명] 장소
61. 场合 [chǎnghé] [명] (어떤) 시간, 장소, 상황, 경우
62. 沉淀 [chéndiàn] [동] 가라앉다, 침전하다, 쌓이다 [명] 침전물
63. 泛滥 [fànlàn] [동] (물이) 범람하다, 넘치다
64. 方位 [fāngwèi] [명] 방향, 방위
65. 反面(儿) [fǎnmiàn(r)] [명] 뒷면, 배면
66. 废墟 [fèixū] [명] 폐허
67. 坟墓 [fénmù] [명] 뫼, 묘
68. 终点 [zhōngdiǎn] [명] 종점
69. 港湾 [gǎngwān] [명] 항만
70. 高峰 [gāofēng] [명] 고봉, 절정
71. 高潮 [gāocháo] [명] 만조, 고조, 클라이맥스
72. 跟前 [gēnqián] [명] 옆, 곁, 앞, 근처
73. 故乡 [gùxiāng] [명] 고향
74. 海拔 [hǎibá] [명] 해발
75. 海滨 [hǎibīn] [명] 해안, 해변
76. 痕迹 [hénjì] [명] 흔적, 자취
77. 洪水 [hóngshuǐ] [명] 홍수, 큰물
78. 湖泊 [húpō] [명] 호수
79. 交叉 [jiāochā] [동] 교차하다, 엇갈리다 [형] (일부분이) 겹치는, 일치되는
80. 角落 [jiǎoluò] [명] 구석, 모퉁이, 구석진 곳, 궁벽한 곳
81. 经纬 [jīngwěi] [명] 경도와 위도
82. 境界 [jìngjiè] [명] 경계, 경지
83. 就近 [jiùjìn] [부] 가까운 곳에, 근방에
84. 开辟 [kāipì] [동] 통하게 하다, 트이게 하다, 통하게 하다, 개발하다, 개척하다, 창건(창립) 하다
85. 坑 [kēng] [명] 구멍, 구덩이, 움푹하게 패인 곳
86. 孔 [kǒng] [명] 구멍
87. 埋没 [máimò] [동] 매몰하다(되다)
88. 迷失 [míshī] [동] (방향·길 등을) 잃다, 잃어버리다
89. 摸索 [mōsuǒ] [동] (길, 방향 따위를) 더듬어 찾다, (방법, 경험, 요령 따위를) 모색하다, 탐색하다
90. 起伏 [qǐfú] [명] [동] (산이) 기복(하다), (감정, 관계, 병 등이) 기복(하다), 변화(하다)
91. 启程 [qǐchéng] [동] 출발하다, 떠나다
92. 刹车 [shāchē] [동] (자동차의) 브레이크를 걸다, 제동을 걸다, 차를 세우다
93. 畅通 [chàngtōng] [형] 막힘 없이 통하다, 잘 통하다
94. 移动 [yídòng] [동] 이동(하다)

건축물과 관련된 어휘

1. 井 [jǐng] [명] 우물
2. 亭子 [tíngzi] [명] 정자
3. 隧道 [suìdào] [명] 굴, 터널
4. 塌 [tā] [동] 꺼지다, 움푹 패다, 가라앉다, 무너지다, 붕괴하다
5. 椭圆 [tuǒyuán] [명] 타원, 타원체
6. 桥梁 [qiáoliáng] [명] 교량, 다리
7. 销毁 [xiāohuǐ] [동] 소각하다, 불살라버리다
8. 修复 [xiūfù] [동] (건축물을) 수리하여 복원하다, 재생하다, 회복하다
9. 修建 [xiūjiàn] [동] 건설하다, 시공하다
10. 油漆 [yóuqī] [명] (유성) 페인트
11. 支柱 [zhīzhù] [명] 지주, 받침대
12. 支撑 [zhīchēng] [동] 버티다, 지탱하다
13. 住宅 [zhùzhái] [명] (규모가 비교적 큰) 주택
14. 砖瓦 [zhuānwǎ] [명] 벽돌과 기와
15. 幢 [zhuàng] [명] 당[고대 깃발의 일종] 불교의 경문을 새긴 돌기둥
16. 走廊 [zǒuláng] [명] 복도
17. 把手 [bǎshǒu] [명] (서랍, 문 등에 달린) 손잡이, 자루
18. 仓库 [cāngkù] [명] 창고

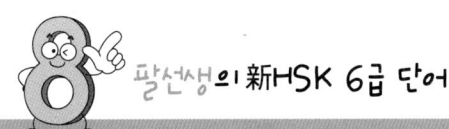

19. 岗位 [gǎngwèi] [명] 경관, 보초가 보초서는 곳, 직책, 본분
20. 阁 [gé] [명] 누각, (수위, 순경, 보초들이 근무하는) 박스, 내각
21. 宫殿 [gōngdiàn] [명] 궁전
22. 巩固 [gǒnggù] [형] 견고하다, 튼튼하다
    [동] 견고하게 하다, 튼튼히 다지다
23. 基地 [jīdì] [명] 기지 (활동, 운동의) 근거지
24. 框架 [kuàngjià] [명] 틀 (콘크리이트 공사 따위에 쓰는 상자꼴의 판자), (사물의) 조직, 구조, 구성
25. 立交桥 [lìjiāoqiáo] [명] 입체 교차교
26. 炉灶 [lúzào] [명] 부뚜막
27. 落成 [luòchéng] [동] 준공하다
28. 水利 [shuǐlì] [명] '수리 공사(水利工程)'의 약칭
29. 水泥 [shuǐní] [명] 시멘트

비즈니스 및 직장생활과 관련된 어휘

1. 启事 [qǐshì] [명] (신문, 잡지에 내거나 벽에 붙이는) 광고, 고시, 공고
   [동] 알리다
2. 洽谈 [qiàtán] [명] [동] (직접) 상담(하다) 교섭(하다), 협의(하다)
3. 前景 [qiánjǐng] [명] 전경, 장래, 전망, 전도
4. 迁徙 [qiānxǐ] [동] 이사하다, 이전하다
   [명] 이전, 이동
5. 谴责 [qiǎnzé] [동] 견책하다, 꾸짖다, 질책하다, 규탄하다
   [명] 비난, 질책, 규탄
6. 顾问 [gùwèn] [명] 고문
7. 上级 [shàngjí] [명] 상급, 상부, 상급자, 상사
8. 下属 [xiàshǔ] [동] 아래에 속하다, 부속되다,
   [명] 부하, 아랫사람
9. 用户 [yònghù] [명] (수도·전기·전화·컴퓨터 따위 설비의) 사용자
10. 否决 [fǒujué] [동] (의논한 안건이) 부결하다
11. 吩咐 [fēnfù] [동] (말로) 분부하다, 시키다, ~하도록 하다
12. 检验 [jiǎnyàn] [동] 검험하다, 검증하다, 검사하다
    [명] 검험, 검증, 검사
13. 鉴定 [jiàndìng] [동] (사람의 잘잘못, 출신, 장단점 따위를) 평정하다, (사물의 우열, 진위 따위를) 감정하다, 검정하다, 판정하다
    [명] (사람에 대한) 평정서, 평가서
14. 检讨 [jiǎntǎo] [동] 본인 또는 부문의 사상, 일, 생활상의 결점 과실을 검사하고 그 원인을 분석하다, 자기 비판을하다, 종결하여 분석하다; 연구하다
    [명] 반성, 검토, 자기비판
15. 请示 [qǐngshì] [동] (윗사람이나 상부에) 지시를 바라다
    [명] (상부에 지시해 줄 것을 요청하는) 지시 요청서
16. 认可 [rènkě] [동] 승낙하다, 인가하다, 허락하다
17. 认定 [rèndìng] [동] 인정하다, 확신하다, 굳게 믿다
18. 任务 [rènwu] [명] 임무, 책무
19. 任命 [rènmìng] [동] 임명하다
20. 上任 [shàngrèn] [동] 부임하다, 취임하다
    [형] 전임의 [명] 전임자
21. 设立 [shèlì] [동] (기구·조직 등을) 설립하다, 건립하다
22. 申报 [shēnbào] [동] (상급·관련 기관에) 서면으로 보고하다
23. 审查 [shěnchá] [동] (제안·계획·저작·경력 등을) 심사하다, 검열하다, 심의하다
24. 事态 [shìtài] [명] 사태, 정황
25. 事务 [shìwù] [명] 일, 사무, 업무, 총무, 서무, 전문적인 업무
26. 事项 [shìxiàng] [명] 사항
27. 提示 [tíshì] [동] 제시하다, 제기하다, 지적하다
28. 提议 [tíyì] [명] [동] 제의(하다)
29. 提拔 [tíbá] [동] 등용하다, 발탁하다
30. 淘汰 [táotài] [동] 도태하다
31. 投机 [tóujī] [동] 배짱이 맞다, 의기 투합하다, 투기하다
    [명] 투기
32. 妥协 [tuǒxié] [동] 타협하다, 의견이 일치하다
    [명] 타협
33. 物美价廉 [wùměijiàlián] [성] 물건도 좋고, 값도 싸다
34. 物资 [wùzī] [명] 물자
35. 务实 [wùshí] [동] 구체적 사업 수행에 힘쓰다

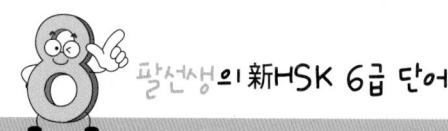

36. 现成 [xiànchéng] [형] 이미 만들어져 있는, 이미 갖추어져 있는
37. 现场 [xiànchǎng] [명] 현장
38. 现状 [xiànzhuàng] [명] 현상, 현상태, 현재 상황
39. 协商 [xiéshāng] [명] [동] 협상(하다), 협의(하다)
40. 欣欣向荣 [xīnxīnxiàngróng] [성] 초목이 무성하다; (사업이) 활기에 차 발전하다, 번영하다
41. 薪水 [xīnshuǐ] [명] 땔나무와 물, 급료, 봉급
42. 信赖 [xìnlài] [명] [동] 신뢰(하다)
43. 须知 [xūzhī] [동] 알지 않으면 안된다, [명] 주의 사항, 준칙
44. 许可 [xǔkě] [명] [동] 허가(하다), 승낙(하다)
45. 选拔 [xuǎnbá] [동] (인재를) 선발하다
46. 预算 [yùsuàn] [명] [동] 예산(하다), 사전 계산(하다), 예기(하다)
47. 责任 [zérèn] [명] 책임
48. 债券 [zhàiquàn] [명] 채권, 국채, 공채, 주식 채권
49. 展示 [zhǎnshì] [동] 전시하다
50. 招收 [zhāoshōu] [동] (학생이나 견습공 등을) 모집하다, 받아들이다
51. 帐户 [zhànghù] [명] 계정 계좌, 구좌
52. 章程 [zhāngchéng] [명] 장정, 조목별로 정한 규정
53. 招投标 [zhāotóubiāo] [동] 입찰하다, 응찰하다, 입찰, 응찰
54. 照料 [zhàoliào] [동] 돌보다, 보살피다
55. 照样 [zhàoyàng] [동] 그대로 따르다[하다]
56. 照应 [zhàoying] [동] 협력하다, 호흡이 맞다, 호응하다
57. 争气 [zhēngqì] [동] 지지 않으려고 애쓰다, 분발하다
58. 职位 [zhíwèi] [명] 직위
59. 职务 [zhíwù] [명] 직무
60. 指示 [zhǐshì] [명] [동] 지시(하다)
61. 指责 [zhǐzé] [명] [동] 지적(하다), 질책(하다)
62. 职能 [zhínéng] [명] 직능
63. 着手 [zhuóshǒu] [동] 착수하다, 시작하다, 손을 대다
64. 资深 [zīshēn] [형] 경력과 자력이 풍부하다
65. 罢工 [bàgōng] [동] 동맹휴업하다, 파업하다, 워크아웃
66. 报酬 [bàochóu] [명] 복수, 사례비, 수고비
67. 报销 [bàoxiāo] [동] 청산하다, 청구하다
68. 剥削 [bōxuē] [동] 착취하다
69. 补贴 [bǔtiē] [동] (재정적으로) 보태다, 보조하다
70. 部署 [bùshǔ] [동] (인력, 임무 등을) 안배하다, 배치하다
71. 布告 [bùgào] [명] 게시문, 공지문 [동] 게시하다, 공지하다
72. 参谋 [cānmóu] [동] (남을 대신해서) 아이디어를 내다, 조언하다
73. 产业 [chǎnyè] [명] 부동산, 산업, 현대 공업 생산
74. 常务 [chángwù] [형] 상무의, 일상적인, 업무인
75. 倡导 [chàngdǎo] [동] 앞장서서 부르짖다, 제창하다
76. 承办 [chéngbàn] [동] 일을 받아 처리하다
77. 承包 [chéngbāo] [동] (공사, 주문, 기타 생산 등) 책임 지고 완수하다
78. 承诺 [chéngnuò] [동] 승낙하다, 응낙하다
79. 分红 [fēnhóng] [동] (기업 등에서) 이익을 분배하다, 순이익을 배당하다
80. 福利 [fúlì] [명] 복리
81. 负担 [fùdān] [동] (책임, 업무, 비용 등을) 부담하다
82. 盖章 [gàizhāng] [동] 도장을 찍다
83. 各抒己见 [gèshūjǐjiàn] [성] 제각기 자기 의견을 말하다
84. 公关 [gōngguān] [명] 공공관계
85. 功劳 [gōngláo] [명] 공로
86. 合并 [hébìng] [동] 합병하다, 합치다
87. 合算 [hésuàn] [동] 수지가 (채산이) 맞다, 합계하다
88. 合伙 [héhuǒ] [동] 한패가 되다, 동료가 되다, 동업하다
89. 回报 [huíbào] [동] 보고하다, 보답하다, 보복하다
90. 会晤 [huìwù] [동] 만나다, 회견하다
91. 汇报 [huìbào] [동] 상황을 종합하여 상급자 또는 대중에게 보고하다 [명] (종합) 보고
92. 裁员 [cáiyuán] [동] (기관, 기업 등에서) 감원하다, 인원을 줄이다
93. 急功近利 [jígōngjìnlì] [성] 눈앞의 성공과 (공로와) 이익에만 급급하다
94. 急于求成 [jíyúqiúchéng] [성] 서둘러 성공을 추구하다

95. 继往开来 [jìwǎngkāilái] [성] 지난날의 사업을 계승하여 앞길을 개척하다, 앞 사람의 일을 이어받아 발전시키다
96. 兼职 [jiānzhí] [동] 겸직하다 [명] 겸직
97. 交代 [jiāodài] [동] 사무를 인계하다, 교대하다, 분부하다, 당부하다, (사정이나 의견을) 설명하다, (잘못이나 죄 따위를) 자백하다
98. 结算 [jiésuàn] [동] 결산하다 [명] 결산
99. 解雇 [jiěgù] [동] 해고하다
100. 晋升 [jìnshēng] [동] 승진하다, 승진시키다
101. 就业 [jiùyè] [동] [명] 취직(하다)
102. 就职 [jiùzhí] [동] 취임하다
103. 可行 [kěxíng] [동] 실행할 만하다, 가능하다, 할수 있다, 해도 된다
104. 实惠 [shíhuì] [명] 실리, 실익, [형용사] 실속 있다, 실용적이다, 실질적이다
105. 着想 [zhuóxiǎng] [동] (어떤 사람이나 어떤 일의 이익을) 생각하다, 고려하다, 염두에 두다

비즈니스, 판매와 관련있는 어휘

1. 批发 [pīfā] [명] [동] 도매(하다)
2. 利害 [lìhài] [명] 이해, 이익과 손해
3. 弥补 [míbǔ] [동] (결점, 결손 따위를) 메우다, 보충하다, 보완하다
4. 亏损 [kuīsǔn] [동] 적자 나다, 결손 나다 [명] 적자, 결손
5. 经商 [jīngshāng] [동] 장사하다
6. 交易 [jiāoyì] [동] 교역하다, 거래하다, 장사하다 [명] 교역, 거래, 장사
7. 过失 [guòshī] [명] 잘못, 실수
8. 贩卖 [fànmài] [동] 판매하다, 팔다
9. 成本 [chéngběn] [명] 원가, 생산비용
10. 成交 [chéngjiāo] [이합동사] 거래가 이루어지다, 매매가 이루어지다
11. 畅销 [chàngxiāo] [동] (물건이) 잘 팔리다
12. 补偿 [bǔcháng] [동] (손실, 손해를) 보상하다, (차액, 결손을) 메우다
13. 本钱 [běnqián] [명] 밑천
14. 包装 [bāozhuāng] [동] (상품을) 포장하다
15. 赠送 [zèngsòng] [동] 증정하다, 선사하다
16. 走私 [zǒusī] [동] 밀수하다, 암거래하다, 몰래 떠나다
17. 支出 [zhīchū] [명] 지출
18. 样品 [yàngpǐn] [명] 견본품
19. 托运 [tuōyùn] [동] 운송을 위탁하다, 탁송하다
20. 推销 [tuīxiāo] [동] 판로를 확장하다, 널리 팔다
21. 讨价还价 [tǎojiàháijià] [성] 흥정하다
22. 客户 [kèhù] [명] 손님, 고객
23. 交涉 [jiāoshè] [동] 교섭하다, 절충하다, [명] 교섭, 절충
24. 采购 [cǎigòu] [동] 구입하다, 구매하다, [명] 구매 (업무) 담당자

경제 관련 어휘

1. 瓦解 [wǎjiě] [동] 와해하다(시키다), 붕괴하다(시키다), 분열하다(시키다)
2. 停滞 [tíngzhì] [동] 정체하다, 침체하다
3. 通货膨胀 [tōnghuòpéngzhàng] [명] 통화팽창, 인플레이션
4. 通用 [tōngyòng] [동] 통용하다
5. 跳跃 [tiàoyuè] [동] 도약하다, 뛰어오르다
6. 体系 [tǐxì] [명] 체계, 체제, 시스템
7. 事业 [shìyè] [명] 사업
8. 收益 [shōuyì] [명] 수익, 이득, 수입
9. 商标 [shāngbiāo] [명] 상표
10. 股东 [gǔdōng] [명] 주주
11. 摊儿 [tānr] [명] 노점
12. 集团 [jítuán] [명] 집단, 단체, 그룹, 한 패거리, 도당
13. 微观 [wēiguān] [형] 미시적
14. 无偿 [wúcháng] [명] [형] 무상(의)
15. 模型 [móxíng] [명] 견본, 모델, 모형
16. 统计 [tǒngjì] [명] 총계, 통계
17. 效益 [xiàoyì] [명] 효과와 이익
18. 兴隆 [xīnglóng] [동] 번창하다, 흥하다, 융성하다
19. 兴旺 [xīngwàng] [형] 번창하다, 왕성하다

20. 需求 [xūqiú] [동] 요구되다, 필요로 하다
    [명] 요구, 수요, 필요
21. 盈利 [yínglì] [명] 이익, 이득, 이윤,
    [동] 이익을 보다, 이윤을 얻다
22. 指标 [zhǐbiāo] [명] 지표, 목표
23. 周转 [zhōuzhuǎn] [명] (자금의) 회전
    [동] (자금·물건 따위가) 돌다,
    유통되다, 운용하다
24. 专利 [zhuānlì] [명] (전매) 특허
    [동] 이익을 독점하다
25. 资本 [zīběn] [명] 자본, 밑천, 본전
26. 资产 [zīchǎn] [명] 재산, 자산
27. 崩溃 [bēngkuì] [동] 붕괴하다, 무너지다
28. 飙升 [biāoshēng] [동] (가격이) 급격히 오르다,
    급격히 많아지다
29. 风险 [fēngxiǎn] [명] (발생할지도 모르는) 위험
30. 高涨 [gāozhǎng] [동] (물가, 수치 등) 뛰어오르다,
    급증하다
31. 供给 [gōngjǐ] [동] 공급(하다)
32. 供不应求 [gōngbùyìngqiú] [성] 공급이 수요를
    따르지 못하다
33. 股份 [gǔfèn] [명] 지분, 주식, 출자본
34. 股票 [gǔpiào] [명] 증권, 주식
35. 宏观 [hóngguān] [형] 거시적인, 거시적
36. 货币 [huòbì] [명] 화폐
37. 基金 [jījīn] [명] 기금
38. 金融 [jīnróng] [명] 금융
39. 利率 [lìlǜ] [명] 이율
40. 流通 [liútōng] [동] 유통하다, 널리 퍼지다

스포츠와 관련된 어휘

1. 选手 [xuǎnshǒu] [명] 선수
2. 亚军 [yàjūn] [명] (운동 경기의) 준우승(자)
3. 季军 [jìjūn] [명] (운동 경기 등에서) 제3위
4. 裁判 [cáipàn] [동] (법률) 재판하다, (운동경기) 심판하다
   [명] 심판
5. 哨 [shào] [명] 호루라기, 초소
6. 胜负 [shèngfù] [명] 승부, 승패
7. 田径 [tiánjìng] [명] 육상 경기
8. 预赛 [yùsài] [명] (경기의) 예선
9. 宰 [zǎi] [동] 주관하다
10. 操练 [cāoliàn] [동] 조련하다, 훈련하다(군대, 체육에
    주로 쓰임)
11. 防守 [fángshǒu] [동] 수비하다, 막아서 지키다
    [명] 수비수
12. 警告 [jǐnggào] [동] 경고하다 [명] 경고
13. 竞赛 [jìngsài] [명] 경기, 경쟁, 시합
    [동] 경쟁하다, 경기하다, 시합하다
14. 领先 [lǐngxiān] [동] 선두에 서다, 앞서다, 리드하다

논쟁(논리)과(와) 관련된 단어

1. 涉及 [shèjí] [동] 관련되다, 연관되다, 연루되다
2. 实质 [shízhì] [명] 실질, 본질
3. 是非 [shìfēi] [명] 시비, 옳고 그름, 말다툼
4. 讽刺 [fěngcì] [동] (비유, 과장 등의 수법으로) 풍자하다
5. 计较 [jìjiào] [동] 계산하여 비교하다, 따지다, 염두에
   두다, 논쟁하다, 언쟁하다, 의논하다,
   상담하다
   [명] 계획, 계책, 생각
6. 简要 [jiǎnyào] [형] 간단하면서도 요령 있다,
   간단명료하다
7. 较量 [jiàoliàng] [동] (힘, 기량 따위를) 겨루다,
   대결하다, 경쟁하다
8. 据悉 [jùxī] [동] 소식에 따라 알다, 아는 바로는
9. 论证 [lùnzhèng] [동] 논증하다
10. 首要 [shǒuyào] [형] 가장 중요하다
    [명] 수뇌, 수반
11. 思索 [sīsuǒ] [동] 사색하다, 깊이 생각한다
12. 思维 [sīwéi] [명] 사유 [동] 사유하다, 숙고하다, 생각하다
13. 探讨 [tàntǎo] [명] [동] 연구 토론(하다), 탐구(하다)
14. 条理 [tiáolǐ] [명] (생각, 말, 문장 따위의) 조리,
    사리, 순서, (생활, 작업 따위의) 질서,
    체계, 짜임새
15. 推测 [tuīcè] [동] 추측하다, 헤아리다
16. 推理 [tuīlǐ] [명] [동] 추리(하다)
17. 推论 [tuīlùn] [명] [동] 추론(하다)

18. 恰当 [qiàdàng] [형] 알맞다, 적절하다, 적당하다
19. 妥当 [tuǒdàng] [형] 알맞다, 온당하다, 적당하다, 타당하다
20. 妥善 [tuǒshàn] [형] 알맞다, 타당하다, 적절하다
21. 确切 [quèqiè] [형] 확실하다, 적절하다, 정확하다
22. 线索 [xiànsuǒ] [명] 실마리, 단서
23. 演绎 [yǎnyì] [명] [동] 연역(하다)
24. 要点 [yàodiǎn] [명] (말이나 문장 따위의) 중요한 곳
25. 依据 [yījù] [동] 의거하다, 근거로 하다
    [명] 근거, 바탕, 증거, 기초
26. 缘故 [yuángù] [명] 원인, 이유
27. 运算 [yùnsuàn] [명] [동] 연산(하다)
28. 赞同 [zàntóng] [동] 찬동하다, 찬성하다
29. 摘要 [zhāiyào] [동] 적요하다, 요점만을 따서 적다
    [명] 요점만을 따서 적은 기록
30. 拥护 [yōnghù] [명] [동] 옹호(하다), 지지(하다)
    [동] (많은 사람들이) 떼지어 둘러싸다
31. 真相 [zhēnxiàng] [명] 진상
32. 争议 [zhēngyì] [명] [동] 논쟁(하다)
33. 证实 [zhèngshí] [동] 실증하다
34. 追究 [zhuījiū] [동] 규명하다, 추궁하다, 따지다
35. 着重 [zhuózhòng] [동] 강조하다, 중시하다
    [부] 열심히, 집중적으로
36. 总而言之 [zǒng'éryánzhī] [성] 총괄적으로 말하면, 요컨대
37. 本着 [běnzhe] [개] ~에 따라, ~에 입각하여, ~에 근거하여
38. 比方 [bǐfāng] [명] 비유 예를 들다,
    [접속사] 만약, 만일
39. 比喻 [bǐyù] [명] 비유 [동] 비유하다
40. 辩护 [biànhù] [동] 변호하다
41. 辩解 [biànjiě] [동] 변명하다, 설명하다
42. 辨认 [biànrèn] [동] (사물의 특징에 근거하여) 판별하다, 판단하다
43. 辩证 [biànzhèng] [동] 변증하다, (판별하고 분석하여 고증함을 뜻함)
44. 不像话 [bùxiànghuà] 말이 되지 않다
45. 不屑一顾 [bùxièyígù] 일고의 가치도 없다고 생각한다
46. 不言而喻 [bùyánér'yù] 말하지 않아도 안다, 말할 필요까지 없다
47. 层次 [céngcì] [명] 내용의 순서, 제각기, 교양, 차원
48. 阐述 [chǎnshù] [동] 논술하다
49. 倡议 [chàngyì] [동] 건의하다, 발기하다 [명] 주장
50. 陈述 [chénshù] [동] 진술하다
51. 反驳 [fǎnbó] [동] 반박하다
52. 反馈 [fǎnkuì] [동] 피드백하다
53. 反问 [fǎnwèn] [동] 되묻다, 반문하다
54. 范畴 [fànchóu] [명] 범주, 유형, 범위
55. 分辨 [fēnbiàn] [동] 판별하다, 구별하다, 가리다
56. 更正 [gēngzhèng] [동] 정정하다
57. 含义 [hányì] [명] 내표된 뜻, 내용, 개념
58. 含糊 [hánhú] [형] 모호하다, 명확하지 않다,
    [동] 두려워하다, 약하게 보이다,
    (주로 부정형으로 쓰임)
59. 归纳 [guīnà] [동] 귀납(하다)
60. 反之 [fǎnzhī] [접속] 이와 반대로, 바꾸어서 말하면, 반대로 말하면
61. 局限 [júxiàn] [동] 국한하다, 제한하다
62. 理所当然 [lǐsuǒdāngrán] [성] 도리로 보아 당연하다
63. 理直气壮 [lǐzhíqìzhuàng] [성] 이유가 충분하여 하는 말이 당당하다
64. 例如 [lìrú] 예를 들어
65. 例外 [lìwài] [동] 예외로 하다
66. 列举 [lièjǔ] [동] 열거하다
67. 立足 [lìzú] [동] 발 붙이다, 근거하다, 입각하다, (입장에) 서다
68. 拟定 [nǐdìng] [동] 추측하여 단정하다
69. 排除 [páichú] [동] (장애를) 제거하다, 배제하다
70. 批判 [pīpàn] [명] [동] 비판(하다)
71. 譬如 [pìrú] [동] 예를 들다
    [접] 만일, 만약
72. 前提 [qiántí] [명] 선결 조건, 전제 조건
73. 识别 [shíbié] [동] 식별하다, 변별하다, 분별하다, 가려 내다

다툼(분쟁)과 관련된 어휘

1. 弱点 [ruòdiǎn] [명] 약점, 단점, 허점
2. 撒谎 [sāhuǎng] [동] 거짓말을 하다, 허튼소리를 하다
3. 歧视 [qíshì] [명] [동] 경시(하다) 차별 대우(하다)
4. 起哄 [qǐhòng] [동] 거짓말로 속이다
5. 摩擦 [mócā] [명] [동] 마찰(하다, 일어나다)
6. 欺骗 [qīpiàn] [동] 기만하다, 속이다
7. 欺负 [qīfù] [동] 얕보다, 괴롭히다, 업신여기다
8. 恐吓 [kǒnghè] [동] 으르다, 위협하다, 협박하다, 공갈하다
9. 纠纷 [jiūfēn] [명] 다툼, 분쟁, 언쟁
10. 讥笑 [jīxiào] [동] 비웃다, 조롱하다, 조소하다
11. 挑剔 [tiāotī] [동] (결점, 잘못 따위를) 들추다, 지나치게 트집 잡다 [형] 까다롭다, 가리는 것이 많다
12. 调解 [tiáojiě] [명] [동] 조정(하다), 중재(하다), 화해(하다, 시키다)
13. 挑衅 [tiǎoxìn] [명] [동] (생트집을 잡아) 도전(하다), 도발(하다)
14. 玩弄 [wánnòng] [동] 희롱하다, 놀리다, 가지고 놀다, (수단, 재간을) 쓰다, 부리다
15. 微不足道 [wēibùzúdào] [성] 하찮아서 말할 가치도 없다, 보잘것없다
16. 威胁 [wēixié] [명] [동] 위협(하다)
17. 耍 [shuǎ] [동] 놀리다, 장난하다, 가지고 놀다, 희롱하다
18. 蔑视 [mièshì] [동] 멸시하다, 깔보다
19. 埋怨 [mányuàn] [동] 불평하다, 원망하다
20. 惹祸 [rěhuò] [동] 화를 초래하다, 일을 저지르다
21. 疏忽 [shūhu] [동] 소홀히 하다 [형] 경솔하다 [명] 실수
22. 恼火 [nǎohuǒ] [동] 노하다, 성내다 [명] 분노, 화
23. 无理取闹 [wúlǐqǔnào] [성] 무리하게 소란을 피우다, 까닭없이 남과 다투다
24. 侮辱 [wǔrǔ] [동] 모욕하다, 모독하다, 더럽히다, 욕보이다
25. 殴打 [ōudǎ] [동] 구타하다
26. 嫌 [xián] [명] 혐의, 의심, 원한, 미움, 증오, [동] 싫어하다, 역겨워하다
27. 陷害 [xiànhài] [동] 모함하다
28. 陷入 [xiànrù] [동] (불리한 상황에) 빠지다, 몰두하다, 열중하다
29. 屑 [xiè] [명] 부스러기, 찌꺼기 [형] 하찮다, 사소하다 [동] (할 만한) 가치가 있다(고 여기다)
30. 报仇 [bàochóu] [이합동사] 복수하다, 적에게 보복하다, 원한을 갚다
31. 报复 [bàofù] [동] 보복하다
32. 暴力 [bàolì] [명] 폭력, 무력
33. 抱怨 [bàoyuàn] [동] 불평하다, 투덜거리다, 탓하다
34. 贬低 [biǎndī] [동] 낮게 평가하다, 얕잡아 보다
35. 贬义 [biǎnyì] [명] 폄의, 나쁜 뜻
36. 搏斗 [bódòu] [동] 싸우다, 격투하다, 투쟁하다
37. 嘲笑 [cháoxiào] [동] (말이나 글로써 남을) 조소하다
38. 反思 [fǎnsī] [동] 반성하다, 돌아보다, 되돌아보다
39. 诽谤 [fěibàng] [동] (없는 것을 꾸며 대어) 비방하다, 헐뜯다
40. 忽略 [hūluè] [동] 소홀히 하다, 등한시 하다
41. 干扰 [gānrǎo] [동] 방해(하다)
42. 干涉 [gānshè] [동] 간섭(하다)
43. 和解 [héjiě] [동] 화해하다
44. 缓和 [huǎnhé] [동] 완화시키다, 완화하다, 늦추다, [형] (상황, 분위기 등이) 느슨해지다
45. 排斥 [páichì] [동] 배격하다, 배척하다

수량사와 양사와 관련된 어휘

1. 若干 [ruògān] [대명사] 약간, 조금, 소량
2. 盛产 [shèngchǎn] [동] 많이 나다, 많이 생산하다
3. 十足 [shízú] [형] 충분하다, 충족하다, 넘쳐흐르다, 순도가 높다, 함유율이 높다
4. 数额 [shùè] [명] 일정한 수, 액수
5. 数目 [shùmù] [명] 수, 수량, 숫자
6. 艘 [sōu] [양] 척 [선박을 헤아리는 데 쓰임]
7. 算数 [suànshù] [동] 숫자를 세다, 수를 헤아리다 한 말을 책임지다, 말한 대로 하다, 그뿐이다, 그만이다, 그것으로 됐다
8. 丰富 [fēngfù] [형] (물질, 학식, 경험 등이) 풍부하다
9. 丰满 [fēngmǎn] [형] 충분하다

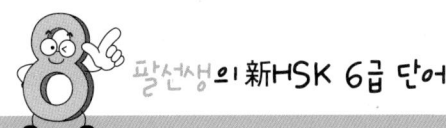
八선생의 新HSK 6급 단어

10. 丰盛 [fēngshèng] [형] (물질적인 면이) 풍성하다, 풍부하다
11. 丰收 [fēngshōu] [동] 풍성하게 수확하다, 풍성하게 거두어들이다
12. 统统 [tǒngtǒng] [부] 모두, 전부
13. 无穷无尽 [wúqióngwújìn] [성] 무궁 무진하다, 무진장하다
14. 调节 [tiáojié] [명] [동] (수량, 정도 등을) 조절(하다), 조정(하다)
15. 相等 [xiāngděng] [형] (수량, 분량, 정도, 등이) 같다, 대등하다
16. 一度 [yídù] 일 회, 한 차례, 한 번, 한 때, 한동안
17. 一再 [yīzài] [부] 몇번이나, 수차, 거듭, 반복하여
18. 与日俱增 [yǔrìjùzēng] [성] 날이 갈수록 번창하다, 날로 많아지다
19. 攒 [zǎn] [동] 쌓다, 모으다, 축적하다
20. 增添 [zēngtiān] [동] 더하다, 늘이다, 보태다
21. 珍贵 [zhēnguì] [형] 진귀하다 [동] 귀중하게 여기다
22. 珍稀 [zhēnxī] [형] 진귀하고 희소하다
23. 总计 [zǒngjì] [동] 총계 하다
24. 总合 [zǒnghé] [동] 종합하다, 전부를 합하다
25. 左右 [zuǒyòu] [명] 좌와 우, 가량, 안팎, 만큼, 내외
26. 磅 [bàng] [양] 파운드
27. 比重 [bǐzhòng] [명] 비중 (어떤 사물이 전체에 차지하는 분량)
28. 层出不穷 [céngchūbùqióng] [성] 끝도 없이 출현하다
29. 番 [fān] 회, 차례, 번, 바탕
30. 反复 [fǎnfù] [부] 반복하여, 되풀이해서
31. 分钟 [fēnzhōng] [명] 분
32. 共计 [gòngjì] [동] 합계(하다), 도합(하다)
33. 罕见 [hǎnjiàn] [형] 보기 드물다, 희한하다
34. 过度 [guòdù] [형] (정도를) 지나치다, 과도하다
35. 不止 [bùzhǐ] [동] (계속) 그치지 않다, ~을 넘다
36. 零星 [língxīng] [형] 자질구레하다, 보잘것없다, 소량이다, 산발적이다, 드문드문하다
37. 枚 [méi] [수량사] 매, 장, 개 (주로 형체가 작고 동글납작한 물건을 세는 양사)
38. 名额 [míng'é] [명] 정원, 인원수
39. 容纳 [róngnà] [동] 수용하다, 넣다, 포용하다, 용납하다, 받아들이다
40. 屡次 [lǚcì] [부] 자주, 누차, 여러 번, 여러 차례

나무, 식물과 관련된 어휘

1. 枝 [zhī] [명] (초목의) 가지, 자루, 대, 정
2. 柱 [zhù] [명] 그루
3. 自发 [zìfā] [형] 자발적인, 자연 발생적인
4. 遍布 [biànbù] [동] 도처에 널리 분포하다, 널리 퍼지다
5. 昌盛 [chāngshèng] [형] 번성하다, 흥성하다
6. 橙 [chéng] [명] 오렌지 나무, 오렌지
7. 腐朽 [fǔxiǔ] [동] (나무 등 섬유질을 가진 것이) 썩다, 부패하다
8. 根深蒂固 [gēnshēndìgù] [성] 뿌리가 깊다, 고질이 되다
9. 根源 [gēnyuán] [명] 근원 [동] (~에서) 비롯되다, (~에) 근원하다
10. 花瓣 [huābàn] [명] 꽃잎, 화판
11. 茎 [jīng] [명] (식물의) 줄기
12. 枯燥 [kūzào] [형] 바싹 마르다, 말라빠지다, 무미건조하다
13. 萌芽 [méngyá] [동] (식물이) 싹트다 [명] 새싹, 맹아
14. 梢 [shāo] [명] 나무(의) 끝, 말단, (가늘고 길쭉한 물건의) 끝 부분
15. 摄取 [shèqǔ] [동] (영양 등을) 흡수하다, 섭취하다, (사진이나 영화를) 촬영하다, 찍다
16. 散发 [sànfā] [동] 발산하다, 퍼지다, 내뿜다, 배포하다

천문과 관련된 어휘

1. 太空 [tàikōng] [명] 우주
2. 探测 [tàncè] [명] [동] 탐측(하다), 관측(하다), 탐지(하다)
3. 天文 [tiānwén] [명] 천문
4. 卫星 [wèixīng] [명] 위성
5. 循环 [xúnhuán] [명] [동] 순환(하다)
6. 奥秘 [àomì] [명] (심오하여 남들에게 아직 알려지지 않은) 비밀
7. 轨道 [guǐdào] [명] 궤도
8. 航空 [hángkōng] [명] 항공

9. 航天 [hángtiān] [명] 우주 비행
10. 航行 [hángxíng] [동] 항행하다
11. 火箭 [huǒjiàn] [명] 로켓

의욕, 열정과 관련된 어휘

1. 上进心 [shàngjìnxīn] [명] 진취심, 성취욕
2. 生机 [shēngjī] [명] 활력, 생명력, 생기, 활기 살아갈 길, 생존의 기회, 삶의 희망
3. 干劲 [gànjìn] [명] (일을 하려고 하는) 의욕, 열성
4. 活力 [huólì] [명] 활력, 생기, 원기, 활기
5. 劲头 [jìntóu] [명] 힘, 기운, 열정
6. 意志 [yìzhì] [명] 의지, 의기
7. 毅力 [yìlì] [명] 기력, 기백, 굳센 의지, 끈기
8. 朝气蓬勃 [zhāoqìpéngbó] [성] 생기가 넘쳐 흐르다, 생기 발랄하다
9. 着迷 [zháomí] [동] ~에 몰두하다, ~에 사로잡히다
10. 挣扎 [zhēngzhā] [동] 힘써 버티다, 발버둥치다
11. 志气 [zhìqì] [명] 패기, 기개, 진취성
12. 专心 [zhuānxīn] [동] 몰두하다, 전념하다
13. 抱负 [bàofù] [명] 포부, 원대한 뜻
14. 薄弱 [bóruò] [형] 박약하다, 취약하다
15. 致力于 [zhìlìyú] [동] 애쓰다, 힘쓰다
16. 再接再厉 [zàijiēzàilì] [성] 더욱 더 힘쓰다, 한층 더 분발하다
17. 竭尽全力 [jiéjìnquánlì] [성] 전력을 다하다
18. 魄力 [pòlì] [명] 패기, 기백, 박력, 투지
19. 气概 [qìgài] [명] 기개
20. 气魄 [qìpò] [명] 기백, 진취성 있는 정신, 패기, 기세

출처와 관련된 어휘

1. 一流 [yīliú] [명] 같은 부류, 일류
2. 原始 [yuánshǐ] [명] [형] 최초(의), 오리지날
3. 原先 [yuánxiān] [명] [부] 원래, 이전, 본래
4. 变迁 [biànqiān] [동] 변천하다
5. 来历 [láilì] [명] 내력

6. 来源 [láiyuán] [명] 근원, 출처, 원산지 [동] 유래하다, 기원하다
7. 起源 [qǐyuán] [명] [동] 기원(하다)
8. 起初 [qǐchū] [부] 최초에, 처음

기계, 도구와 관련된 어휘

1. 收音机 [shōuyīnjī] [명] 라디오
2. 搜索 [sōusuǒ] [동] (인터넷에) 검색하다, (숨긴 사람·물건 등을) 수색하다, 수사하다, 자세히 찾다, 자세히 뒤지다, 지역·해역·공역을 수색하다
3. 损坏 [sǔnhuài] [동] (원래의 기능·효과 등을) 손상시키다, 훼손시키다, 파손시키다, 마모되다, 파괴하다, 손실을 주다, 못 쓰게 만들다
4. 外表 [wàibiǎo] [명] 외표, 겉, 표면
5. 网络 [wǎngluò] [명] 네트워크
6. 维修 [wéixiū] [동] (기계 따위를) 간수 수리하다, 보수하다, 손질하다 [명] 수리, 수선, 손질
7. 系列 [xìliè] [명] 계열, 시리즈
8. 衔接 [xiánjiē] [동] (두 사물이나 사물의 두 부분이 서로) 맞물리다, 맞물다, 잇다, 이어지다, 연결하다, 연결되다
9. 奔驰 [bēnchí] [동] (수레나 말 등) 내달리다, 질주하다, 벤츠(Benz)
10. 性能 [xìngnéng] [명] 성능
11. 形态 [xíngtài] [명] (사물의 형태나 표현으로서의) 형태
12. 修理 [xiūlǐ] [동] 수리하다, 고치다
13. 压缩 [yāsuō] [동] 압축하다
14. 压榨 [yāzhà] [동] 압착하다, 눌러서 짜내다
15. 严密 [yánmì] [형] (사물의 결합·구성이) 빈틈없다, 치밀하다 [형] 엄격하다, 주도면밀하다
16. 验收 [yànshōu] [동] 검수하다
17. 遥控 [yáokòng] [명] 원격 조종, 리모트 콘트롤(remote control)
18. 音响 [yīnxiǎng] [명] 음향, 녹음기·전축·라디오 확성기 따위의 총칭
19. 引擎 [yǐnqíng] [명] 엔진

20. 荧屏 [yíngpíng] [명] 전광판, 스크린
21. 指南针 [zhǐnánzhēn] [명] 나침반, 지침
22. 铸造 [zhùzào] [명] [동] 주조(하다)
23. 装备 [zhuāngbèi] [명] [동] 장비(하다), 장치(하다)
24. 装卸 [zhuāngxiè] [동] 싣고 부리다, 하역하다, 조립하고 분해하다
25. 安装 [ānzhuāng] [동] 설치하다, 고정시키다, 인스톨하다
26. 备份 [bèifèn] [동] (문건, 소프트웨어를) 백업하다, 예비로 복사하다
27. 便条 [biàntiáo] [명] 쪽지, 문자, 메신저 쪽지
28. 舱 [cāng] [명] 조종실, 객실, 선실
29. 操纵 [cāozòng] [동] (기계, 기구 등을) 조종하다, 제어하다, 조작하다
30. 操作 [cāozuò] [동] 조작하다, 다루다 (일정한 순서와 기술에 따라 진행하다)
31. 测验 [cèyàn] [동] 조사하다, 검사하다, 테스트하다 [명] 테스트, 시험
32. 锋利 [fēnglì] [형] (도구나 무기 등이) 예리하다, 날카롭다
33. 故障 [gùzhàng] [명] (기계 따위의) 고장
34. 过滤 [guòlù] [동] 받다, 거르다, 여과하다 [명] 필터
35. 互联网 [hùliánwǎng] [명] 인터넷
36. 机动 [jīdòng] [형] 기계로 움직이는, 기동적인, 기민한, 탄력적으로 운용되는, 융통성 있는, 유연성 있다
37. 机械 [jīxiè] [명] 기계, 기계 장치, [형] 기계적이다, 융통성이 없다
38. 加工 [jiāgōng] [동] 가공하다, 마무리하다, 끝손질하다
39. 焦点 [jiāodiǎn] [명] 초점
40. 镜头 [jìngtóu] [명] (카메라, 영사기, 활영기 따위의) 렌즈
41. 雷达 [léidá] [명] 레이더
42. 连锁 [liánsuǒ] [명] 연쇄, 이어져 있는 쇠사슬 [동] 연쇄하다, 서로 연이어 맺다, 묶다
43. 轮胎 [lúntāi] [명] 타이어
44. 螺丝钉 [luósīdīng] [명] 나사, 나사못
45. 耐用 [nàiyòng] [동] 견디다 [형] 질기다, 오래가다, 오래 쓸 수 있다
46. 屏障 [píngzhàng] [명] 병풍처럼 둘러쳐진 것, 장벽, 보호벽 [동] 가려서 막다, 막아서 지키다
47. 器材 [qìcái] [명] 기재, 기구
48. 设置 [shèzhì] [동] 설치하다, 설립하다, 세우다
49. 提炼 [tíliàn] [동] 정련하다, 추출하다
50. 生锈 [shēngxiù] [동] 녹이 슬다
51. 筛选 [shāixuǎn] [동] 체로 치다, 걸러 내다, 골라 내다, 선별하다
52. 相差 [xiāngchā] [동] 서로 다르다 [명] 차이, 거리

일반적인 도구와 관련된 어휘

1. 罐 [guàn] [명] 항아리, 단지, 깡통
2. 棍棒 [gùnbàng] [명] 곤봉
3. 话筒 [huàtǒng] [명] (전화기의) 송수화기, 마이크, 메가폰
4. 夹子 [jiāzi] [명] 집게, 클립, 끼우개
5. 筐 [kuāng] [명] 대 또는 버드나무 가지를 엮어 만든 광주리
6. 权衡 [quánhéng] [명] 저울추와 저울대 [동] 비교하다, 따지다, 재다
7. 钩子 [gōuzi] [명] 갈고리
8. 古董 [gǔdǒng] [명] 골동품
9. 拐杖 [guǎizhàng] [명] 지팡이

비리, 폭로 관련된 어휘

1. 勾结 [gōujié] [동] 결탁(하다), 공모(하다)
2. 名誉 [míngyù] [명] 평판, 명성, 명예
3. 揭发 [jiēfā] [동] (결점, 비위, 죄상 따위를) 들추어내다, 적발하다, 폭로하다
4. 揭露 [jiēlù] [동] 폭로하다, 까발리다
5. 歪曲 [wāiqǔ] [동] 왜곡하다 [형] 단정치 못하다
6. 声势 [shēngshì] [명] 성세, 명성과 위세, 위엄과 기세

7. 声誉 [shēngyù] [명] 명성, 명예
8. 败坏 [bàihuài] [동] (명예, 기풍 등을) 해치다, 손상시키다, 못쓰게 하다
9. 廉洁 [liánjié] [명] [형] 청렴결백(하다)
10. 人道 [réndào] [명] 인간성, 인간애, 휴머니티, 인간의 도리
11. 威望 [wēiwàng] [명] 위엄과 명망
12. 威信 [wēixìn] [명] 위신, 신망
13. 伪造 [wěizào] [명] [동] 위조(하다), 날조(하다)
14. 污蔑 [wūmiè] [동] 남의 명예를 더럽히다, 모독하다, 중상하다, 더럽히다
15. 诬陷 [wūxiàn] [동] 모함하다
16. 泄露 [xièlù] [동] (액체·기체 등이) 새다, 비밀·기밀을 누설하다
17. 信誉 [xìnyù] [명] 신용과 명예, 위신, 신망
18. 羞耻 [xiūchǐ] [명] 부끄러움, 수치, 치욕
19. 虚假 [xūjiǎ] [명] [형] 허위(의), 거짓(의)
20. 虚荣 [xūróng] [명] 허영, 헛된 영화
21. 虚伪 [xūwěi] [명] [형] 허위(적이다), 위선(적이다)
22. 掩盖 [yǎngài] [동] 덮어씌우다
23. 掩饰 [yǎnshì] [동] (결점·실수 따위를) 덮어 숨기다, 속이다
24. 野心 [yěxīn] [명] 야심, 야망, 야욕
25. 阴谋 [yīnmóu] [명] [동] 음모(하다)
26. 隐瞒 [yǐnmán] [동] (진상을) 숨기다, 속이다
27. 隐蔽 [yǐnbì] [동] 은폐하다
28. 诈骗 [zhàpiàn] [동] 편취하다, 사취하다
29. 走漏 [zǒulòu] [동] (비밀이) 새(나)다, (비밀을) 누설하다
30. 作弊 [zuòbì] [동] (속임수를 써서) 법이나 규정을 어기다, (시험에서) 부정 행위를 하다
31. 包庇 [bāobì] [동] (나쁜 사람이나 나쁜 일을) 감싸다, 비호하다
32. 保密 [bǎomì] [이합동사] 비밀을 지키다, 기밀을 지키다
33. 曝光 [bàoguāng] [동] 노출하다, 폭로하다
34. 暴露 [bàolù] [동] 폭로하다, 드러내다, 들추다
35. 背叛 [bèipàn] [동] 배반하다, 배신하다
36. 弊病 [bìbìng] [명] 폐해, 폐단, 결함

37. 腐败 [fǔbài] [동] 부패하다, 썩다
38. 覆盖 [fùgài] [동] 덮다
39. 贿赂 [huìlù] [동] 뇌물(을 주다) [명] 뇌물
40. 牵扯 [qiānchě] [동] 연관되다, 연루되다
41. 圈套 [quāntào] [명] 올가미, 계략
42. 私自 [sīzì] [부] (관련 부문·조직·구성원 등이 모르게) 비밀리에, 사적으로, 몰래, 개인적으로, 제멋대로, 불법적으로, [규정이나 제도에 어긋나는 일을 하는 것을 가리킴]
43. 贪婪 [tānlán] [형] 매우 탐욕스럽다, 만족할 줄 모르다
44. 贪污 [tānwū] [명] [동] 탐오(하다), 횡령(하다)
45. 疑惑 [yíhuò] [명] 의혹, 의심 [동] 의혹하다, ~이 아닌가 의심하다 [형] 의문스럽다

자원과 관련된 어휘

1. 挖掘 [wājué] [동] 파다, 캐다, 발굴하다, 찾아내다
2. 人为 [rénwéi] [형] 인위적인 [동] 사람이 하다
3. 天然气 [tiānránqì] [명] 천연가스
4. 铜矿 [tóngkuàng] [명] 동광
5. 人工 [réngōng] [형] 인위적인, 인공의 [명] 수공, 인력
6. 探索 [tànsuǒ] [동] 탐색하다, 찾다
7. 消耗 [xiāohào] [동] (정신, 힘, 물자 따위를) 소모하다, 소모 시키다, 필요 이상으로 많이 소비하다 [명] 소모, 소비
8. 蕴藏 [yùncáng] [동] 묻히다, 간직해 두다, 매장되다, 잠재하다
9. 珍珠 [zhēnzhū] [명] 진주
10. 钻石 [zuànshí] [명] 다이아몬드, 금강석
11. 碧玉 [bìyù] [명] 벽옥
12. 采集 [cǎijí] [동] 모으다, 채집하다, 수집하다
13. 柴油 [cháiyóu] [명] 경유
14. 耗费 [hàofèi] [동] 들이다, 낭비하다, 소비하다
15. 开采 [kāicǎi] [동] (지하 자원을) 채굴하다, 발굴하다
16. 勘探 [kāntàn] [동] 탐사하다, 조사하다
17. 枯燥 [kūzào] [형] 바싹 마르다, 말라빠지다, 무미건조하다
18. 石油 [shíyóu] [명] 석유

식사, 음식, 요리 관련된 어휘

1. 调和 [tiáohé] [형] (배합이) 알맞다, 어울리다, 조화롭다 [동] 분규를 해결하다, 조정하다, 타협하다, 양보하다
2. 调剂 [tiáojì] [동] 조절하다, 조정하다, 조미하다
3. 调料 [tiáoliào] [명] 조미료
4. 素食主义 [sùshízhǔyì] [성] 채식주의
5. 馅儿 [xiànr] [명] (떡, 만두 따위에 넣는) 소
6. 腥 [xīng] [명] 날고기·생선 따위의 비린 것 [형] 비리다
7. 羊肉 [yángròu] [명] 양고기
8. 饮食 [yǐnshí] [명] 음식 [동] 음식을 먹고 마시다
9. 油腻 [yóunì] [형] 기름지다 [명] 기름진 식품
10. 油炸 [yóuzhá] [동] 기름에 튀기다
11. 酝酿 [yùnniàng] [동] 술을 빚다, 술을 발효시키다, 내포하다, 품다, 성숙되어 가다
12. 粥 [zhōu] [명] 죽
13. 滋味 [zīwèi] [명] 맛 재미, 기분, 심정, 감정
14. 拌饭 [bànfàn] [명] 비빔밥
15. 贝壳 [bèiké] [명] 소라류의 껍질
16. 保管 [bǎoguǎn] [동] 보관하다
17. 馋 [chán] [형] (음식을) 탐내다 [동] (무언가를) 하고 싶어하다
18. 盛 [chéng] [동] (음식 등 용기에) 담다, (사람이나 물품 등) 수용하다
19. 粉末(儿) [fěnmò(r)] [명] 가루, 분말
20. 风味 [fēngwèi] [명] (사물의) 특색, 맛, 분위기
21. 饥饿 [jī'è] [명] 기아, 굶주림 [형] 배가 고프다
22. 佳肴 [jiāyáo] [명] 좋은 요리(안주)
23. 津津有味 [jīnjīnyǒuwèi] [성] 흥미 진진하다, 아주 맛있다
24. 浸泡 [jìnpào] [동] (물 속에) 담그다
25. 咀嚼 [jǔjué] [동] 씹다
26. 开水 [kāishuǐ] [명] 끓인 물
27. 可口 [kěkǒu] [형] 맛있다, 입맛에 맞다
28. 密封 [mìfēng] [동] 밀봉하다, 밀폐하다
29. 烹饪 [pēngrèn] [명] [동] 요리[조리] (하다)
30. 品尝 [pǐncháng] [동] 시식하다, 맛보다
31. 容器 [róngqì] [명] 용기
32. 率火锅 [lǜhuǒguō] [명] 전기 끓는 신선로(음식)
33. 糖葫芦 [tánghúlú] 중국 길거리 막대 사탕의 종류
34. 吞咽 [tūnyàn] [동] (물건을) 삼키다, 말을 삼키다, 말을 그만두다
35. 丸 [wán] [명] 작고 둥근 물건, 환약 [양] 환, 알

고난, 역경, 고통과 관련된 어휘

1. 遭受 [zāoshòu] [동] 받다, (불행 또는 손해를) 만나다, 입다, 당하다
2. 遭殃 [zāoyāng] [동] 재난을 만나다, 불행을 당하다
3. 不堪 [bùkān] [동] 견딜 수 없다, 참을 수 없다
4. 难堪 [nánkān] [형] 참기 어렵다, 난처하다
5. 为难 [wéinán] [동] 난처하다, 곤란하다, 괴롭히다, 난처하게 만들다
6. 折磨 [zhémó] [동] (육체적·정신적으로) 고통스럽게 하다, 학대하다 [명] 괴로움, 고통, 시달림
7. 自力更生 [zìlìgēngshēng] [성] 자력갱생하다
8. 阻碍 [zǔ'ài] [명] [동] 방해(하다), 지장(이 되다)
9. 阻拦 [zǔlán] [명] [동] 저지(하다), 방해(하다), 제지(하다), 억제(하다)
10. 阻挠 [zǔnáo] [명] [동] 저지(하다), 방해(하다), 제지(하다), 억제(하다)
11. 摆脱 [bǎituō] [동] (견제, 속박, 곤란함 등) 벗어나다, 빠져나오다
12. 霸道 [bàdào] [형] 세차다, 사납다, 심하다, 맹렬하다
13. 不禁 [bùjīn] [부] 참지 못하게, 견디지 못하게
14. 猖狂 [chāngkuáng] [형] 맹렬하다, 무지막지하다, 제멋대로다
15. 艰巨 [jiānjù] [형] 어렵고도 방대하다, 대단히 어렵고 힘들다
16. 艰难 [jiānnán] [형] 곤란하다, 어렵다, 힘들다
17. 局面 [júmiàn] [명] 국면
18. 局势 [júshì] [명] 정세, 형세
19. 苦尽甘来 [kǔjìngānlái] [성] 고진감래; 고생 끝에 낙이 온다

20. 狼狈 [lángbèi] [형] 궁지에 빠져 있다
21. 虐待 [nüèdài] [명] [동] 학대(하다)
22. 强制 [qiángzhì] [명] [동] 강제(하다), 강압(하다), 강요(하다)
23. 强迫 [qiángpò] [동] 강박하다, 강요하다, 핍박하다, 강제로 시키다
24. 迁就 [qiānjiù] [동] (마지못해) 영합하다, 끌려가다, 아쉬운 대로 참고 견디다
25. 情形 [qíngxing] [명] 정황, 상황, 형편
26. 全局 [quánjú] [명] 전체 국면, 대세, 전체적인 판국
27. 容忍 [róngrěn] [동] 용인하다, 참고 견디다, 참고 용서하다, 허용하다
28. 受罪 [shòuzuì] [동] 고생하다, 고난을 당하다, 혼나다, 시달리다 괴롭다, 벌을 받다
29. 突破 [tūpò] [동] (한계, 난관 따위를) 돌파하다, 타파하다, 새로운 진전을 이루다
30. 周折 [zhōuzhé] [형] 곡절이 많다, 복잡하다, [명] 우여곡절, 고심
31. 障碍 [zhàng'ài] [명] [동] 방해(하다)
32. 遭遇 [zāoyù] [동] 조우하다, [명] 처지, 경우, 경험, 운명

재산, 돈과 관련된 어휘

1. 拥有 [yōngyǒu] [동] (많은 토지·인구·재산 따위를) 보유하다, 가지다
2. 糟蹋 [zāotà] [동] 낭비하다, 손상하다, 망치다, 모욕하다, 못쓰게 되다
3. 租 [zū] [동] 임차하다, 세내다, 빌려주다, 임대하다, 세놓다, 빌리다 [명] 세, 임대료
4. 租赁 [zūlìn] [동] (토지나 집 따위를) 빌려 쓰다, 빌려주다
5. 昂贵 [ángguì] [형] (가격이) 높다, 비싸다
6. 不惜 [bùxī] [동] 아끼지 않다
7. 押金 [yājīn] [명] 보증금
8. 钞票 [chāopiào] [명] 지폐, 돈
9. 偿还 [chánghuán] [동] (빚을) 갚다, 상환하다
10. 富 [fù] [형] 부유하다, 재산이 많다
11. 富裕 [fùyù] [형] (재물, 사람, 생활, 시간 등이) 넉넉하다, 풍요롭다, 부유하다
12. 不止 [bùzhǐ] [동] (계속) 그치지 않다, ~을 넘다
13. 经费 [jīngfèi] [명] (기관, 학교 따위의) 경비
14. 奢侈 [shēchǐ] [형] 사치하다, 낭비하다

일상생활과 관련된 어휘

1. 熄灭 [xīmiè] [동] (불을) 끄다, (불이) 꺼지다, 소멸하다
2. 消防 [xiāofáng] [명] 소방
3. 舞蹈 [wǔdǎo] [명] [동] 무도(하다), 춤(추다), 무용(하다)
4. 信仰 [xìnyǎng] [동] (어떤 주장·주의·종교를) 믿다 [명] 신앙
5. 休养 [xiūyǎng] [명] [동] 휴양(하다), 요양(하다)
6. 酗酒 [xùjiǔ] [동] 주정하다, 취해서 난폭하게 굴다
7. 一举两得 [yījǔliǎngdé] [성] 일거양득
8. 隐私 [yǐnsī] [명] 사적인 비밀, 프라이버시
9. 帐篷 [zhàngpéng] [명] 장막, 천막, 텐트
10. 折腾 [zhēteng] [동] 잠자리에서 뒤치락거리다, 되풀이하다, 고민하다, 괴로워하다, 괴롭히다
11. 争先恐后 [zhēngxiānkǒnghòu] [성] 늦을세라 [뒤질세라] 앞을 다투다
12. 治安 [zhì'ān] [명] 치안
13. 滞留 [zhìliú] [동] 체류하다, 체재하다
14. 座右铭 [zuòyòumíng] [명] 좌우명
15. 作息 [zuòxī] [명] 일과 휴식 [동] 일하고 휴식하다
16. 安居乐业 [ānjūlèyè] [성] 편안하게 살면서 즐겁게 일하다
17. 按摩 [ànmó] [동] 안마하다 [명] 안마
18. 绑架 [bǎngjià] [동] (사람을) 납치하다
19. 奔波 [bēnbō] [동] (생활을 위해) 바쁘게 뛰어다니다
20. 拨打 [bōdǎ] [동] (전화를) 걸다
21. 彩票 [cǎipiào] [명] 복권
22. 风趣 [fēngqù] [명] 유머, 재미
23. 福气 [fúqi] [명] (행복한 생활을 누릴 수 있는) 복, 운
24. 观光 [guānguāng] [동] 관광하다, 참관하다, 견학하다
25. 回收 [huíshōu] [동] (폐품이나 오랜된 물건을) 회수하다, 회수하여 이용하다

26. 机遇 [jīyù] [명] 좋은 기회(경우), 찬스
27. 吉祥 [jíxiáng] [형] 상서롭다, 운수가 좋다, 길하다,
    [명] 길조, 상서로운 징조
28. 继承 [jìchéng] [동] (유산, 권리 따위를) 상속하다,
    (유지, 사업 따위를) 계승하다,
    이어받다, 물려받다, (옛 사람의
    기풍, 문화, 지식 따위를) 이어받다,
    계승하다
29. 家喻户晓 [jiāyùhùxiǎo] [성] 집집마다 다 알다,
    사람마다 모두 알다
30. 简陋 [jiǎnlòu] [형] (가옥, 설비 등이) 초라하다,
    빈약하다, 보잘것없다, 누추하다
31. 缴纳 [jiǎonà] [동] 납부하다, 납입하다
32. 解散 [jiěsàn] [동] 해산하다, 흩어지다
33. 卡通 [kǎtōng] [명] 만화영화, 카툰, 애니메이션
34. 乐趣 [lèqù] [명] 즐거움, 재미
35. 乐意 [lèyì] [동] (~하는 것을) 즐겁게 여기다,
    ~하기 원하다, 만족해하다, 좋아하다
36. 里程碑 [lǐchéngbēi] [명] 이정표
37. 旅行 [lǚxíng] [명] [동] 여행(하다)
38. 埋葬 [máizàng] [동] (시체를) 매장하다, 소멸하다
39. 漫画 [mànhuà] [명] 만화
40. 沐浴 [mùyù] [동] 목욕하다
41. 目睹 [mùdǔ] [동] 목격하다
42. 趣味 [qùwèi] [명] 재미, 흥미, 흥취, 취미, 기호
43. 适应 [shìyìng] [동] 적응하다
44. 水龙头 [shuǐlóngtóu] [명] 수도꼭지
45. 痒 [yǎng] [형] 가렵다, 근질근질하다

크기와 관련된 어휘

1. 纤细 [xiānxì] [형] 미세하다
2. 宏伟 [hóngwěi] [형] (사업, 규모, 임무, 계획 따위가)
   위대하다, 거창하다, 웅대하다
3. 扩充 [kuòchōng] [동] 확충하다, 확장하다, 확대하다
4. 扩散 [kuòsàn] [동] 확산(하다), 만연(하다)
   [명] 확산, 만연
5. 扩张 [kuòzhāng] [동] 확장하다, 확대하다,
   [명] 확장, 확대

소리와 관련된 어휘

1. 响 [xiǎng] [명] 울림, 소리
   [동] 소리를 내다, 소리가 울리다
2. 响亮 [xiǎngliàng] [형] (소리가) 높고 크다, 우렁차다
3. 噪音 [zàoyīn] [명] 소음
4. 嘈杂 [cáozá] [형] (소리가) 떠들썩하다, 시끄럽다
5. 放大 [fàngdà] [동] (그림, 소리, 기능 등을) 확대하다,
   크게 하다
6. 吼 [hǒu] [동] (짐승이) 울부짖다, 으르렁거리다,
   (화가 나거나 흥분하여) 고함치다,
   (바람이) 노호하다, (대포 등이) 크게 울리다
7. 呼啸 [hūxiào] [동] 큰 소리로 외치다,
   높고 긴 소리를 내다
8. 默默 [mòmò] [형] 묵묵하다, 아무말 없이 잠잠하다

우상과 관련된 어휘

1. 向往 [xiàngwǎng] [동] 동경하다, 지향하다, 그리워하다
2. 巴结 [bājié] [동] (다른 사람한테 잘 보이려고 알랑거리
   며) 비위를 맞추다
3. 爱心 [àixīn] [명] 사랑하는 마음, 아끼는 마음
4. 歌颂 [gēsòng] [동] 찬양하다, 칭송하다
5. 爱戴 [àidài] [동] 추대하다, 지지하다, 받들다
6. 赞叹 [zàntàn] [동] 감탄하여 찬양하다
7. 赞扬 [zànyáng] [동] 찬양하다
8. 赞助 [zànzhù] [동] 지지하다, 찬조하다, 협찬하다
9. 瞻仰 [zhānyǎng] [동] 쳐다보다, 우러러보다
10. 自卑 [zìbēi] [동] 스스로 낮추다, 열등감을 가지다,
    비굴하다
11. 俯仰 [fǔyǎng] [동] 아래를 굽어보고 위를 우러러보다,
    부앙하다
12. 附和 [fùhé] [동] (남의 언행 따위를) 따라하다
13. 盲目 [mángmù] [형] 맹목적인
14. 迷人 [mírén] [동] 사람을 홀리다 (미혹시키다),
    마음이 끌리다 (쏠리다), 마음을 끌다
    [형] 매력적이다, 매혹적이다
15. 迷信 [míxìn] [명] 미신, 맹목적인 신봉 숭배,
    [동] 맹신하다

의복과 관련된 단어

1. 羽绒服 [yǔróngfú] [명] 다운 재킷
2. 衣裳 [yīshang] [명] 고대의 저고리와 치마
3. 裁缝 [cáiféng] [명] 재봉사 [동] 옷을 재단하다, 봉제하다
4. 合身 [héshēn] [형] (의복이) 몸에 맞다
5. 熨 [yùn] [동] 다리다, 다림질하다
6. 绣 [xiù] [동] 수놓다 [명] 자수 [형] 수놓은, 화려한
7. 包袱 [bāofú] [명] 보자기 (옷 등을 싸는 천)
8. 编织 [biānzhī] [동] 엮다, 짜다, 삼다
9. 纺织 [fǎngzhī] [동] 방직하다, 짜다
10. 服装 [fúzhuāng] [명] 복장, 옷차림
11. 符号 [fúhào] [명] 휘장, 마크
12. 领袖 [lǐngxiù] [명] 깃과 소매, (국가, 단체의) 지도자
13. 纽扣儿 [niǔkòur] [명] 단추 구멍
14. 旗袍 [qípáo] [명] 중국 여자가 입는 원피스 모양의 전통의복, 치파오

행사와 관련된 어휘

1. 主办 [zhǔbàn] [동] 주최하다
2. 主导 [zhǔdǎo] [동] 주도하다 [명] 주도적인 것
3. 主管 [zhǔguǎn] [동] 주관하다, 관할하다 [명] 주관자
4. 主题 [zhǔtí] [명] 주제
5. 专题 [zhuāntí] [명] 특정한 제목, 전문적인 테마
6. 追悼 [zhuīdào] [동] 추도하다, 추모하다
7. 做主 [zuòzhǔ] [동] (일의) 주관자가 되다, (자신의) 생각대로 처리하다, 결정권을 가지다
8. 博览会 [bólǎnhuì] [명] 박람회
9. 剪彩 [jiǎncǎi] [동] (개막식, 개통식 등에서) 테이프를 끊다
10. 开幕式 [kāimùshì] [명] 개막식
11. 开展 [kāizhǎn] [동] (활동이 작은 범위에서 큰 범위로) 전개되다, 확대되다, 펼쳐지다, 벌어지다, 넓어지다 [동] 전개하다, 확대시키다, 펼치다, 벌리다, 넓히다 [동] (전람회·전시회 등이) 열리다
12. 联欢 [liánhuān] [동] 함께 모여 즐기다, 친목을 맺다
13. 隆重 [lóngzhòng] [형] 성대하다, 성대하고 장중하다
14. 论坛 [lùntán] [명] 포럼
15. 亲身 [qīnshēn] [부] 친히, 직접, 몸소, 스스로 [형] 자기의, 자신의

감탄사 의성어와 관련된 어휘

1. 哎哟 [āiyo] [감탄사] 놀람, 고통, 아쉬움 등을 나타냄
2. 嗨 [hāi] [의성어] 하하, 호호 (가볍게 웃는 소리)
3. 嘿 [hēi] [감탄사] 어이, 여보(시오), (남을 부르거나 주의를 환기시킬 때) 야, 이봐, (자랑스럽거나 만족스러운 기분을 나타내는 소리) 하, 허, 야 (놀라움이나 경탄을 나타내는 말)
4. 呵 [hē] [동] 입김을 불다 [의성어] 하하(웃음소리)
5. 哼 [hēng] [동] 신음하다, 끙끙거리다, 콧노래 부르다, 흥얼거리다 [의성어] 응(가볍게 대답하는 소리) 힝, 흥 (코를 풀거나 아니꼬워 코로 비웃는 소리)
6. 啦 [la] [어조사] 동작이나 행위가 이미 완료되었을 때 바뀌지 않은 지속의 느낌을 나타냄
7. 嘛 [ma] [조] 뚜렷한 사실을 강조할 때 쓰임
8. 嗯 [ng] [감탄사] 응??, 흥!, 응~
9. 哦 [ò] [감탄사] 아! 오! (납득 이해 동의 따위를 나타냄
10. 哇 [wā] [감탄사] 엉엉 (울음소리), 왝 (토하는 소리), 꽥꽥 (시끄럽게 떠드는 소리), 와! (의외로 깜짝 놀람을 나타냄)

정도를 나타내는 어휘

1. 极端 [jíduān] [명] 극단 [형] 극단적인, 극도의 [부] 극단적으로, 극도로, 아주, 몹시
2. 级别 [jíbié] [명] 동급, 순위, 등급의 구별
3. 加剧 [jiājù] [동] 격화하다, 심해지다
4. 尖端 [jiānduān] [명] 첨단, 뾰족한 끝, 정점
5. 剧烈 [jùliè] [형] 격렬하다, 맹렬하다
6. 略微 [lüèwēi] [부] 조금, 약간
7. 猛烈 [měngliè] [형] 맹렬하다, 세차다 [부] 급격히, 갑작스레
8. 起码 [qǐmǎ] [명] [부] 최저 한도(로), 최소한(의)

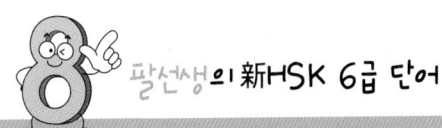
팔선생의 新HSK 6급 단어

배와 관련된 어휘
1. 旗帜 [qízhì] [명] 깃발, 모범
2. 舟 [zhōu] [명] 배
3. 码头 [mǎtóu] [명] 부두, 선착장
4. 港口 [gǎngkǒu] [명] 항구
5. 轮船 [lúnchuán] [명] 증기선

가정과 관련된 어휘
1. 团圆 [tuányuán] [동] 가족이 흩어졌다가 다시 모이다
   [형] 둥글다
2. 玩意儿 [wányìr] [명] 장난감 (연극, 요술, 만담 따위의) 오락, 기예, 물건 사물
3. 做东 [zuòdōng] [동] 주인 노릇을 하다, 한턱내다, 초대하다
4. 告辞 [gàocí] [동] (주인에게) 작별을 고하다, 작별하다
5. 抚养 [fǔyǎng] [동] 기르다, 부양하다
6. 天伦之乐 [tiānlúnzhīlè] [성] 가정의 즐거움, 가정의 단란함
7. 居住 [jūzhù] [동] 거주하다
8. 家常 [jiācháng] [명] 가정의 일상 생활, 일상적인 일

육아와 관련된 어휘
1. 命名 [mìngmíng] [동] 명명하다, 이름을 짓다
2. 怀孕 [huáiyùn] [동] 임신하다
3. 生育 [shēngyù] [동] 출산하다, 아이를 낳다
4. 教养 [jiàoyǎng] [동] 가르쳐 키우다, 교육하고 양성하다, 교양하다 [명] 교양
5. 淘气 [táoqì] [형] 장난이 심하다
6. 幼稚 [yòuzhì] [형] 나이가 어리다, 정도가 낮다, 유치하다, 미숙하다
7. 孕育 [yùnyù] [동] 낳아 기르다, 생육하다

공예품과 관련된 어휘
1. 文物 [wénwù] [명] 문물, 문화재
2. 造型 [zàoxíng] [명] [동] 조형(하다)
3. 工艺品 [gōngyìpǐn] [명] 공예품
4. 清真 [qīngzhēn] [형] 산뜻하고 질박하다, 회교식의, 이슬람교의
5. 鉴别 [jiànbié] [동] 감별하다
6. 镶嵌 [xiāngqiàn] [동] 끼워 넣다, 상감하다
7. 遗产 [yíchǎn] [명] 유산
8. 收藏 [shōucáng] [동] 수장하다, 소장하다, 수집하여 보관하다
9. 手法 [shǒufǎ] [명] (예술 (문학) 작품의) 기교, 수법, 솜씨, 수완, 수법
10. 手艺 [shǒuyì] [명] 손재간, 솜씨, 수공 기술
11. 陶瓷 [táocí] [명] 도자기

기타 어휘 (1)
1. 千万 [qiānwàn] [부] 필히, 반드시, 꼭, 절대, 틀림없이
2. 仍然 [réngrán] [부] 변함없이, 여전히, 아직도, 원래대로
3. 任意 [rènyì] [형] 조건 없는, 임의의
   [부] 마음대로, 제멋대로
4. 啥 [shá] [동] 무엇, 무슨, 어느, 어떤
5. 势必 [shìbì] [부] 반드시, 꼭, 필연코
6. 算了 [suànle] [동] 됐어, 필요없어(구어체)
7. 随手 [suíshǒu] [부] ~하는 김에, 겸해서
8. 随意 [suíyì] [부] (자기) 마음대로, 뜻대로, 내키는 대로, 하고 싶은 대로 [동] (자기) 생각대로 하다, 뜻대로 하다, 원하는 대로 하다
9. 倘若 [tǎngruò] [접] 만약 (만일, 가령), ~ 한다면
10. 万分 [wànfēn] [부] 극히, 대단히, 매우, 절대로, 도저히
11. 未免 [wèimiǎn] [부] 아무래도 ~이다, 좀 ~하다, ~하다고 하지 않을 수 없다
12. 无非 [wúfēi] [부] 단지 ~에 지나지 않다, 반드시 (꼭) ~이다
13. 无从 [wúcóng] [부] ~ 할 길이 없다, 어쩔 도리가 없다, 갈피를 못 잡겠다
14. 勿 [wù] [부] ~하지 마라, ~해서는 안된다
15. 务必 [wùbì] [부] 반드시, 꼭, 필히
16. 相应 [xiāngyīng] [조동사] 응당 (마땅히) ~해야 한다
17. 幸好 [xìnghǎo] [부] 다행히, 운 좋게

18. **延伸** [yánshēn] [동] 뻗다, 뻗어 나가다, (의미가) 확대되다, 확대시키다
19. **要不然** [yàobùrán] [접] 그렇지 않으면, 그러지 않으면, ~하거나 ~하거나
20. **以便** [yǐbiàn] ~(하기에 편리) 하도록, ~하기 위하여
21. **以免** [yǐmiǎn] ~하지 않도록, ~않기 위해서
22. **亦** [yì] [부] ~도 역시, 또, 또한
23. **以致** [yǐzhì] ~이 되다, ~을 가져오다
24. **犹如** [yóurú] [동] ~와 같다
25. **予以** [yǔyǐ] [동] ~을 주다, ~되다
26. **咋** [zǎ] [대] 어째서, 어떻게, 왜
27. **专程** [zhuānchéng] [부] 특별히
28. **足以** [zúyǐ] 충분히 ~할 수 있다, ~하기에 족하다
29. **挨** [ái] [동] ~을 받다, (세월을) 힘들게 보내다, 연기하다
30. **甭** [béng] [부] ~할 필요 없다, ~할 것 없다
31. **必定** [bìdìng] [부] 꼭, 반드시 (판단, 추론, 개인의 의지 등 표현)
32. **便于** [biànyú] [명] (어떤 일을 하기에) 편리하다
33. **并非** [bìngfēi] [부] 결코 ~가 아니다
34. **不得已** [bùdéyǐ] [형] 부득이하다, 어쩔 수 없다
35. **不妨** [bùfáng] [부] 무방하다, 괜찮다
36. **不顾** [bùgù] [동] 돌보지 않다, 살피지 않다, 고려하지 않다
37. **不愧** [bùkuì] [부] ~에 부끄럽지 않다, ~답다
38. **不由得** [bùyóude] [동] ~하지 않을 수 없다, 저도 모르게, 저절로
39. **凡是** [fánshì] [부] 무릇, 모든, 매
40. **反倒** [fǎndào] [부] 오히려, 도리어
41. **反而** [fǎn'ér] [부] 오히려, 도리어
42. **公然** [gōngrán] [부] 공공연히
43. **固然** [gùrán] [부] 물론 ~지만, 물론 ~거니와
44. **归根到底** [guīgēndàodǐ] [성] 결국, 끝내
45. **过于** [guòyú] [부] 지나치게, 너무
46. **合乎** [héhū] [동] ~에 맞다, ~에 합치하다
47. **毫无** [háowú] [동] 조금도 (전혀) ~이 없다

48. **或许** [huòxǔ] [부] 아마, 혹시, 어쩌면
49. **即便** [jíbiàn] [접] 설사 ~하더라도 (할지라도, 일지라도) [부] 곧, 즉시
50. **假设** [jiǎshè] [동] 가정하다, 꾸며내다, 가공하다 [명] 가설, 가정
51. **假使** [jiǎshǐ] [접] 만약, 만일, 가령
52. **鉴于** [jiànyú] [동] ~의 점에서 보아, ~에 비추어 보아, ~을 고려하면
53. **将近** [jiāngjìn] [동] 거의 ~에 가깝다(접근하다, 근접하다)
54. **皆** [jiē] [부] 모두, 전부, 다, 함께, 같이
55. **尽量** [jǐnliàng] [부] 가능한 한, 되도록, 될 수 있는 대로, 최대한도로 마음껏, 극력
56. **进而** [jìn'ér] [접] 더 나아가, 진일보하여
57. **况且** [kuàngqiě] [접] 하물며, 게다가, 더구나
58. **类似** [lèisì] [형] 유사하다, 비슷하다
59. **连同** [liántóng] [접] ~과 함께, ~과 같이
60. **没辙** [méizhé] [동] 방법이 없다, 어찌할 수 없다
61. **免得** [miǎnde] [접] ~하지 않도록 [동] 면하다, 피하다
62. **难免** [nánmiǎn] [형] 면하기 힘들다, 불가피하다
63. **偏偏** [piānpiān] [부] 기어코, 일부러, 굳이, 꼭 마침, 공교롭게, 뜻밖에
64. **岂有此理** [qǐyǒucǐlǐ] [성] 어찌 이럴 수 있는가?
65. **特定** [tèdìng] [형] 특정한, 특별히, 일정한, 주어진
66. **唯独** [wéidú] [부] 유독, 단지
67. **值得** [zhídé] [동] 값에 상응하다, ~할 만한 가치가 있다

기타 어휘 (2)

1. **索性** [suǒxìng] [부] 차라리, 아예
2. **宁肯** [nìngkěn] [부] 차라리 ~할지언정, 설령 ~할지라도
3. **宁愿** [nìngyuàn] [부] 차라리 (~하고자 한다), 차라리 (~지언정), 오히려 (~하고 싶다)